고대 그리스철학의 감정 이해

"이 논문은 2007년도 정부재원(교육인적자원부
학술연구조성사업비)으로 한국학술진흥재단의 지원을 받아
연구되었음(KRF-2007-321-A00040)."

국립중앙도서관 출판시도서목록(CIP)

고대 그리스철학의 감정 이해 / 지은이: 박규철, 김요한, 강성훈,
서명식, 송대현, 김은중, 최양석. -- 고양 : 동과서, 2010
p. ; cm

ISBN 978-89-6525-100-2 93100 : ₩1

그리스 철학[--哲學]

160.2-KDC5
180-DDC21 CIP2010002254

고대 그리스철학의 감정 이해

박규철 김요한 강성훈 서영식
송대현 김은중 최양석 著

동과서

고대 그리스철학의 감정 이해

찍은날 / 2010년 6월 20일
펴낸날 / 2010년 6월 25일

지은이 / 박규철 외
펴낸이 / 궁리나
편 집 / 황웅 김선아 강진만

펴낸곳 / 도서출판 **동과서**
410-330
경기도 고양시 일산동구 풍동 숲속마을 402-105
등록번호 / 제22-405호

D.K.S. Publishing Co.
402-105 Supsok-Maul, Pung-Dong, Ilsandong-Gu,
Goyang City, Gyunggi-Do, Korea 410-330

전화 / (02)333-7533
팩스 / (02)6280-2353
이메일 / philculture@hanmail.net
홈페이지 / www.book-dks.com

값 10,000원

ISBN 978-89-6525-100-2 (93100)

서문

이 책은 한국연구재단(구 학술진흥재단)의 연구비를 지원받아 2007년부터 2008년까지 공동으로 수행한 <고대 그리스철학에서 감정(Pathe)의 재발견 - 온전한 인간형성을 위한 기초적 연구>의 결과물이다.

이 공동연구의 목적은 서양고대철학에서 이성(logos)과 대비되었던 감정(pathē) 개념을 심층적으로 고찰하고, 그 의미와 가치를 현대적인 관점에서 새롭게 정립하는 것이다. 최근까지 고대 그리스철학에서 감정은 항상 이성 아래에 위치하며, 올바른 세계이해의 방해물로 폄하된 것으로 해석되어 왔다. 즉 감정은 기껏해야 개인적인 희로애락과 연관되며, 따라서 인간의 영혼 안에서 마땅히 근절되어야 할 동물적 차원의 본능일 뿐이라는 것이다. 그러나 이것은 고대 그리스철학의 내면적인 특성과 실제적인 흐름에 대한 심각한 오해이다. 비록 대다수 그리스 철학자들이 이성에 기초한 합리적 사고의 중요성을 강조한 것은 사실이나, 자신 앞에 놓인 사태에 대한 이성적인 판단은 올바른 감정형성과 더불어 비로소 시작될 수 있음을 심층적으로 보여주기 때문이다. 이 점은 고대 그리스뿐만 아니라 중세나 근세철학의 다양한 논의들에 대한 관찰을 통해서도 재차 확인할 수 있다. 따라서 지금까지 철학사에서 무비판적으로 받아들여졌던 이성과 감정의 단순한 분리와 대립, 그리고 일면적인 우위설정은 지양되어야 한다. 그리고 이를 위해선 먼저 서양철학의 시원인 고대 그리스에서 감정을 어떻게 평가했는가, 그리고 이성과 감정의 조화를 위해서 어떤 노력을 기울였는가에 대해 심층적인 논의가 필요하다.

우리는 일반적으로 철학자가 이성의 영역을 밝히는 데 치중했으며 감정의 영역에 대해서는 비철학적 영역에 놓은 것으로 이해하고 있다. 그러나 이것은 사실이 아니다. 이미 고대부터 철학자들은 감정의 중요성에 대해 인식하고 있었기 때문이다. 다만 그것이 후대의 철학자들에 의해 사각지대에 몰렸을 뿐이다. 그러므로 이 연구는 오랜 기간 동안 철학의 사각지대에 놓여 있었던 감정을 회복시켜 인간에 대한 온전한 이해를 시도하고자 함이다.

고대 그리스 철학자들이 감정에 대해서 논의했다고 하는 것은 어쩌면 완전히 정확한 이야기는 아닐지도 모른다. 그들은 pathē에 대해서 논의했고, 어찌 보면 당연한 이야기일 수도 있겠으나, 우리말 '감정'과 그리스어 'pathē'는 그 적용범위와 의미함축이 다소 다르다. 사실 그리스어 'pathē'가 일상 어법에서 주로 우리말 '감정'과 비슷한 의미로 사용되었던 것도 아니다. 무엇인가를 겪는다(paschein)는 말에서 유래한 이 말은 누군가가 무엇을 능동적으로 하는 경우와 대비해서 누군가에게 일어난 모든 우연적인 변화를 포괄하는 넓은 의미로 사용되었다. 그래서 이 말은 일상적인 용법에서 경험, 불운, (질병을 포함하는 좋지 못한) 상태 등의 다양한 의미를 가진다. 물론 pathē의 일상적인 용법 중에 우리가 '감정'이라는 말로 표현하는 현상들, 즉 화, 슬픔, 두려움, 미움, 연민 등을 지칭하는 용법도 있었고, 고대 그리스 철학자들이 주된 관심을 가지고 논의를 한 것은 바로 그러한 용법으로서의 pathē에 대해서였다. 그리고 그런 의미에서 그들의 논의가 감정에 대한 논의였다고 하는 것이 틀린 말은 아닐 것이다. 하지만 pathē에 대한 그들의 논의를 감정에 대한 논의라고 할 때, 'pathē'와 '감정'의 차이와 관련해서 몇 가지 염두에 두어야 할 것이 있다. 뒤집어서 말하자면, 몇 가지 염두에 둘 사항을 기억하는 한에서는 고대 그리스 철학자들의 pathē에 대한 논의를 감정에 대한 논의라고 하는 것이 별 무리가 없다고 할 수도 있겠다.

고대 그리스 철학자들은 감정을 이야기할 때 여기에 욕구 중의 일부를 포함시킨다. 우리가 무엇인가를 욕구할 때 그 욕구가 격앙된 욕구인 경우, (어쩌면 우리가 '욕망'이라고 부를 종류의) 그러한 욕구는 고대 그리스 철학자들에게 있어서는 감정에 포함되는 것이다. 사실 동양의 전통적 감정분류법이라고 할 수도 있을 칠정의 목록에 욕(慾)이 포함되어 있는 것으로 볼 때, 어떤 종류의 욕구는 우리에게 있어서도 감정으로 간주되어 왔다고 할 수 있을지도 모르겠다. 어찌 되었든 우리가 기억해야 할 것은, 현재 우리가 욕구를 감정에 포함시키든 그렇지 않든, 고대 그리스 철학자들은 욕구 중의 일부를 pathē에 포함시켰다는 것이다. 따라서 우리가 고대 그리스 철학자들의 pathē에 대한 논의를 감정에 대한 논의라고 이해하고자 한다면, 이때의 감정에는 어떤 종류의 욕구들, 예컨대 성욕이나 식욕(혹은 식탐) 따위의 욕구들이 포함되어 있는 것으로 이해해야 한다.

나아가 고대 그리스 철학자들은 감정을 hormai라고 보았다. hormai란 자발적인 신체의 움직임을 야기하는 원인이 되는 것으로서의 영혼의 움직임을 일컫는 말이다. '영혼의 움직임' 따위의 고대 그리스어식 표현을 사용해서 그렇지, 요즈음 말로 하자면 감정이 행위의 동기라는 것이다. 감정이 행위의 동기가 될 수 있다는 생각은 어찌 보면 너무도 당연한 이야기인 것으로 생각될 수도 있을 것이다. 우리는 우리가 때때로 분노 때문에, 질투 때문에, 또 여타의 감정들 때문에 이러저러한 일들을 한다는 것을 잘 알고 있다. 하지만 다른 한편으로 우리는 보통 감정을 행위의 동기와 바로 연결하지 않는다. 우리가 보통 생각하는 바에 따르면, 감정은 어떤 종류의 욕구를 산출하고 이렇게 산출된 욕구가 바로 행위의 동기라는 것이다. 예를 들어서 누군가가 나를 해코지하면, 나는 그에게 화가 나고, 나의 화는 그를 혼내주고 싶어 하는 욕구를 산출하며, 화 자체가 아니라 화로부터 나온 욕구가 그를 혼내주는 나의 실제 행위의 동기라고 보통 생각하는 것이다. 어쩌면 우리가 욕구를 감정의 하나로 생각하지 않는 이유가 바로 감정과 행위를 매개해 주는 것이 욕구라는 생각을 가지고 있어서인지도 모르겠다. 욕구가 감정과 행위를 매개해 주는 역할을 하는 것이라고 한다면, 당연히 욕구 자신은 하나의 감정이 될 수 없을 것이다. 만약 그렇다면, 거꾸로 고대 그리스철학자들은 감정이 행위의 동기로 작동하는 데 있어서 욕구의 매개를 필요로 하지 않는다고 생각했기 때문에 어떤 종류의 욕구는 감정에 포함시키는 것을 이상스럽게 생각하지 않았는지도 모르겠다. 앞에서 언급된 사항들을 기억하고 있는 한, 고대 그리스 철학자들의 pathē에 대한 논의를 감정에 대한 논의라고 해도 무리가 없을 것이다. 사실 우리가 감정에 대해서 가지고 있는 생각들이 체계적인 이론을 바탕으로 하고 있는 것이 아닌 한에서, 어떤 것이 감정에 포함되는지 그렇지 않은지, 또 감정의 성격이 어떤 것인지 등에 대한 우리의 생각은 어느 정도 가변적인 것이라고 할 수 있을 것이다. 감정의 성격이나 감정 목록 등은 모두 체계적인 감정 이론이 밝혀줄 내용에 포함되는 것일 터이기 때문이다.

고대 그리스 철학사에서 최초로 감정에 대한 체계적인 이론을 제시한 것은 스토아 학파라고 볼 수 있다. 플라톤과 아리스토텔레스도 명백하게 감정에 대한 논의라고 보아야 할 논의들을 하기도 했다. 하지만 플라톤과 아리스토텔레스는 특별히 pathē라는 말을 감정에 국한해서만 사용한 것은 아니었다. 따라서 이들이 pathē에 대해서 논의한 모든 것이 감정에 대한 논의였던 것은 아니다. 또 플라톤이나 아리스토텔레스가 감정이라는 의미로 pathē에 대해서 논의하는 경우에도 그러한 논의를 통해서 (예컨대 『필레보스』편에서나 『수사학』에서) 이들이 감정에 대한 체계적인 이론을 제시하고 있다고 보기는 어려운 측면이 있다.

이와 비교해서 스토아 학자들은 pathē라는 말을 감정을 지칭하는 일종의 전문용어로 사용하게 되며, 이와 더불어 감정에 대한 체계적인 이론이라 할 만한 것을 제시하기에 이른다. 그런데 스토아 학자들의 감정 이론은 감정에 대한 현대적 상식만이 아니라 고대에서의 상식과도 많이 어긋나 보이며, 이 후에 많은 비판을 받게 되기도 하였다. 하지만 스토아 학파의 감정 이론이 비판을 받았든 그렇지 않든, 이후 고대 그리스 철학사에서 감정에 대한 논의는 스토아 학파의 감정 이론과 관계해서 진행되었다고 볼 수 있다. 스토아 학파는 감정에 대한 체계적인 이론을 제시함으로써, 그 이론을 받아들일지 그렇지 않을지의 문제와 별개로, 감정 이론이 대답해 주어야 할 것이 어떤 종류의 것들인지에 관한 문제를 설정해 주었다고 볼 수 있는 것이다. 하지만 다른 한 편으로 보자면, 스토아 학파의 감정 이론은 플라톤과 아리스토텔레스의 감성에 대한 견해들이 없었다면 등장하기 어려운 것이었다고 할 수 있다. 스토아 감정 이론은 바로 플라톤과 아리스토텔레스의 주장을 거부하면서 등장하게 되는 것이기 때문이다. 따라서 고대 그리스 철학에서 감정에 대한 생각이 어떻게 전개되었는지에 대한 이해를 얻고자 한다면, 플라톤으로부터 시작해서 스토아를 거쳐서 그 이후에 또 어떠한 생각들이 전개되었는지를 살펴볼 필요가 있다고 하겠다.

플라톤 철학에서 감정은 추론, 인식, 합리적 판단 등 이성의 지적인 작용과는 전적으로 무관하며, 우리가 탁월하고 행복한 삶을 영위해 나가는데 방해요소일 뿐인가? 흔히 알려진 바와 달리, 플라톤에 따르면 감정은 영혼을 교란시키기에 무조건 배격하거나 근절해야 할 오류투성이가 아니라, 오히려 본능에 의거한 인간의 자연적인 성향의 표출로 볼 수 있다. 『국가』편의 영혼 삼분의 논의를 면밀히 고찰해 보면, 감정은 영혼의 지적인 작용과 깊은 관련을 맺고 있으며, 훌륭한 삶을 영위하기 위해 이성과 더불어 긍정적인 역할을 하고 있음이 드러난다. 즉 영혼의 감정적인 영역은 자체로서 사유하고 판단하는 기능을 가지고 있으며, 역으로 영혼의 이성적인 부분도 자신의 인식과 판단내용을 현실 속에서 구현하기 위해 나름대로 행위에로의 욕구와 의지를 드러내고 있다. 이와 같은 차원에서 플라톤은 만약 감정이 좋은 교육에 의해 올바른 방향으로 인도된다면, 이성적인 생각과 행동을 고수하는 능력으로 활용될 수 있다고 보았다. 특히 국가를 구성하는 세 계층 중 수호자 계층의 인성개발 과정에서 올바른 감정교육의 중요성이 강조된다. 수호자 계층, 즉 군인은 개인적인 희로애락과 무관하게 어떤 상황에서도 자신의 국가를 사랑하고 희생할 준비가 되어 있어야 한다. 나라를 수호하는 사람에게 필요한 것은 무엇보다도 용기인데, 이것은 두려워해야 할 것과 그렇지 않은 것에 관한 냉철한 판단력을 갖추고, 자신의 올바른 생각을 제대로 파악하여 그것을 고수하려는 태도이다. 이처럼 영혼의 격정적인 부분은 스스로 생각하고 의견을 제시하는 지적인 능력을 자신 안에 포함하고 있으며, 따라서 감정교육은 올바른 생각 및 의견개진과 밀접하게 연결되어 있다.

플라톤을 비판적으로 계승한 아리스토텔레스에게 있어서 감성 자체가 훌륭한 삶의 충분조건은 아니다. 그러나 그는 인간이 자유롭게 되고자 한다면 욕구의 원천인 감성이 논리적으로 먼저 존재해야 하며, 이 욕구를 실현시키는 능력인 지성이 그것에 수반되어야 한다고 생각하였다. 이 문제를 아리스토텔레스 감성능력이 결핍된 본성적 노예의 예를 통해 설명하고 있다. 본성적 노예란 이성을 통해서 대상을 이해할 수는 있으나 그것을 소유할 수는 없는 사람을 일컫는다. 즉 그는 자발적으로 행해져야만 하는 것을 스스로 결정할 수 없기 때문에, 적절한 방식의 심사숙고를 통해서 훌륭한 삶을 성취할 수도 없다. 다른 한편 아리스토텔레스에 따르면 감성으로부터 일어나는 유일한 속성은 자유를 사랑하는 것이다. 감성은 다른 사람을 명령하려는 충동을 불러일으키는데, 만약 이런 감성을 결핍하고 있다면 그는 본성적인 노예로 전락하고 만다. 감성이 불러일으키는 어떤 욕구들의 부재에서 노예는 노예 이상이 되려는 충동을 결핍하게 된다. 본성적 노예가 훌륭한 삶에 관해 심사숙고할 수 없고 감정이 훌륭한 삶이 요구하는 욕구들을 산출할 수 없다면 본성적 노예는 심사숙고에 실패할 것이다. 아리스토텔레스는 감성이 이성과 달리 우리에게 자신의 훌륭한 삶을 영위할 수 있는 추진력으로서 적합한 욕구들을 추구하는 원동력이 된다는 점을 통찰하였다. 나아가서 이 감성의 힘은 이웃과의 관계에서 적극적이고 긍정적인 의미에서 남을 지배하고 남에게 지배당함으로써 자아실현의 기초가 되고 있음을 발견할 수 있다.

스토아 학파의 감정 이론은 두 기본적인 주장을 통하여 설명될 수 있다: (가) 감정은 믿음이다, (나) 감정은 거짓된 믿음에 기초하고 있다. 이 두 문장을 이해하기 위해서는 배경이 되는 다른 주장들을 이해할 필요가 있다. 스토아 철학자들은 모든 종류의 감정이 행위의 동기(hormai)를 제공하는 것이라고 생각했다. 하지만 이 주장은 이들만의 독특한 주장은 아니다. 감정이 행위의 동기가 된다는 주장은 고대 그리스인들에게는 일반적이었기 때문이다. 감정 문제와 관련하여 스토아 학파만의 고유한 주장은 감정은 어떤 한 종류의 믿음이기 때문에 행위의 동기라는 점이다. 여기서 그들은 믿음을 '어떤 X가 좋다 나쁘다'라고 판단하는 믿음과 '어떤 한 행위를 해야 한다'는 믿음으로 세분화 한다. 이는 행위의 동기를 명확하게 밝히려는 노력의 소산이다. 그러므로 행위의 동기가 어떤 것을 행해야 한다는 믿음에 근거하고, 감정이 행위의 동기가 된다는 사실로부터, 감정이 어떤 것을 행해야 믿음에 근거한다는 것이 논리적으로 도출된다. 다른 한편, 감정이 거짓된 믿음에 기초한다고 할 때, 그 믿음의 내용이 '좋다, 나쁘다'는 것에 대한 것이다. 따라서 믿음이라는 측면에서 감정이 거짓된 믿음이라면, 행위의 동기라는 측면에서는 감정은 이성이 아닌 비이성적인 행위의 동기가 될 것이다. 뒤집어서 얘기하자면, 스토아 학파에서는 이성적인 능력을 최대로 발휘하는 것이 현자가 되는 길이다. 그런데 감정에 빠진 사람은 행위와 믿음의 합당하고 이성적인 근거를 찾지 못하고, 오히려 그 근거, 원인을 해명하려는 시도 자체를 거부하고 있는 것이다. 이런 의미에서 이들은 감정을 이성을 거부하는 영혼의 움직임이라고 정의한다.

에피쿠로스는 동시대 헬레니즘철학의 지평 안에서 사상적 경쟁관계에 있었던 스토아 학파와 달리, 감정이 영혼을 교란시키는 것으로 간주하고 생활 속에서 배격하거나 부정적인 태도로만 않았다. 오히려 그는 감정이 올바른 방향으로 제대로 인도될 경우, 행복한 삶을 위해 나름대로 의미 있는 역할을 할 수 있다고 보았다. 감정은 경우에 따라서 혹은 지속적인 노력을 통해서 어떤 영혼의 혼란으로부터도 자유로운 유쾌한 느낌이 될 수 있으며, 이 과정을 통해서 유한한 인간은 무한하고 자유로운 신에 근접할 수 있다. 에피쿠로스는 감정의 문제를 욕망의 본성에 대한 분석을 통해 접근한다. 인생에는 어떤 식으로든 충족시켜야만 하는 자연스럽고 필연적인 욕망(식욕, 갈증 etc.)이 존재하며, 이 일반적인 욕구는 누구도 부정하거나 거부할 수 없는, 우리 모두에게 꼭 필요한 것이다. 이에 반해 부귀영화 같은 공허한 믿음에서 따라 나오는 공허한 욕망(물욕, 권력욕, 과도한 성욕 etc.)에 사로잡힌 사람은 결코 자신의 욕구를 충족시킬 수 없으며, 오히려 이로 인해 불필요한 고통이 발생하게 된다. 따라서 에피쿠로스에게 있어서 인생의 최종 목표인 쾌락에 도달하는 최선의 방책은, 오직 자연적이며 공허하지 않은 욕망들을 충족시킴으로써 삶을 영위해 나가는 것이다. 이처럼 쾌락과 고통의 감정에 대한 에피쿠로스의 이해는 욕구의 분석과 밀접하게 연결된다. 다른 한편 에피쿠로스는 쾌락과 고통을 포함한 모든 감정은 결코 단순하고 즉흥적인 충동의 산물이 아니라, 매우 직접적인 방식으로 우리의 믿음에 의존하고 있다는 점을 통찰하였다. 대상에 대한 우리의 믿음이 변하면, 광포한 상태에 빠진 채 불행의 근원이 되는 우리의 감정 역시 유쾌하고 문제없는 삶으로 변화될 수 있다. 예컨대 복수가 자체로서 쾌락을 가져다준다는 믿음은, 행위주체의 화를 공허한 것으로 만들어버리는 헛된 믿음일 뿐이며, 따라서 공허한 믿음을 제거하고, 공허한 화를 불러일으키는 문제들로부터 자유로워질 때 진정한 쾌락과 행복에 도달하게 된다.

회의론자들은 경쟁하는 여러 주장들을 앞에 놓고 '판단 보류'와 '판단 중지'를 유지하라고, 주장들에 개입하지 말고 같은 거리에서 바라보라고 제안한다. 왜냐하면 이론들은 사물에 대한 지식을 포함하고 있는데, 정작 사물은 구별할 수도 없고, 측정할 수도, 규정할 수 없는 것이기 때문이다. 우리의 인식은 사물에 대하여 확실한 앎을 얻지 못하기 때문에, 이로부터 유래하는 판단은 참도 거짓도 아니다. 이런 주장의 결과는 철학이 사물의 본성, 세계의 실재 모습을 탐구한다는 전제를 제거하게 한다. 회의론은 외부 세계에 대하여 '알 수 없는 것'으로 간주한다. 이로 인하여 어떤 이론도 더 우위에 있다고 말할 수 없게 되는 결과를 초래한다. 섹스투스 엠피리쿠스가 지적했듯이, 회의론이란 현상이나 판단에 대하여 서로 반대되는 주장을 언제든 제안할 수 있다는 능력이라는 것이다. 즉 어떤 주장도 판단도 확실한 우위를 점하지 못하기 때문에, 한 주장에 대하여 등가의 반대되는 주장을 늘 정립할 수 있다. 그렇기 때문에 우리는 판단보류, 판단중지의 태도를 필요로 한다. 이 개념들은 고대 회의론의 중심 개념이다. 이런 태도를 유지함으로써 상호 대립하는 주장들 사이에서 어느 하나를 선택하라는 압력으로 인한 심적 혼란으로부터 해방될 수 있다. 바로 이것이 고대 회의론의 실천적 동기였다. 따라서 극심한 심적 혼란을 야기할 수 있는 극단적인 여러 감정 상태를 회피하라고 회의론자들은 조언하지만, 스토아 학파와는 달리, 더 적극적으로 감정이 가지는 역할을 고려하고 있다.

플로티노스는 자신의 저서 <<에네아데스>>에서 감정을 주제로 집중적으로 논하지는 않는다. 이런 사실이 곧바로 플로티노스 철학에서 "감정"문제를 다룰 수 없다는 것을 의미하지 않는다. 영혼과 육체와의 관계 문제 속에서 플로티노스는 감정을 논하고 있다. 먼저 영혼에 대하여 플로티노스는 탐구해 간다. 이런 탐구는 선행 철학자들의 영혼관을 검토하고 비판하는 작업이다. 원자론자들이 주장하는 것처럼 영혼이 미세한 원자들의 결합이라고 하면, 영혼은 통일성이나 공감을 갖지 못할 것이다. 또 그는 스토아 학파가 주장하는 것처럼 물질이라고 하면, 영혼은 생명의 원리인데, 물질은 성질과 생명을 갖지 않고, 또 영혼은 사유하는 실체인데 물질은 사유하지 못하기 때문에, 스토아 학파가 내세우는 영혼은 심각한 결함을 가지고 있다고 비판하다. 더 나아가, 아리스토텔레스의 영혼론도 비판한다. 플로티노스는 아리스토텔레스 철학에서 영혼과 육체의 관계는 형상과 질료의 관계로 대체될 수 있다고 언급한다. 그러나 영혼은 육체가 목적으로 획득해야 할 형상이 아니다. 플라톤도 플로티노스의 비판을 피해 가지는 못한다. 플로티노스에 따르면, 플라톤이 영혼과 육체의 결합에 대하여 자주 얘기하지만, 그에게서 일관된 입장을 발견하기가 어렵다고 말한다. 그렇지만 플로티노스는 자신의 사상적 스승인 플라톤처럼 개별 영혼인 인간의 영혼 이외에도 세계영혼과 별들의 영혼에 관하여도 언급하고 있다. 또한 아리스토텔레스의 입장에 동조하면서, 세계영혼과 개별 영혼의 특징은 운동 능력과 사유 능력이라고 지적한다. 플로티노스에게서 우리의 영혼은 세계영혼 그리고 다른 영혼들과 본질적으로 동일하며, 세계영혼은 정신과 감각계를 연결하는 중간자이다.

윤리적인 삶에서 감정의 적극적인 역할을 부정하는 이성 중시의 합리주의적 전통에 반해, 도덕적 판단의 사실상의 원천은 이성이 아닌 감정이며, 감정 안에서 보편타당한 윤리적 가치와 실천법칙이 그 모습을 드러낼 수 있다고 보는 철학적 입장이 최근 주목을 받고 있다. 이 입장은 감정윤리학으로 불리는데, 감정을 윤리학 내지 도덕철학에 끌어들임으로써 비로소 가치 있는 삶의 모습을 도출해 낼 수 있다는 확신에서 출발한다. 감정윤리학에 따르면 감정은 단순히 맹목적 충동이 아니라 이성의 기능에 비견할 만큼 인간 생활에서 중요하고 또 복잡한 구조로 되어 있다. 즉 윤리영역 안에서 핵심적인 요소 중의 하나인 감정은, 이성과 마찬가지로 인지적 요소를 자신 안에 갖추고 있는 것이다.

우리는 이와 같은 감정의 윤리적 기능에 대한 현대학자들의 강조가 단순히 이전 시대에 대한 반동이나 한 순간의 시대적 흐름에 그치는 것이 아님에 주목할 필요가 있다. 최근 새롭게 부각되고 있는 감정의 능동적이며 인지적인 기능에 관한 논의의 시원에는 고대 그리스철학자들의 사유가 바탕에 깔려 있다. 즉 이미 고대 그리스철학에서는 감정의 구조와 특성에 대한 세밀한 관찰과 분석을 토대로, 감정이 도덕적 행위에서 나름대로의 타당성을 지니며, 나아가서 올바른 행동을 동기화시킨다는 입장에서 감정의 도덕적 역할과 기능을 인정하고 있다. 따라서 우리는 바람직한 도덕적 감정을 함양함으로써 궁극적으로 가치 있는 삶을 구현하기 위하여 고대철학자들은 구체적으로 어떤 노력을 기울였는가에 주목하고자 한다.

필자들은 이 책이 고대 그리스철학의 감정에 대한 논의에 관심을 가진 사람들에게, 이 개념의 의미와 가치를 전달하는 길잡이 역할을 할 수 있기를 바란다.

2010년 6월 10일

서영식, 박규철, 김요한, 김은중, 최양석, 강성훈, 송대현

차 례

플라톤 『국가』에 나타난 중간자적 존재로서의 영혼의 '격정적인 부분'과 '영혼의 습관화' 문제

박 규 철

"반면에 올바른 것들이 이롭다고 주장하는 자는 이런 주장을 하지 않겠는가? 행하고 말해야 할 것들은, 이로써 내부의 인간이 이 인간을 최대한 장악하게 되며, 많은 머리를 가진 짐승을, 마치 농부처럼, 유순한 머리들은 키우고 길들이되, 사나운 것들은 자라지 못하게 막아가며 보살피게 되는 한편으로, 사자의 성향을 협력자로 만들어서, 공동으로 모두를 돌보며, 서로들 그리고 자기 자신과도 화목하게 만드는 그런 방향으로 조장하는 것들이어야 한다고 말일세."(589a-b)

1. 서론

'올바름'의 문제를 천착하는 것으로 알려진 플라톤의 『국가』는 형이상학과 인식론 그리고 윤리학과 연관된 다양한 철학적 문제들을 함축한 플라톤 최고의 대화편 중의 하나이다. 그 가운데에서도 제4권은 윤리학 또는 도덕철학과 연관하여 가장 중요한 철학적 문제들 중의 하나로 손꼽히는 인간 영혼의 문제, 즉 '영혼의 삼분' 및 '영혼의 조화' 문제를 본격적으로 탐색한다. 구체적으로 세 부분으로 나누어진 영혼에서 '지혜의 원리'와 동일시되는 영혼의 '이성적인 부분'은 '감정의 원리'와 동일시되는 영혼의 '격정적인 부분' 및 '욕망의 원리'로 동일시되는 영혼의 '욕구적인 부분'과 어떠한 관계를 맺고 있으며, 이것들은 상호 어떻게 충돌하고 조화되는가 하는 문제를 심도 있게 조망하고 있는 것이다. 하지만 이러한 논의는 『잔치』와 더불어 『파이드로스』, 『고르기아스』, 『필레보스』, 『티마이오스』 그리고 『법률』 등을 검토해야만 하는 지난(至難)한 작업 중의 하나이다. 그러기에 본 연구에서는 일단 지면상의 한계로 인하여 『국가』를 중심으로, 특히 제4권을 중심으로 영혼 삼분의 문제 및 영혼의 습관화 문제를 천착할 것이다.

주지하다시피, 『국가』 제4권은 국가의 올바른 상태는 국가를 구성하고 있는 세 부류의 사람들인 통치자들과 수호자들 그리고 일반 시민들이 자신에게 주어진 일을 함으로써 실현되어질 수 있다는 것을 논증한다. 아울러 올바른 국가가 실현되기 위해서는 통치자들의 '지혜', 수호자들의 '용기' 그리고 일반 시민들의 '절제'가 절대적으로 필요함을 역설한다. 이것에 기반 하여 플라톤의 소크라테스는 개인의 영혼도 국가의 조화와 유비적인 관계에 있는 그러한 조화가 필요함을 역설하는데, 이것은 영혼의 격정적인 부분 그리고 욕구적인 부분이 영혼의 이성적인 부분의 통제에 따라 조화와 화합을 이룰 때에만 가능한 그러한 상태이기도 하다. 이에 필자는 제4권에서 논의되는 플라톤의 소크라테스의 논의를 충실히 따르면서, 제4권에 나타난 다음의 문제들 즉 인간 영혼의 본질과 그 구조의 문제, 그리고 이성적인 부분과 격정적인 부분 그리고 욕구적인 부분으로 이루어진 '영혼 삼분'의 문제와 그것들 간의 관계 문제, 나아가 시가교육과 체육교육에 의한 '영혼의 습관화' 즉 "이성과 법"(605ab)에 의해서 영혼을 "버릇 들이는(ethizein)"(604d) 문제를 집중적으로 고찰할 것이다. 다분히 윤리적이고 도덕철학적인 의미를 함축하는 이러한 문제들에 대하 논의를 통하여, 우리는 영혼에 대한 플라톤의 논의가 그의 도덕철학의 진수임을 확인할 수 있을 것이다.

구체적으로 필자는 다음 문제들을 천착할 것이다.[1] 첫째 플라톤의 『국가』에서 인간 영혼은 어떻게 나누어지는가? 영혼의 이성적인 부분, 격정정적인 부분 그리고 욕구적인 부분은 각각 어떤 의미를 지니는가? 둘째 『국가』에서 플라톤의 소크라테스는 왜 영혼을 삼분하는가? 영혼의 '격정적인 부분'은 이성적인 부분 및 욕구적인 부분과 달리 왜 영혼의 제3의 부분으로 새롭게 등장하는가? 그리고 격정적인 부분은 왜 중간자적 존재로 불리는가? 셋째 삼분된 영혼은 어떻게 조화를 이루는가? 영혼의 조화를 위해서 시가교육과 체육교육은 어떠한 역할을 수행하는가? 그리고 인간 영혼과 몸은 궁극적으로 조화될 수 있는가?

2. 인간 영혼은 어떻게 나누어지는가?

영혼의 습관화 문제와 연관하여 가장 먼저 살펴보아야 할 부분은 『국가』 제10권이다. 플라톤은 거기에서 자신의 철학의 목표가 인간 영혼의 습관화에 있음을 분명히 한다. 즉 "이성과 법"(605ab)에 의해서 인간 영혼을 습관화하는 것이야말로 철학적 활동 주에서 가장 유의미한 것임을 언급하는 것이다. 이것과 연관된 『국가』의 목소리는 다음과 같다.[2]

---

1) 윤리적 방법론으로서의 소크라테스의 문답법이 대화상대자와 청자 그리고 대화 현장에는 없었던 청중들의 감정을 자극하는 문제, 그리고 플라톤의 초기 대화편 중의 하나인 『라케스』에 등장하는 인물들의 감정 자극의 문제는 다음 졸고를 참고하라. 박규철. "플라톤 대화편에 나타난 문답법의 윤리적 의미와 '감정의 문제'". 『동서철학연구』 제55호(2010).

2) 『국가』에 대한 인용은 현재 이 대화편에 관한 가장 표준적인 번역본으로 알

> "일어난 일에 대해 결단을 내리는 것(bouleuesthai)이네. 그리고 마치 주사위 던지기에서 던진 결과에 대해 하듯, 자신의 일들을, '이성'이 최선이라고 입증하는 방식에 따라, 처리하는 것일세. 마치 넘어진 아이들이 상처를 붙잡고 우는 데 시간을 보내야 할 것이 아니라, 의술로써 비탄이 사라지게 하는 식으로, 상처와 아픈 데를 낫게 하고 바로잡아 주는 데 가급적 빨리 대처하도록 **언제나 혼을 버릇들이는 것일세.**"(강조는 필자가 한 것임. 이하 동일함) 내가 말했네.(604c-d)

물론 영혼의 습관화 문제와 관련하여 가장 우선적으로 살펴보아야 할 부분은 '영혼 삼분'의 논의가 등장하는 제4권이다. 하지만 플라톤은 본 논의와 별도로 '영혼 이분'의 문제도 거론하는데, 그것은 제10권에 존재한다. 여기에서 플라톤의 소크라테스는 인간 영혼을 두 부분으로 나눈다. 그리고 그것을 상호 대립적 상호 갈등적 관계로 규정한다. 그에 의하면 이성적인 부분은 합리적인 것으로 영혼의 우월한 부분 즉 "측정과 계산을 신뢰하는 부분"(603a)인 이성적인 부분을 말하며 "혼에 있어서 최선의 부분"(603a)이다. 비이성적인 부분은 이성에 반대되는 것으로 영혼을 "고통에 대한 기억 쪽으로 그리고 비탄 쪽으로 인도하며 이에 물릴 줄도 모르는 부분"(604d) 즉 영혼의 "변변찮은 부분"(603a) 또는 "비겁과 친근한 것"(604d)인 영혼의 열등한 부분을 말한다.

이러한 입장에 근거해 볼 때, 영혼의 이성적인 부분의 지배를 받는 사람들은[3] 개인적인 불행에 직면해서도 결코 자신의 "절도"(603e)를 상실하지 않은 채 품위 있게 행동한다. 이에 반해 비이성적인 부분의 지배를 받는 사람들은 그렇지 못하다. 영혼의 이성적인 부분이 "분별 있고 침착한 성격(ethos)으로 언제나 '자기동일

려진 박종현의 번역에 따른다. 『일곱째 편지』 및 『티마이오스』와 관련된 번역 역시 그의 번역을 따른다.

3) "훌륭한 사람들"(603e3) 또는 "선량한 사람들"(605c7)로 이해될 수 있다.

성'을 유지하는 데"(604e) 반해서, 영혼의 비이성적인 부분들은 "화를 잘 내고"(605a) 자기동일성을 유지하지 못하기 때문이다(박규철 2010, 23). 특히, 자기동일성을 유지하지 못하는 영혼의 비이성적인 부분들은 "모방적인 시인"(605a)[4]들은 시가 인간에게 주는 즐거움만을 강조하고 영혼의 비이성적인 부분을 "일깨워 키우고 강화함으로써 헤아리는(이성적인) 부분을 파멸시킨다."(605b) 하지만 이는 인간 영혼의 건전한 인격 형성을 저해하는 심각한 문제이다. 다음은 이와 연관된 언급이다.

> "우리에게 있어서 그 성향 상 최선의 것인 부분은 이성과 습관에 의해 충분히 교육받지 못한 처지라, 이 비탄하는 부분에 대한 감시를 풀게 되는데, 이는 남의 고통을 구경하고 있기 때문이며, 훌륭한 사람이라고 하는 남이 어울리지 않게 슬피 울 경우에, 이 사람을 찬양하여 애처롭게 여긴다 해서, 자신으로서 부끄러울 것은 아무 것도 없기 때문이라고 말일세. 오히려 그것은 덕을 본다고, 즉 즐거움을 얻는다고 믿고서, 시 전체를 경시함으로써 이 즐거움을 앗기게 되는 걸 용인하려 하지 않을 걸세. 남들의 불운을 즐기는 것이 필연적으로 자신들의 불운으로 바뀔 것임을 헤아리는 것은 소수의 사람에게나 가능하다고 나는 생각하기 때문이네. 남들의 불운 속에서 자라서

4) 철학사에서 시인에 대한 플라톤의 비판은 예술 전체에 대한 부정으로 종종 오해되어 왔다. 하지만 플라톤 자신이 소크라테스의 입을 통해서 분명히 밝히고 있듯이, 즉 "즐거움을 위한 시와 모방이 훌륭히 다스려지는 나라에 자기가 있어야만 하는 어떤 논거"(607c)를 말할 수 있다면, 그는 결코 시를 '아름다운 나라'에서 추방하지 않을 것이라고 한다. 다시 말해서, 그는 "시가 즐거움을 주는 것일 뿐만 아니라 나라의 체제와 인간 생활을 위해서도 이로운 것이라는 걸" 증명할 수만 있다면, 이를 허용할 것이라고 말하고 있는 것이다. 이처럼 플라톤의 시인비판론은 시인 그 자체에 대한 전면적인 부정이 아니라, 인간 영혼의 비이성적인 부분이 이성과 법에 의해서 지배받지 못하고, 또한 인간의 인격을 도야시키는데 기여하지 못한다면, 그것은 반드시 비판받아야만 하며, 그들이 담당하였던 교사로서의 역할 또한 제한되어야만 한다는 것으로 이해되어야 한다. 이처럼 플라톤의 소크라테스는 이성과 법에 의한 감정의 순화, 영혼의 습관화를 강조하고 있는 것이다.

힘이 세어진 이 불쌍히 여기는 부분을 정작 자신의 불운에 당면해서 억제한다는 것은 쉽지가 않다네."(606a-b)

이런 점에서 볼 때, 제10권에서 논의되는 영혼 이분화의 요지는 영혼 전체의 조화가 달성되기 위해서는 비이성적인 부분들이 우선적으로 이성적인 부분의 지배를 받아야 한다는 것이다. 다르게 말해서 영혼의 이성적인 부분이 비이성적인 부분을 지배해야만 영혼의 전체적인 조화가 가능해진다는 말이다.

그런데 영혼의 본질과 구조에 대한 본격적인 논의는 필연적으로 제4권에 등장하는 '영혼 삼분'에 대한 논의를 필요로 한다. 주지하다시피, 영혼 삼분이라는 문제는 영혼을 '이성적인 부분'5)과 '격정'(감정적인 부분) 그리고 '욕구적인 부분'로 나누는 것으로 그 구체적인 언급은 제4권 435e-436a에 등장한다. 여기에서 플라톤의 소크라테스는 인간 영혼을 '배움을 좋아하는 부류'인 '토 필로마테스'(to philomathes)와 '격정적(기개적)인 부류'인 '토 튀모에이데스'(to thymoeides) 그리고 '돈을 좋아하는 부류'인 '토 필로크레마톤'(to philochrematon)으로 나누는데, 이때 토 필로마테스는 '배움의 원리' 또는 '이성의 원리'로, '토 튀모에이데스'는 '감정'과 '격정'또는 '분노'와 '명예'의 원리로, 그리고 '토 필로크레마톤'은 돈에 집착하는 원리로 식욕과 성욕 그리고 신체적 쾌락과 연관된 '욕구의 원리'로 이해된다.

"그러니까 각자 안에는 나라에 있는 것들과 똑같은 종류들과 성격들이 있다는 데에 우리가 동의하는 것은 지극히 필연적이겠지? 그곳 이외의 다른 데서 나라에 있는 것들이 유래되지는 않았을 것이

5) 이성은 일차적으로 "배움을 좋아하는 부류"(to philomathes, 437e7)이다. 제9권에서 이성은 헤아리고 추론하는"(hōi logizetai, 439d5) 능력으로 이해된다. 그리고 그것은 "배움을 좋아하고(philomathes) 지혜를 사랑하는(philosophon)"(581b10) 것으로도 이해된다.

분명하니까 말일세. 만약에 어떤 사람이 생각하기를, '격정적(기개적) 인 부류'(to thymoeides)가 여러 나라 안에 생기게 되는 것이 이런 평판을 듣고 있는 개개인들, 이를테면 트라케 지방과 스키티케(스키타이) 지방 그리고 대개의 북방 지역에 사는 사람들에게서 유래되지 않았다고 한다면, 우스운 일이겠기 때문일세. 또는 그 어떤 곳보다도 우리 고장을 제일 내세움직한 '배움을 좋아하는 부류'(to philomathes)나, 페니키아인들과 이집트 지역 사람들에게 적잖이 있다고 말할 수 있겠는 '돈을 좋아하는 부류'(to philochrematon)의 경우도 이는 마찬가지일 걸세." 내가 말했네.(435e-436a)

"우리가 다음의 각 행위를 하는 게 우리 안에 있는 동일한 부분으로 하는 건지, 아니면 세 가지 부분이 있어서 각각의 다른 부분으로 다른 행위를 하는지는 말일세. 우리는 우리 안에 있는 것들 중의 한 가지로는 배우고, 다른 한 가지로는 발끈하며, 셋째 것으로는 음식과 생식 또는 이것들과 동류인 것들과 관련된 쾌락을 욕구하는지, 아니면 이런 각각의 행위를 우리가 일단 하기 시작하면, 그걸 혼 전체로 하는지는 말일세. 이를 제대로 결정짓기는 어려운 일일세."(436a-b)

그런데 가장 흔하게 사용되는 영혼 삼분의 모델은 제4권 439d-441c에 등장한다. 여기에서 플라톤의 소크라테스는 이성적인 부분을 '토 로기스티콘'(to logostikon)으로, 감정적인 부분 또는 격정적인 부분을 '토 튀모에이데스'(to thymoeides)로, 그리고 욕구적인 부분을 '토 에피튀메티콘'(to epithymetikon)으로 명명하는데, 이것에 근거해서 우리는 영혼을 '이성'과 '격정'(감정) 그리고 '욕구'로 삼분한다.

"따라서 우리가 이것들을 두 가지 서로 다른 것들로 보고서, 그것으로써 혼이 헤아리게(추론하게) 되는 부분(면) 혼의 헤아리는(추론적, 이성적: logistokon) 부분이라 부르는 반면, 그것으로써 혼이 사랑하고 배고파하며 목말라하거나 또는 그 밖의 다른 욕구들과 관련해서 흥분 상태에 있게 되는 부분은, 어떤 만족이나 쾌락들과 한 편인 것으로서, 비이성적(헤아릴 줄 모르는: alogistikon)이며 욕구적인(epithymetikon) 부분이라 부른다 해도, 결코 불합리하지는 않을 걸세."(439d)

앞의 것 즉 영혼을 '토 필로마테스'(to philomathes)와 '토 튀모에이데스'(to thymoeides) 그리고 '토 필로크레마톤'(to philochrematon)으로 나누는 것과 비교해 볼 때, 후자의 경우 즉 영혼을 '토 로기스티콘'(to logostikon) '토 튀모에이데스'(to thymoeides) 그리고 '토 에피튀메티콘'(to epithymetikon)으로 나누는 것은 영혼의 감정적인 부분 또는 격정적인 부분에 대해서는 동일한 개념을 사용하고 있으나, 이성적인 부분과 욕구적인 부분에 대해서는 다른 개념을 사용하고 있다. 이는 새로운 것으로 향후 논의될 영혼 개념에 관한 논의의 기본 뼈대를 이룬다.

이러한 논의를 통하여, 플라톤의 소크라테스는 하나의 영혼이 세 부분 즉 이성적인 부분, 격정적인 부분 그리고 욕구적인 부분으로 이루어져 있으며, 그 부분들은 각각 독자적인 원리에 의해서 움직이고 있음을 강조한다.

3. 중간자적 존재로서의 영혼의 격정적인 부분: '목마른 사람의 비유'와 '레온티노스의 이야기'

그럼 플라톤의 소크라테스에 있어서 이성적인 부분과 욕구적인 부분, 그리고 이성적인 부분과 격정적인 부분은 어떠한 관계에 있는가? 단적으로 말하자면, 그 세 부분들은 서로 갈등하고 서로 충돌하는 관계에 있다. 플라톤의 소크라테스는 이성적인 부분과 욕구적인 부분의 충돌을 '목마른 사람'의 비유를 통해서 설명하고 있으며, 이성적인 부분과 격정적인 부분의 충돌을 '레온티노스의 이야기'를 통하여 설명하고 있다. 다음은 그 구체적인 언급이다.

먼저 소크라테스의 목마른 사람의 비유는 다음과 같이 이해된다(박규철 2010). 우리에게 잘 알려져 있듯이, 목마른 사람에게 있어 목마름이라고 하는 욕구 그 자체는 '선한 것' 또는 '최고로 좋은 그러한 것'에 관한 욕구가 아니다. 오히려 그것은 "마실 것 자체"(439a)에 대한 맹목적이고도 무차별적인 욕구이다. 따라서 플라톤의 소크라테스는 목마른 사람의 영혼은 "마시는 것 이외의 다른 어떤 것도 하고자 하지 않고, 마시기만을 갈구하며 이를 위해 서두르는 것"(439a-b)이라고 단정적으로 규정하고 있는 것이다. 이렇게 볼 때, 인간에게 있어 욕구라는 것은 영혼으로 하여금 단지 '선하게 보이는 것' 또는 '좋게 보이는 것'을 이성과 무관하게 맹목적, 무차별적으로 추구하게 만드는 그러한 것이다. 그러기에 우리의 영혼은 이성에 근거하여 선하고 유익한 것 그러한 것을 지향해야 하지, 만약 그렇지 못할 경우에는 악하고 해로운 것에 쉽사리 노출될 수 있다는 것이 플라톤의 생각이다. 즉 만약 우리의 영혼이 맹목적으로 마시기만을 강제하는 욕구에 이끌려 마시는 것 그 자체에만 집착한다면, 우리의 영혼은 그것이 '좋은 것'인지 아니면 '나쁜 것'인지, 그리고 그것이 '이로운 것'인지 아니면 '해로운 것'인지에 대한 전반적인 이해를 결여한 채 비이성적, 비합리적으로 판단할 수 있다는 것이다. 그러기에 플라톤의 소크라테스는 욕구에 대한 이성의 우월성을 다음과 같이 정리한다.

> "그렇다면, 그 사람들에 관해서는 뭐라 말할 수 있을까? 그들의 혼 안에는 마시도록 시키는 것이 있는가 하면, 마시는 걸 막는 것이, 즉 그러도록 시키는 것과는 다르면서 이를 제압하는 게 있지 않은가?" (...)

> “그러니까 이런 것들을 막는 것이 정작 생기게 될 경우에, 이것은 헤아림(추론: logismos)으로 해서 생기지만, 반면에 그쪽으로 이끌고 당기는 것은 어떤 처지나(감정: pathemata)나 병적인 상태로 인하여 생기는 것이 아니겠는가?”(439c-d) (...)

> “따라서 우리가 이것들을 두 가지 서로 다른 것들로 보고서, 그것으로써 혼이 헤아리게(추론하게) 되는 부분(면)을 혼의 헤아리는(추론적, 이성적: logistikon) 부분이라 부르는 반면, 그것으로써 혼이 사랑하고 배고파하며 목말라하거나 또는 그 밖의 다른 욕구들과 관련해서 흥분상태에 있게 되는 부분은, 어떤 만족이나 쾌락들과 한편인 것으로서, 비이성적(헤아릴 줄 모르는: alogistikon)이며 욕구적인 (epithymetikon) 부분이라 부른다 해도, 결코 불합리하지는 않을 걸세.”(439d)

이처럼 목마름의 비유를 통하여 플라톤의 소크라테스는 욕구가 존재하는 대상에 대한 무차별적이고 맹목적인 욕구임을 비판하면서, 우리의 영혼이 대상에 대한 합리적이고 분별 있는 욕구인 이성을 따르도록 강조하고 있는 것이다.

다음으로 영혼의 이성적인 부분과 격정적인 부분의 관계성은 레온티노스의 이야기를 통하여 고찰된다(박규철 2010). 주지하다시피, 이 이야기는 레온티노스가 한편으로는 시체보기를 원하면서도 또 다른 한편으로는 시체보기를 외면하려하였다는 사례를 두고 이야기되는 것으로, 플라톤의 소크라테스는 여기에서 레온티노스가 영혼의 욕구적인 부분이 아니라 욕구적인 부분에 저항하는 강력한 힘인 “분노”(orgē)(440a)의 감정이 이끌렸다는 사건에 주목한다. 이는 인간 영혼 안에 욕구적인 충동에 반하는 격정적인 부분, 그리고 이성과 연관된 그 격정적인 부분의 윤리적, 도덕적 판단이 존재하고 있음을 말해주고 있는 것으로, 여기에서 플라톤의 소크라테스는 영혼의 격정[6]적인 부분이 지니고 있는 이중적인 특징에 주목한다. 즉 영혼의 격정적인 부분은 이성적인 부분과 욕구적인 부분의 중간 지대에 자리 매김하고 있으면서, 한편으로는 이성적인 부분과 욕구적인 부분의 특징을 동시에 가지고 있으면서도, 또 다른 한편으로는 이성적인 부분 및 욕구적인 부분과 차별화되는 제3의 존재로 자리잡고 있는 것이다. 다시 말해, 격정적인 부분은 이성적인 부분과 욕구적인 부분의 중간자적인 존재인 것이다. 우선적으로, 영혼의 격정적인 부분은 욕구적인 부분과 동근원적이다. 이 두 부분은 모두 이성적인 부분이 아니라는 공통된 특징이 있다. 그런 점에서 그 두 부분은 이성적인 부분과 강하게 대립한다. 하지만 그럼에도 불구하고 격정적인 부분은 이성적인 부분과도 연결되어 있다. 왜냐하면 욕구적인 부분과 달리 격정적인 부분은 어떤 특정한 대상을 도덕적, 유리적으로 판단할 때에는 항상 이성적인 부분에 근거하여 합리적으로 판단하기 때문이다. 이런 점에서 격정적인 부분은 이성적인 부분과 함께 욕구적인 부분에 강하게 대립한다. 영혼의 격정적인 부분들이 지닌 사례들, 즉 "분노"(440a)나 "승리-애" 그리고 "명예-사랑"(581b) 등의 감정은 모두 이성적인 부분과의 연관성 속에서 발생된 도덕적, 윤리적 심성들이다. 다시 말해, 이러한 도덕적 감정들은 이성적인 판단이 결핍되어 있을 때에는 발생되지는 않는 그러한 것이다. 이처럼 레온티노스 이야기는 격정적인 부분이 욕구적인 부분보다 이성적인 부분과 밀접하게 연관되어 있다는 것을 보여주는 하나의 사례이다. 다음은 이와 연관된 소크라테스의 언급이다.

> "격정적인 부분(to thymoeides)과 관련해서 우리가 보게 된 것이 방금 전과는 정반대로 되었다는 것일세. 아까는 이를 욕구적인 것으로 우리가 생각했었지만, 지금은 그렇기는커녕, 혼의 내부에 있어서 헤아리는(이성적인) 부분(to logistikon)을 위해 무장을 한다고 우리가

6) 격정이라는 개념은 기본적으로 '경쟁심'이나 '자존심', 또는 '명예감' 등과 연관된 것임을 알 수 있다(Cooper 1984, 40). 그리고 레온티노스의 이야기와 연관된 것으로는 김성훈(2005)과 김혜경(1996, 1997, 1999)을 참고하라.

말하고 있으니까 말일세."(440e)

하지만 그럼에도 불구하고 영혼의 격정적인 부분은 이성적인 부분과 동일시될 수 없는 존재이다. 그런 점에서 그것은 분명 한계를 안고 있다. 왜냐하면 영혼의 격정적인 부분은 이성을 동반하지 않으면 욕구와 선택적 친화력을 형성하며, 그런 한에서 그것은 욕구적인 부분과 연속적인 관계에 있기 때문이다. 주지하다시피, 영혼의 이성적인 부분은 선한 것과 악한 것 또는 좋은 것과 나쁜 것에 대한 전반적인 판단 또는 합리적인 이해력을 행사한다. 그런데 영혼의 이성적인 부분과 비교해서, 격정적인 부분은 선한 것과 악한 것 또는 좋은 것과 나쁜 것에 대한 일반적인 이해력을 소유하고 있지 못하다. 이런 점에서 볼 때 격정적인 부분은 합리적인 이성 없이는 욕구가 제공하는 충동에 쉽사리 노출될 수 있는 것이다. 우리는 그러한 사례를 오디세우스의 사례를 통해서도 확인할 수 있다.7) 다음은 그것과 연관된 소크라테스의 언급이다.

> "우리가 인용했던 호메로스의 그 구절도 이를 증언하고 있네. 즉 '하나, 그는 제 가슴을 치면서 이런 말로 제 심장을 나무랐다'라는 구절 말일세. 이 구절에서 분명히 호메로스는 더 나은 것과 더 못한 것에 관해서 헤아려 본 부분이 헤아릴 줄 모르고 격하여지는 부분과 서로 다른 것으로서, 한쪽이 다른 쪽을 나무라는 것으로 묘사하고 있으니까 말일세"(441b-c).

이처럼 플라톤의 소크라테스에게 있어 영혼의 격정적인 부분은

7) 이에 대한 사례는 호메로스의 『오디세이아』 20.17에 있다. 여기에서 오디세우스는 귀향한 후 자신의 왕궁에서 페넬로페의 하녀들이 못된 짓을 하는 것을 보고서는 크게 분노하였다. 하지만 그럼에도 불구하고, 그는 자신의 완벽한 복수를 위해 "제 가슴을 치면서" 자신의 격정을 억누른다. 그런데 이 때 오디세우스는 순간적 격정보다는 철저하게 이성에 근거하여 행동하고 있음을 알 수 있다.(박규철 2010, 26 참조)

이성에 의해서 보충 내지는 매개되지 않고서는 욕구에 노출될 수 있는 나약한 존재인 것이다.

위에서 언급된 레온티노스의 이야기와 오디세우스의 이야기를 종합해 볼 때, 우리는 다음 결론에 도달할 수 있다. 즉 플라톤의 소크라테스에게 있어서 격정 또는 감정이라는 개념은 한편으로는 이성과는 동일시되고 욕구와는 차별화되는 그러한 존재임과 동시에, 또 다른 한편으로는 욕구와 동일시되고 이성과는 차별화되는 그러한 존재로 드러난다. 다시 말해서 격정 또는 감정은 이중적인 존재이자 중간자적인 존재이다.

4. 삼분된 영혼의 조화 및 영혼과 몸의 조화는 어떻게 가능한가?

중간자적인 존재로서의 감정 또는 격정은 이성에 의해 습관화되어야 한다. 그러기에 플라톤의 소크라테스에게 있어 격정은 욕구보다는 이성적이나 이성에 비해서는 불완전하기에, 신이 주신 두 가지 교과목인 "시가와 체육"(411e)를 통하여 끊임없이 훈련되어야 하는 중간자적인 존재인 것이다. 다음은 이와 연관된 언급들이다.

> "그러니까 어떤 신이 이들 두 가지 교과목, 즉 시가(mousike)와 체육(gymnastike)을 인간들에게 주었는데, 이는 혼의 '격정적인 면'(to thymoeides)과 '지혜를 사랑하는 면'(to philosophon)을 위해서지, 부수적인 경우가 아니고서는, 혼과 육신을 위해서가 아닌 것 같다고 나로서는 말하고 싶으이. 말하자면. 이 양면이 '적절한 정도'(to proskon)만큼 조정되고 이완됨으로써 서로 조화를 이루도록 하기 위해서 말일세."(411e-412a) (...)

“그렇다면 시가와 체육을 가장 훌륭하게 혼화하여, 이를 혼에 가장 알맞게 제공하는 그런 사람이 완벽한 의미에 있어서 가장 시가적이며 가장 조화로운 사람이라고, 현악기의 현들을 서로 조율해 내는 사람보다도 훨씬 더 그런 사람이라고 우리가 말하여 지당할 걸세.”(412a)

“그렇다면, 앞서 우리가 말했듯, 시가와 체육의 혼화가 이 둘을 조화되게 만들지 않겠는가? 헤아리는 부분은 훌륭한 말과 학문으로 조장하여 키워주되, 격정적인 부분은 달래는 말로 이완시키며 화성과 리듬으로 순화시킴으로써 말일세.”(441e)

이처럼 플라톤의 소크라테스는 영혼의 조화[8]를 달성하기 위해서 시가교육과 체육교육[9]의 중요성을 강조한다. 그런데 이 때 시가교육과 체육교육은 잘못 이해되어서는 안 된다(김영균 2008). 왜냐하면 잘못 이해되면 시가교육은 영혼을 위해서, 그리고 체육교육은 신체를 위해서 기능하는 것으로 이해될 수 있으나 이는 완전히 잘못된 이해이다. 왜냐하면 플라톤의 본의에 입각해 볼 때, 시가교육은 영혼의 이성적인 부분의 도야를 위해서 존재하고, 체육교육은 영혼의 격정적인 부분의 도야를 위해서 존재하기 때문에, 시가교육과 체육교육은 모두 영혼의 전반적인 도야를 위해서 기능하고 있는 것이기 때문이다.

이렇게 하여 플라톤에게 있어 체육교육과 시가교육은 영혼 전체

---

8) 인간 안에 있는 영혼의 세 부분들의 각각이 지배(통솔: archē) 및 피지배와 관련해서 저마다 제 일을 하지 않을 때 일어나는 일들로는 공금횡령, 신전약탈, 도둑질, 친구에 대한 배신, 국가 반역, 신의 없음, 간통, 불효, 불경 등이 있다(442e-443a).

9) 체육교육에 관해서 다음 구절도 참고하라. “더욱이 그는 이 체조와 운동도, 다른 운동선수들이 힘을 위해서 먹을 것과 운동을 대하듯 하는 것이 아니라, 힘을 염두에 두고서 보다도 제 천성의 ‘격정적인 면’(to thymoeides)을 염두에 두고 이를 일깨우느라, 힘들여서 할 걸세.”(410b)

의 조화를 위해서 존재한다. 그리고 이러한 교육을 통하여 인간은 영혼의 이성적인 면과 격정적인 면은 궁극적인 조화를 이룩한다. 플라톤의 소크라테스는 영혼에 있어서 이성과 격정 그리고 욕구가 본래적으로 조화로운 관계에 있으며, 그러한 조화로운 관계는 영혼의 "우의와 화합"(philia kai ksymphōnia: 442d1)이라는 말로 표현될 수 있음을 다음과 같은 말로 언급한다.

> "그러면 다음은 어떤가? 절제 있는 사람이라 부르게 되는 것은 이들 같은 세 부분간의 '우의와 화합'에 의해서, 즉 지배하는 쪽과 그 두 지배받는 쪽 사이에 헤아리는 부분이 지배를 해야 된다는 데 대해서 의견의 일치를 보고서, 이 부분에 대해 나머지 두 부분이 반목하지 않을 때에 있어서가 아니겠는가?"(442c-d)

그런데 여기에서 눈에 띄는 것은 영혼의 세 부분간의 우의와 화합은 영혼의 이성적인 부분이 영혼의 비이성적인 부분들을 지배함으로써 가능할 수 있다는 사실이다. 본문에서 그것은 "의견의 일치를 보고서"라는 문구로 제시되고 있다. 사실상 플라톤의 이러한 생각은 "올바름이 무엇인가?"라는 『국가』편 전체의 문제의식과 그 맥이 닿아 있는 의미심장한 발언이기도 하다. 이런 점에서 볼 때, 플라톤의 소크라테스는 올바름이란 바로 "외적인 자기 일의 수행과 관련된 것"(443d1)이 아니라, 바로 "내적인 자기 일의 수행"(443d1) 즉 '영혼 그 자체의 조화'에서 발견되어짐을 강조한다. 플라톤의 소크라테스는 그것을 다음과 같이 언급한다.

> "사실 '올바름'이 그런 어떤 것 같으이. 하지만 그것은 외적인 자기 일의 수행과 관련된 것이 아니라, 내적인 자기 일의 수행, 즉 참된 자기 자신 그리고 참된 자신의 일과 관련된 것일세. 자기 안에 있는 각각의 것이 남의 일을 하는 일이 없도록, 또한 혼의 각 부류가 서로들 참견하는 일도 없도록 하는 반면, 참된 의미에서 자신의

것인 것들을 잘 조절하고 스스로 자신을 지배하며 통솔하고 또한 자기 자신과 화목함으로써, 이들 세 부분을, 마치 영락없는 음계의 세 음정 즉 최저음과 최고음 그리고 중간음처럼, 전체적으로 조화시키네."(443d-444a)

이러한 논의에 입각해 볼 때, '올바르지 못함'이란 것은 자연스럽게 영혼의 부조화 즉 영혼의 세 부분들 간의 일종의 "내분"(stasis)이다. 즉 영혼의 세 부분들 간의 일종의 "참견"(polypragmosynē)과 "간섭"(allotriopragmosynē)이며, 영혼 전체에 대해 일부 부분들의 "모반"(epanastasis)인 것이다(444b). 다르게 말해서, 영혼의 세 부분들 간의 "혼란과 방황"이 바로 올바르지 못함이며, "무절제요 비겁이며 무지"와 동일시되는 그러한 바의 것이다(444b). 그러기에 플라톤의 소크라테스는 올바름과 올바르지 못함을 다음과 같이 정의한다.

"'올바름'을 생기게 함은 곧 혼에 있어서 여러 부분이 서로 지배하며 지배받는 관계를 '성향에 따라' 확립함이요, 반면에 '올바르지 못함'을 생기게 함은 곧 서로 다스리며 다스림을 받는 관계를 '성향에 어긋나게' 확립함이 아니겠는가?"(444d)

그 결과 플라톤의 소크라테스는 "훌륭함"과 '훌륭하지 못함' 즉 "나쁨"을 영혼과 연관하여 다음과 같이 정의한다.

"훌륭함(aretē)은 일종의 혼의 건강(hygieia)이요 아름다움(kallos)이며 좋은 상태(euexia)인 반면, 나쁨(kakia)은 일종의 혼의 질병(nosos)이요 추함(aischos)이며 허약함(astheneia)인 것 같으이."(444d-e)

그런데 플라톤의 이러한 생각은 그의 후기 대화편의 하나인 『티마이오스』[10]에서도 그대로 드러나는데(Johansen, 2000), 거기에서 그

---

10) 『티마이오스』에 나타난 영혼 삼분에 대해서는 T. K. Johansen(2000)의 논의

는 영혼의 세 부분들 간의 조화를 넘어서 몸과 영혼 간의 균형 잡힌 도야임을 강조한다. 다음은 그의 말이다.

> "둘 다[몸과 마음의 질환]에 대한 한 가지 구제책(soteria)은, 혼이 몸을 제쳐놓은 채로도 또는 몸이 혼을 제쳐놓은 채로도 활동하지 않도록 함으로써, 둘이 자신들을 지켜서 균형을 이루어 건강하게 되도록 하는 것입니다. 바로 수학자야말로 또는 그 밖의 다른 지적인 연구에 열성적으로 종사하는 이야말로 체육을 가까이 함으로써 신체의 운동도 해 주어야 하거니와, 이와는 달리 정성들여 몸 만들기를 하는 사람 역시 시가(詩歌: mousike) 및 모든 지혜에 대한 사랑(철학: philosophia)을 이용함으로써, 혼의 운동들을 상응하게 해주어야만 합니다. 마약에 누군가가 '훌륭하디훌륭한' 사람으로 정당하게 그리고 옳게 불리려면 말씀입니다."(88b-d)

이처럼 플라톤은 몸과 영혼의 불균형으로 인하여 질환을 앓고 있는 사람들에 대한 하나의 적극적인 구제책으로 체육교육과 시가교육의 중요성을 역설한다. 이는 흔히 생각되듯이 중기 철학과 후기 철학의 연속성을 보여주고 있는 것일 뿐만 아니라, 플라톤 철학이 시종일관 인간의 영혼의 완전한 조화 즉 이성과 감정의 온전한 조화를 목표로 하고 있는 하나의 고귀한 도덕철학임을 보여주고 있는 하나의 확실한 증거이기도 하다.

5. 결론

『국가』 제4권에 나타난 플라톤 철학의 궁극적인 지향점은 삼분된 영혼의 조화이다. 그것을 충족시키기 위해서, 플라톤은 우선 영

를 참고하라.

혼의 이성적인 부분에 의한 격정적인 부분의 지배 또는 이성에 의한 영혼의 인도를 강조하며, 그 다음으로는 영혼 전체의 조화를 지향한다. 그리고 그것은 『티마이오스』(88b-d)에 나타난 인간 영혼과 몸의 조화 사상과도 연결된다. 물론 현실은 이성의 지배를 받지 않는 격정이 지배하고 맹목적 욕망이 꿈틀거리는 세계이다. 그리고 우리는 그러한 비이성적인 것들이 빚어내는 다양한 세계를 여기저기에서 목격하고 있다. 하지만 만약 우리가 비본질적인 것에 의한 본질적인 것의 지배를 용인한다면, 우리의 삶은 그 선한 의미를 획득하지 못할 것이며, 이 세상은 혼돈으로 가득찰 것이다. 그러기에 플라톤은 그의 『일곱째 편지』(326a)에서 다음과 같은 말로 이러한 사태를 경고하고 있다.

> "그래서 나는 바른 철학을 찬양하면서 정치든 사사로운 일이든 간에 모든 것들이 올바르게 되는 걸 본다는 것은 바른 철학으로부터나 가능한 일이라고 단언하지 않을 수 없게 되었소. 따라서 바르게 그리고 진정으로 지혜를 사랑하는 이들의 부류가 정치적인 직위들을 떠맡게 되거나 아니면 현재 나라들에 있어서 집권하고 있는 부류의 사람들이 어떤 섭리에 의해서 진정으로 철학을 하게 되기 이전에는, 인류는 결코 악과 불행의 종식을 못 보게 될 것이라고 단언하게 되었소."(326a)

인류를 선과 행복의 세계로 인도하기 위해서 플라톤은 『국가』 제4권에서 영혼의 습관화를 언급한다. 이는 영혼의 이성적인 부분에 의한 비이성적인 부분의 지배와 통제를 의미한다. 구체적으로 말하자면 체육교육과 시가교육에 의한 영혼의 습관화이다. 이때 체육교육이란 인간 영혼의 격정적인 부분에 대한 순화와 연관되고, 시가교육은 인간 영혼의 이성적인 부분에 대한 순화와 연관된다. 이 두 가지 교육은 일반적으로 이해되고 있듯이, 전자가 인간의 영혼, 후자가 인간의 몸을 위해서 봉사하는 것이 아니라, 둘 다 인간 영혼을 위해서 기여하고 있는 것이다. 이런 점에서 시가교육과 체육교육은 인간 영혼 전체의 조화를 꾀하고 있는 것이다.

그럼에도 불구하고 우리의 연구에는 남아있는 문제가 많다. 우선 "현실 세계에서 이성에 의한 영혼의 순화는 온전하게 그리고 완벽하게 이루어지는가?"하는 문제는 차후에 다시 한 번 논의되어야 한다. 아울러 "시가교육과 체육교육은 모든 사람들에게 보편적으로 적용 가능한가?"라는 문제 또한 보충 설명이 필요하다. 하지만 무엇보다도 필요한 것은 "좋음의 이데아"와 연관하여 영혼의 습관화 및 제반 교육이 이루어져야 한다는 것이다. 이것은 우리의 다음 연구에서 필연적으로 논의되어야만 하는 문제이기도 하다. 그래서 필자는 『국가』에 나타난 다음 구절로 이 글의 마지막 말을 대신한다.

"그러니 여보게나, 그런 사람으로서는 더 먼 길을 에돌아가야만 되며, 또한 신체를 단련하는 것 못지않게 공부하는 데 있어서도 열심히 해야만 하네. 그렇지 못하면, 그는 우리가 방금 말했듯, 그에게 가장 적합하고 '가장 중요한(최고의) 배움'(to megiston mathema)의 목표에는 결코 이르지 못할 걸세."

(...)

"'좋음(to agathon)의 이데아'(he tou agathou idea)가 '가장 중요한(최고의) 배움'이라는 것을, 그리고 바로 이 이데아 덕분에 올바른 것들도 그 밖의 다른 것들도 유용하고 유익한 것들로 된다는 것을 자네는 여러 차례 들었을 테니까 말일세. 자네는 방금도 이걸 내가 말하려 하고 있었다는 걸 익히 알고 있었으며, 게다가 우리가 이데아를 충분히는 알고 잇지 못하다는 것도 알고 있네. 그러나 만약에 우리가 이걸 모른다면, 이것을 제외한 채 다른 것들을 우리가 아무리 많이 안다고 할지라도, 그건 우리에게 아무런 덕도 되지 않는다는 걸 자네는 알고 있네. 마치 우리가 어떤 것의 '좋음'을 빠뜨린 채 그걸 소유한들 아무 소용이 없듯이 말일세. 혹시 자네는 소유가, 정작 좋은 것이 아닐지라도, 모두 이득이 되는 것이라 생각하는가? 혹은 좋음을 제외한 다른 모든 것을 이해하면서도, 정작 아름답고 좋은 것은 아무 것도 이해하지 못한다고 할지라도 그렇겠는가?"

【참고문헌】

강성훈. “국가 4권에서 영혼의 세 부분”. 『서양고전학연구』 제23집(2005).

강진영. “플라톤의 『국가』, 『법률』 그리고 『필레보스』에서의 감정 교육”. 『교육연구』 제9권(2001.12).

김영균. 『국가』. 서울: 살림출판사, 2008.

______. “국가편에서 혼의 조화와 이성의 지배에 대한 플라톤의 견해”. 『철학』 제79집(2004).

김혜경. “폴리테이아의 영혼분석”. 『철학』 제47집(1996).

______. “레온티우스의 분노-영혼 분석과 아크라시아”. 『철학』 제51집(1997).

______. “욕구와 이성 - 플라톤의 영혼론 연구”. 철학박사학위논문, 서울대학교 대학원, 1999.

박규철. 『플라톤이 본 소크라테스의 도덕 정치철학』. 고양: 동과서, 2003.

______. 『플라톤의 국가』. 서울: 삼성출판사, 2009.

______. “플라톤 대화편에 나타난 문답법의 윤리적 의미와 ‘감정의 문제’”. 『동서철학연구』 제55호(2010).

송재범. 『국가』. 서울: 풀빛, 2005.

플라톤. 『플라톤: 메논, 파이돈, 국가』. 박종현 역. 서울: 서울대학교출판부, 1987.

______. 『국가·정체』. 박종현 역. 서울: 서광사, 1997.

______. 『소피스테스』. 김태경 역. 서울: 한길사, 2000.

______. 『티마이오스』. 박종현, 김영균 역주. 서울: 서광사. 2000.

______. 『필레보스』. 박종현 역. 서울: 서광사, 2004.

______. 『파이드로스』. 조대호 역. 서울: 문예출판사, 2008.

______. 『편지들』. 강철웅, 김주일, 이정호 역. 서울: 이제이북스, 2009.

______. 『법률』. 박종현 역. 서울: 서광사, 2009.

Blank, David. L. “The Arousal of Emotion in Plato's Dialogues”. *The Classical Quarterly*, Vol. 43, No.2(1993).

Cooper, J. M. “Plato's Theory of Human Motivation.” *History of Philosophy*

Quarterly, 1 (1984).

_________. *Reason and Emotion: Essays on Ancient Moral Pshychology and Ethical Theory*. Princeton: Princeton University Press, 1999.

Fussi, Alessandra. "The Desire for Recognition in Plato's *Symposium*". *Arethusa* 41(2008).

Irwin, T. H. *Plato's Ethics*. Oxford: Oxford University Press, 1995.

Johansen, Thomas Kjeller. "Body, Soul and Tripartition in Plato's *Timaeus*". *Oxford Studies in Ancient Philosophy* XIX (2000).

Kahn, C. H. "Plato's Theory of Desire". *Review of Metaphysics* 41 (1987).

_________. "Drama and Dialectic in Plato's Gorgias". *Oxford Studies in Ancient Philosophy* 1, 1983.

_________. "Plato's Theory of Desire". *Review of Metaphysics* 41:1(1987: Sept).

_________. *Plato and The Socratic Dialogues: The philosophical use of a literary form*. Cambridge: Cambridge Univ. Press, 1996.

Mills, Michael J. "'phthonos' and its Related 'pathe' in Plato and Aristotle". *Phronesis*, 30(1985).

Nussbaum, M. C. *The Fragility of Goodness: Luck and Ethics in Greek Tragedy and Philosophy*. Cambridge: Cambridge University Press, 1986.

Penner, T. "Thought and Desire in Plato". Ed. G. Vlastos. *Plato: A Collection of Critical Essays, ii: Ethics, Politics, and Philosophy of art and Religion*. New York: Anchor Books, 1971.

Robinson, R. "Plato's Separation of Reason from Desire". *Phronesis*, 16(1971).

_________. *Plato's Earlier Dialectic*. Oxford: Clarendon Press, 1980.

Robinson, T. M. *Plato's Psychology*. Phoenix Supplementry Volume 8(1995).

Rosen, Stanley. "The Role of Eros in Plato's *Republic*". *Review of Metaphysics*, 18:3(1965: Mar.).

Sandtas, G. *Plato and Freud: Two Theories of Love*. Oxford: Blackwell, 1988.

Woods, Michael. "Plato's Division of the Soul". *Proceedings of the British Academy*, LXXIII, 1987.

자유에 대한 욕망으로서 아리스토텔레스의 튀모스(*thymos*) 개념

김 요 한

아리스토텔레스의 자연적 노예 이론은 그의 정치철학에 다소 복잡한 물음을 던지고 있다. 왜냐하면 아리스토텔레스의 노예에 관한 주장이 그다지 분명하지 않기 때문이다. 『정치학』 제1권에서 그는 자연적 노예는 예지와 심사숙고라는 지적 능력을 결핍하고 있다고 주장하는 반면 제7권에서는 그는 노예상태에 놓여있다고 간주되는 아시아 민족들이 지적 능력과 창의력을 가지지만 일종의 정서적 능력인 튀모스를 결핍하고 있다고 주장하고 있다. 만일 어떤 정서적 능력의 결핍이 그들의 예속화의 직접적 원인이라면 아리스토텔레스는 다음과 같은 중요한 물음을 우리에게 던지고 있는 것이다. 왜 심사숙고와 같은 이성적 능력의 결핍이 인간을 자연적 노예로 전락시킨다고 하면서 실제적으로는 튀모스란 정서적 결핍이 현실적인 예속화를 불러일으키게 될까?

만일 아리스토텔레스의 자연적 노예 이론에서 정서적 능력인 튀모스의 결핍이 이성(*logos*)의 결핍보다 선행한다면 자연적 예속화의 영혼론적 근거는 그 튀모스가 자동적으로 산출하는 어떤 근본적인 욕구들의 결핍이라 할 수 있다. 바로 이 욕구들은 튀모스라는 정서를 결핍하고 있는 사람들에게 드러나지 않기 때문에, 그들에게서 굴종적인 삶을 살아가는 경향성인 자연적 예속화가 진행된다고 할 수 있다. 따라서 법률상 노예제도가 폐지된다고 할지라도 어떤 사람들은 여전히 노예로밖에 살아갈 수밖에 없다. 이 가능성을 주목한다면 자연적 예속화는 아리스토텔레스가 살고 있었던 민주정(民主政)에 심각한 피해를 초래하게 되었을 것이다. 왜냐하면 많은 사람들이 시민으로서 자율적인 삶을 영위하지 못하기 때문이다.

한편 자연적 노예 이론을 뒤집어서 생각하면 어떻게 우리가 통치자처럼 가장 자율적이며 훌륭한 삶을 살 수 있을 것인가에 관한 이해의 단초가 제시될 수 있다. 여기서 우리가 아리스토텔레스의 자연적 노예 이론을 구체적으로 검토해야만 하는 두 가지 이유를 제시해 볼 수 있다. 첫째 그는 자연적 노예라는 개념은 타당하다고 주장하고 있기 때문이다. 그는 그 반대 입장을 반박하는 일을 중요하게 생각하고 있기 때문에 우리는 왜 그가 그런 견해를 옹호하고 있는지를 이해하려고 노력해야 한다. 둘째, 그가 반박하려고 시도하는 견해들은 주로 노예제를 반대하는 측면에서 우리가 제시하려는 입장과 비슷하기 때문에 이에 관련된 아리스토텔레스의 반응들을 살펴보는 것도 흥미로운 일이 될 것이다.

그러나 이 논문은 아리스토텔레스의 자연적 노예 이론을 전반적으로 다루기보다는『정치학』제7권에 소개된 정서적 개념인 튀모스와 연관 지어 그 이론의 의미와 의의를 살펴보고자한다. 이를 위해서 우선 아리스토텔레스의 자연적 예속화 이론에 관한 몇 가지 중요한 주석가들의 논쟁점들을 비판적으로 살펴볼 것이며 다음으로 어떤 욕구들의 원천으로서 튀모스라는 정서의 역할을 분석하게 될 것이다. 그리고 마지막으로 이 분석을 아리스토텔레스의 민주정에 관한 비판과 연관시켜봄으로서 자연적 노예 이론이 제공할 수 있는 실천적 의미를 고찰해보고자 한다.

1. 자연적 노예에 관한 해석들

자연적 노예의 의미에 관한 해석들은 여전히 분분하다. 포텐바흐(W.W. Fortenbaugh)는 이성과 감정이라는 아리스토텔레스의 구분에 근거해서 자연적 노예를 설명하고 있다.[1] 그는 "아리스토텔레스가 단순히 노예들은 반성 없이 감정적으로 행위하는 경향을 가지고 있기 때문에 그들은 이성적인 훈계에 복종 가능하다는 점에서 어린이들을 닮았다"고 주장한다.[2] 또한 그는 "노예제에 관한 아리스토텔레스 견해는 심리학적으로 어리석은 것이 아니며 도덕적으로 불쾌한 것도 아니다. 물론 이 세계에는 자연적 노예란 존재하지 않기 때문에 그 견해는 다만 이론적인 것으로 남아있다"라고 결론짓고 있다.[3]

스미스(N. Smith)의 입장은 이보다는 더 비판적이다.[4] 그는 포텐바흐가 "타인들로부터 어떤 행위에 관한 훌륭한 도덕적 습성들과 이성적 판단을 얻게 되는 모든 사람들을" 일반적 노예라는 범주에 포함시킴으로서 논쟁의 여지를 마련했다고 믿고 있다.[5] 이것이 아리스토텔레스가 의미한 바가 될 수 없기 때문에, 스미스는 자연적 노예제를 이해할 수 있는 최고 방식은 두 종류의 다른 통치 개념, 즉 제왕적(regal) 통치와 전제적(despotic) 통치에 기반되어 있다는 점을 제시한다. 스미스는 아리스토텔레스가 자연적 노예들에게 적합한 것으로 기술하고 있는 전제적 통치는 자연적 노예가(그의 해석에 따르면) 본질적으로 인간이 아닌 동물이라는 토대 위에서 정당화된다고 주장한다. 그럼에도 불구하고 그런 동물들은 어떤 인간

1) Fortenbaugh(1977), pp.135-139.
2) Fortenbaugh(1977), pp.136-137.
3) Fortenbaugh(1977), p.137.
4) Smith(1991), pp.142-55.
5) Smith(1991), p.149.

적인 목적을 위해 사용될 수 있다. 따라서 그것들 자체의 유익에 관한 어떤 고려도 필요치 않게 된다. 그러나 스미스는 한번 자연적 노예가 실제적 노예가 되고 나면 전제적 통치에 관한 정당화가 사라지게 된다고 결론을 맺는다. "자연적 노예는 이성을 갖춘 타자에 의해서 지도 받게 될 때, 더 이상 짐승 같은 존재가 아니다. 그 역시 그런 덕을 공유할 수 있게 된다. 그래서 그는 적어도 이성을 향유하거나 경험할 수 있게 된다.[6] 다시 말하면, 자연적 노예 이론은 노예 제도와 연관된 종속(subjugation) 개념을 결코 정당화시킬 수 없다.

포텐바흐와 스미스는 매우 흥미롭고 중요한 논점들을 제기하고 있지만 불행하게도 그 둘 중 어느 누구도 자연적 노예 이론을 아리스토텔레스의 보다 광범위한 정치철학적 이해 속에서 다루고 있지 못하며 따라서 자연적 노예제가 왜 정치학에서 왜 그렇게 많은 지면을 차지해야만 하는가에 관해 알려주는 바가 없다.[7] 게다가 아리스토텔레스에게 있어서 정치학에 대한 연구는 실천적 지식과 관계하기 때문에 적어도 자연적 노예 이론은 몇 가지 실천적 중요성을 포함하고 있어야 한다. 따라서 포텐바흐와 스미스는 자연적 노예 이론의 실천적 관련성을 탐구되지 않은 채로 남겨놓은 것이다.

그러나 이 목적을 위해서 돕스(D. Dobbs)는 그들과는 매우 다른 해석을 제시하고 있다.[8] 아리스토텔레스가 제시한 자연권의 지위가

---

6) Smith(1991), p.153.

7) 이에 대해 아리스토텔레스는 단순히 일반적 관행을 대변하고 있다는 조약한 답변을 제시할 수는 없다. 그가 지적 능력을 존중하는 사회적 제도를 미화시키고 있는지는 그다지 확실하지 않다. 그는 전쟁에서 사로잡힌 포로들에 대해서 노예제도가 전적으로 정당화 될 수 없다고 주장하는 쪽과 언제나 정당화 될 수 있다고 주장하는 쪽에 대해 입장표명이 요구되었을 때 무척 상기되어 있다. 후자가 사회적 관습에 대한 일반적 정당화를 제공해 줄 것이지만 그는 어떤 이유에선가 그 견해를 거부하고 있다. 따라서 그는 당대의 사회적 관습을 옹호하려는 의도에서 자연적 노예제를 논의하는 것이 아님이 분명하다.

8) Dobbs(1994), pp.69-94.

정합적인 이론으로서 자연적 노예의 지위에 달려있다는 견해로부터 출발한 돕스는 아리스토텔레스를 근대적 해석으로 바라보고 있는 그의 비판자들을 반박하고 있다.[9] 돕스의 논증의 비판적 요소는 자연적 노예의 '자연적'이라는 부분을 어떻게 이해해야 하는 가에 관한 기술이다. 그는 '자연적'이라는 것이 '태생적'(what is native)임을 의미할 필요가 없으며 그보다는 '자연에 따라 존재하는 어떤 것', 즉 자연적 발전 과정에 일치하는 어떤 것을 언급(what is in accordance with nature)한다고 지적한다. 이 구분은 자연적 노예들은 선천적으로 굴종적인 자들이 아니라 사회적 조건들에 의해서 타락한 보통 사람들이라는 그의 주장과 연결된다. 그는 "기능장애를 가진 문화의 파급적이며 지속적인 영향이 제2의 본성이 될 수 있을 정도로 습성을 통해 깊이 뿌리박혀진 노예근성(slavishness)을 주입시킬 수 있다. 그리고 이 제2의 본성이 인간의 목적(telos)에 접근할 수 있는 모든 독립적인 통로를 차단하게 된다."라고 주장한다.[10]

여기에 나타난 돕스의 입장은 아리스토텔레스의 자연적 노예 이론을 정당화시키는 고전적 자연권을 거부하는 자들에게 향하고 있다. 그들은 아리스토텔레스가 자연적 노예를 자연권을 박탈당한 그래서 선천적으로 무능하게 태어난 자들이라고 규정하는 것이 아니라 사회적 조건에 의해서 그렇게 만들어진 존재라는 주장을 무시하고 있다고 돕스는 주장한다. 따라서 이 논증은 현대 정치철학적 논쟁들과 많이 관련되어 있다. 아리스토텔레스는 모든 노예제도가 부분적으로라도 정당화될 수 없다는 근대적인 주장에 반대한다. 돕스

9) 돕스는 자연권에 관해서 "고전적 자연권의 옹호자들은 성숙한 인간 본성의 특성과 작용에 관해서 기술하려고 시도하며 또한 어떻게 주어진 개별적인 상황들에서 나, 너 또는 제3자가 그 표준점에 도달할 수 있는가를 규정한다."라고 주장한다. Dobbs(1994), p.69.

10) Dobbs(1994), p.73. 제2의 본성에 관해서 돕스는 "어떤 사람의 선천적인 능력들이 어떤 고착된 습성 또는 경향성 속에 철저하게 투입되었을 때 그 경향성은 그에게 자연적인 것처럼 드러난다(비록 이 경향성이 결코 그의 자연적 숙명의 충분한 징표가 아님에도 불구하고 말이다)." Dobbs(1994), p.78.

는 노예제도는 절대로 정당화될 수 없다는 주장을 '절대주의자' 논점이라고 부른다. 그의 주장에 따르면 "절대주의자는 탁월성(*arete*)과 관련된 노예의 열성(劣性)적 특성을 고려하는 것조차 거부한다. 그는 어떤 불평등도 노예제를 정당화시킬 수 없다고 생각한다."[11] 따라서 아리스토텔레스의 입장을 '절대주의자'는 용인할 수 없을 것이다. 그러나 그는 아리스토텔레스를 잘못 해석하고 있는 것이다. 왜냐하면 아리스토텔레스는 태생적인 아닌 자연적 발전과정에서 나타나는 노예성을 지적하고 있기 때문이다. 그러나 자연권을 돕스가 옹호하는 문맥에서 '절대주의자'는 정치적 옳음의 지지자들을 요청하려는 시도로 간주될 수 있다. 그들은 도덕적 후진성(moral inferiority)의 가능성을 논구하는 일을 거부하는 자들이며 게다가 자연권 그 자체의 개념을 문제 삼는 사람들이라 할 수 있다. 그럼에도 불구하고 선천적 조건들과는 별개로 사회적 조건들의 결과물로 노예들은 얼마든지 생겨날 수 있다고 그는 주장한다.

비록 다른 방향에서 자연적 노예제 이론에 접근하고 있기는 하지만 앰블러(W. Ambler)는 돕스의 논증과 비슷한 성격의 논증의 제시하고 있다.[12] 앰블러는 자연적 노예 이론은 결코 현실적인 노예제의 옹호로 해석될 수 없음을 보여주길 원한다. 그의 논점은 그 이론이 현존하는 관례를 승인하고 있지 않다는 명백한 사실 이상이다. 오히려 앰블러는 자연적 노예 이론이 누가 정당하게 노예로 간주될 수 있는지를 결정하는 표준으로서 기능할 수 없다는 점을 증명하려는데 관심을 두고 있다. 그의 주장에 따르면 "아리스토텔레스는 자연적 노예에 대한 엄격한 기준들은 결코 현실적 관례를 정당화시키지 못한다는 것뿐만 아니라 그것들은 심지어 일상 언어에서도 정합적이지 못하다는 점을 제시하려는 것처럼 보인다. 그 관례들은 노예가 인간이지만 그 주인의 입장에서 보면 짐승과 같다는

11) Dobbs(1994), p.76.
12) Ambler(1987), pp. 390-410.

점을 요구하는 것처럼 보인다. 즉 노예는 어떤 기술이 없지만 유용하고, 한편으로는 그 주인의 자연적 한 부분이면서 그의 주인으로 분리 가능하다는 점이다."[13]

앰블러의 목표는 자연적 노예의 분석이 기여할 수 있는 자연과 정치에 관한 아리스토텔레스의 견해에 관한 보다 일반적인 견해를 제시하는 것이다. 그것은 노예제의 사례들이 일반화될 수 있다고 가정한다고 해도 자연이 정치적 관례들을 평가할 수 있는 아무런 표준들을 제공하고 있지 않다는 점이다. 앰블러에 따르면 "지배와 피지배는 필수적인 것일 뿐만 아니라 유용한 것으로 선언된다. 그러나 독자는 아리스토텔레스가 그 물음의 중요한 부분을 피하고 있다는 점을 눈치 채게 될 것이다. 즉 우리는 지배와 비지패가 필수적이고 유용한 것이며 어떤 집단들에 적합한 것인가 아닌가를 배우려 하는 것이 아니라 피지배의 한 독특한 형태인 노예상태가 사람들 사이에서 한 번도 선한 것이거나 정의로운 것이거나 자연적인 것이었던 적이 있는가에 대해서 알고 싶어 한다는 점이다."[14]

이 논증의 공격은 아리스토텔레스의 이해에 도움을 제공할 수 있다. 앰블러에 따르면 자연(*physis*)과 징치(*ta politika*)는 분리되어 있다. 아리스토텔레스는 이 생각을 실제로 공표하거나 진술하지 않고서 전달하려고 희망한다는 점이 앰블러의 논점이다. 만일 정치학이 필연성과 편리성의 왕국에 속해있는 반면 철학은 선과 정의에 관한 것이라는 점이 아리스토텔레스의 견해라면 우리는 그에게서 너무나 많은 것을 말해달라고 요구하는 것이다. 아리스토텔레스는 자유주의 시대에 살지 않았기 때문에 정치학에 대한 그의 주장들은 무척 신중한 것이 되었을 것이라고 응답하고 싶을 것이다.[15] 그러나 우리는 그런 유혹에 저항해야 한다.

---

13) Ambler(1987), p.400.
14) Ambler(1987), p.397.
15) Cf. Strauss(1980), pp.22-37.

그러나 이점은 앰블러의 원대한 계획에 비춰보며 사소한 논점에 불과할 수 있다. 필수적인 것과 정의로운 것의 분리는 정치학과 이성의 구분에 대응한다. 다시 말하면 만일 필수적인 것이 정의로운 것이 될 수 없다면, 이성적인 계획에 일치하도록 정치 체계를 재건축하고 개혁하는 가능성은 신기루가 될 것이다. 아리스토텔레스가 이성적 정치에 반대하고 있다는 입장은 참일 수도 거짓일 수도 있다. 그러나 그가 노예제에 관한 '자연적' 이해를 구성하려고 힘든 수고를 했는지 묻는 일은 유익한 것이 될 것이다. 현 정치 관례들을 평가할 수 있는 표준으로서 그것을 사용할 의도가 전혀 없었다 할지라도 말이다. 그러나 그런 표준들이 적용될 수 없다는 점을 보여주기 위해서 그는 어떤 표준을 구성하고 있는 것처럼 보이지 않는다.

앰블러의 입장과 비슷한 용어들로 니콜스(M. Nichols)는 아리스토텔레스가 자연적 노예들이 존재한다는 점을 증명하는 데 실패했다고 주장한다.[16] 그녀는 "만일 주인이 영혼뿐만 아니라 육체도 소유하고 있고 노예도 육체뿐만 아니라 영혼도 소유하고 있다면, 어떻게 영혼이 육체와 다른 만큼 주인이 노예와 다르게 될 수 있을까? 엄격하게 말하면 주인은 완전히 영혼이 되어야만 하고 노예는 완전히 육체가 되어야만 할 것이다."[17] 니콜스의 논쟁점은 아리스토텔레스가 자연적 노예들을 기술할 때 일관된 입장을 갖지 못했으며 따라서 노예화는 정당하게 허용될 수 없다는 점을 나타내는 것처럼 보인다. 그녀의 견해는 만일 그것이 옳다면, 홉스가 '절대주의자'라고 규정지은 입장과 보다 깊은 관계를 갖게 된다. 그녀는 자연적 노예 이론의 실패가 전제적인 통치 그 자체를 정당화시키려는 시도의 실패를 반영하고 있다고 말하고 싶어 하는 것처럼 보인다.

아리스토텔레스는 전제적 통치를 높이 평가하지 않았다는 사실은

16) Nichols(1983), pp.171-83.
17) Nichols(1983), p.175.

논쟁의 여지가 없다. 그러나 니콜스는 마치 자유민이 자유민을 통치하는 정치적 지배에 관한 아리스토텔레스의 강조가 자연적 노예들의 실존을 증명하는 일에 의도적으로 실패하고 있음을 보여주고 있다고 믿고 있는 것처럼 보인다. 비록 아리스토텔레스가 자연적 노예들이 실존한다는 점을 증명하는데 실패했다 하더라도 그가 의도적으로 실패했다는 입장을 우리가 어떻게 정립할 것인가는 모호한 문제로 남는다. 그것은 본문을 고도로 정밀하게 읽어내는 방법을 요구하며 니콜스가 자신의 논문에서 특별히 방어하고 있지 않는 방법론적 접근이라 할 수 있다.

지금까지 살펴본 것처럼 일반적으로 아리스토텔레스의 사상 안에서 그 근거를 찾아내려는 자연적 노예의 해석들은 몇 가지 상세한 주석을 요구하게 되었다. ㄱ 각각은 중요하고 도전적인 논쟁점들을 불러일으키지만 『정치학』에서 발견되는 것처럼 노예라는 논쟁점을 완벽하게 풀어내지 못하고 있다. 중대한 결점은 제7권에 나오는 일종의 정서인 튀모스(*thymos*)에 관한 아리스토텔레스의 견해를 수용하거나 주목하지 못하기 때문이다. 비록 이 용어가 정서로서 분명하게 습관적인 경향성(선천적인 지성의 결핍에 반대된다)으로서 노예성에 관한 몇 가지 의미들을 가지고 있음에도 불구하고 말이다.[18] 게다가 자연적 노예에 관한 그의 방어는 실천적 활동인 정치에 관한 작품 속에 담겨져 있다. 자연적 노예는 그러한 활동의 관점에서 어떤 의미를 갖지만 이 주제는 검토된 『정치학』 속에서는 충분하게 발전되지 못했다고 우리는 생각할 수 있다. 이를 해결하기 위해서는 아리스토텔레스의 윤리 이론에 더 많은 관심을 쏟아야 한다. 왜냐하면 윤리 이론이 그의 정치철학의 문맥이 되기 때문이다. 마침내 아리스토텔레스의 논증의 역사적 상황들에 관한 매우

---

18) 튀모스에 관한 돕스의 분석은 오직 아리스토텔레스의 여성이론에 관한 논의에만 적합하다. 튀모스에 관한 분석은 그 자체로 매력적이지만 돕스는 그 이상의 중요한 작용점을 발견하지 못했나.

적은 관심이 문제가 된다. 아리스토텔레스는 다양한(실제적 또는 이론적인) 통치 형태들에 관한 통찰력 있는 분석들을 보여주고 있다. 자연적 노예 이론은 바로 이 검토들과 연관될 수 있을 것이다.[19] 이 논문은 자연적 노예에 관한 아리스토텔레스의 기술과 노예화된 야만인들에 관한 기술사이의 관계에 우선적으로 초점을 맞춤으로서 이 논쟁점들을 풀어갈 것이다.

2. 노예와 튀모스

여기서 필자는 튀모스의 결핍에 관한 관념을 살펴보고 심사숙고 능력의 부재는 두 번째 요소임을 보여줄 것이다.[20] 왜냐하면 특별히 튀모스로부터 일어나는 어떤 것들에 대한 욕구가 없다면 노예는 그것들의 달성에 관해 심사숙고하게 되지 않을 것이기 때문이다.

노예와 튀모스에 관한 아리스토텔레스의 논평은 『정치학』 하반부에서 제시되어 있다. 제7권 7장에서 그는 민족의 품성에 미치는 기후의 영향에 대해서 논의하고 있다. 비록 그는 그 관계의 본성을 설명하고 있지는 않지만 차가운 기후 속에 사는 유럽인들은 튀모스가 가득 차있지만 지성(*dianoia*)과 기예(*techne*)를 결핍하고 있다고 지적한다. 결과적으로 그들은 일정정도의 자유를 누리고는 있지만 다른 민족들을 지배할 수 는 없다. 그러나 아시아 민족들은 지성과 기예를 가지고 있지만 튀모스를 결핍하고 있다. 따라서 그들은 항상 정복당하고 노예의 상태에 놓여 있다. 아리스토텔레스는 튀모스

---

19) 전제적 통치에 관한 아리스토텔레스의 거부가 바로 그런 연관성의 하나가 될 수 있을 것이다. 그러나 그는 그 입장을 지지하기 위해서 자연적 노예 이론을 필요로 하지는 않았을 것이다.

20) 다음 논증은 가버(Garver)의 튀모스에 대한 분석을 모델로 삼고 있다. Garver(1994), pp.173-95.

의 결핍과 노예화사이의 인과관계를 기술하고 있기 때문에 우리는 그가 튀모스에 대해서 무엇을 생각하고 있는지 이해해야 한다.

이 관점에서 그는 다음과 같이 주장한다.[21]

> 튀모스가 우정을 발생하게 하며 우리서 서로 사랑하도록 만들어 주는 영혼의 성질이다. …명령의 능력과 자유를 사랑하는 마음은 모든 사람들에게서 이 성질에 기초하고 있다. 왜냐하면 튀모스는 명령하는 것이며 정복할 수 없는 것이기 때문이다

아리스토텔레스는 튀모스에 관한 위의 짧은 기술에서 두 가지 논점을 제시하려는 것처럼 보인다. 첫째, 튀모스의 결핍을 예속화와 연결시키고 있다. 두 번째로 국가의 수호자들은 그들이 잘고 있는 자들에게는 우호적이어야 하며 이방인들에 대해서는 엄격해야 된다는 주장하는 자들에 명백하게 응수하고 있다. 플라톤은 여기서 그 비판 대상이 될 수 있다. 왜냐하면 그는 이상적인 폴리스(*polis*)의 수호자들은 이런 종류의 파수견의 정신 상태를 가지고 있어야한다고 『국가』의 서두에서 주장하고 있기 때문이다.[22] 여기서 아리스토텔레스의 첫 번째 책무는 이 논문의 목적과 연관되어 있다.

아시아 민족들의 예속화는 몇 가지 노예 증후군들로 분기하는 단일 원인을 가지고 있다. 즉 자유를 사랑하는 감정의 결핍과 명령하려는 욕구의 결핍이 그것이다. 이 증후근들을 심리학적 조건들과 결합시킴으로서 아리스토텔레스는 어떤 것이 그 원인과 관련해서 발생될 수 있다는 점을 부정하는 것처럼 보인다. 우리는 이 양상을 튀모스를 가지고 있고 따라서 그 결과로 어떤 정도의 자유를 보유하고 있는 유럽 민족들과 비교해볼 수 있다. 그러나 지성을 결핍하고 있기 때문에 그들은 결코 그 이상적인 형식으로서 자유를 성취

---

21) 『정치학』, VII, 1327b41-1328a8. “to archon de kai to eleutheron apo tes dynameos tauthes hyparche pasin: archikon gar kai aetteton ho thymos.”

22) 『국가』, 375d-e.

할 수 없다. 즉 그들은 자신들을 정치적으로 조직화시킬 수 없다. 또한 심지어 타민족들이 자신들보다 훨씬 열등하다고 할지라도 타민족들을 지배할 수 없게 된다. 따라서 튀모스의 현존은 훌륭한 삶을 살아가는데 그 자체로 충분조건이 되지 못한다. 자유로워지려는 욕구의 원천인 튀모스는 반드시 제시되어야 하지만 이 요구를 현실화시키는 다른 지적 능력들이 반드시 그것에 동반되어야 한다.

자유에 대한 사랑은 튀모스로부터 일어나는 오직 유일한 정서적 속성이다. 아리스토텔레스는 역시 그것이 인간에게 명령을 내릴 수 있는 충동을 제공한다고 말하고 있다.[23] 아리스토텔레스에게서 자유는 단지 부정적인 의미로 이해되지 않는다는 것을 지적한다면 우리는 이것을 자유에 대한 사랑과 연관시킬 수 있다. 우리는 권위의 자리에 있지 않고서는 권위로부터 자유로울 수 없다. 그가 가사(*oikonomia*)에 관해서 논의할 때 말하듯 어떤 복합적인 전체는 지배하는 요소와 피지배적인 요소를 가지고 있다. 그 중간 단계-동시에 피지배적인 것도 지배적인 것도 아닌 요소는 존재하지 않는다. 따라서 명령하는 위치에 있는 아무런 적극적인 욕구도 없는 사람은 애초부터 추종적인 위치에 있는 자신을 발견하게 될 것이다. 이것은 추종적인 것이 되려는 적극적 욕구와 동일한 것이 아니기 때문에 외적 권위에 대한 암묵적인 복종을 나타내게 된다. 그러나 이것보다 더 중요한 것은 한 사람은 복합적인 통일체이기 때문에 지배적 요소와 피 지배적인 요소를 포함하고 있다는 점이다. 명령하려는 욕구는 역시 인간의 영혼 부분들 사이의 관계들에 의해서 설명되어야만 한다. 명령하려는 자리에 앉으려는 욕구가 없는 사람은 그 자신에게 명령을 내리지 못하며 또한 이것은 자연적 노예의 치

23) 『정치학』 VII, 1327b41-1328a8. 명령을 내리는 능력은 명령을 내리는 정서적 충동으로서 이해되어야 한다. 이것은 튀모스의 기능과 매우 밀접하게 연결되어 있다. 왜냐하면 그리스인들은 그것을 어떤 행동을 하도록 인간에게 어떤 능력을 부여하는 것이 아니라 그 행동을 하도록 정서적으로 충동시키는 어떤 것으로 다루고 있기 때문이다.

명적인 특성이 된다. 따라서 노예화된 아시아 부족들은 자연적 노예의 명확한 속성을 공유하고 있는 것처럼 보인다. 내적 지배요소가 결핍되어 있거나 또는 활성화되지 못하고 있다.[24] 그렇다면 튀모스 결핍을 경험하는 자는 누구든지, 그것이 자연적 결핍이든 아니면 자연적 성장 과정의 결과이든지 간에, 자연적 노예인 것이다.

이렇다면 튀모스의 부재는 아리스토텔레스의 노예제에 관한 관념들의 이해에 중요한 역할을 한다. 튀모스가 발생시키는 몇몇 감정적 욕구들의 부재 속에서 노예들은 실질적으로 노예이상 뭔가 되려는 충동을 결핍하게 된다. 우리는 이것이 아리스토텔레스에게서 아시아 민족들의 예속화라는 결과가 어떻게 발생하는지를 파악할 수 있으며 또한 튀모스가 결핍된 사람은 왜 자연적 노예라고 간주될 수 있는지를 설명할 수 있다. 만일 자연적 노예가 훌륭한 삶에 관해서 심사숙고할 수 없다면 그리고 튀모스가 훌륭한 삶이 요구하는 욕구들을 산출해낼 수 없다면, 튀모스의 결핍은 자연적 노예가 왜 심사숙고를 할 수 없는지에 관한 이유를 설명해준다.

3. 자기 지식과 자기 향상

그렇다면 아리스토텔레스의 자연적 노예 이론으로부터 한 가지 분명한 교훈이 도출될 수 있다. 즉 오직 어떤 종류의 인간은 반드시 지배받아야 된다는 점이다. 아리스토텔레스의 윤리학 이론과 정치학 이론은 직접적 의미에서 실천 가능한 것들로 의도되었다. 그것들은 한 사람이 개인적으로 어떻게 행동해야 하고 정치적 조직 속에서 그 구성원들의 가능성을 실현시키기 위해서 어떤 역할을 해

24) 아리스토텔레스의 자유 개념은 탁월성에 따라 살아가는 삶을 수반한다. 따라서 법칙들로부터의 자유라기보다는 올바른 법칙들에 관한 복종이 그의 사상의 핵심이다.

야 하는지를 다루고 있다. 자연적 노예 이론은 이런 종류의 실천적 관심사와 연관되어 있어야 한다. 그렇다면 아리스토텔레스의 자연적 노예이론은 왜 기획되었을까? 그에 대한 실마리는 『정치학』 I, 1254b25-35에서 찾아볼 수 있다. 아리스토텔레스는 다음과 같이 주장하고 있다.

> 자연은 역시 자유인의 육체와 노예의 육체를 따로 구별할 것이다. 한쪽에는 노예적인 노동에 적합하게 튼튼한 몸을 만들 것이고 다른 쪽은 강직한자로 만들 것이다. 비록 후자의 몸은 그런 육체노동에는 무용지물일지라고 전쟁과 평화 시에 필요한 기예들을 갖춤으로서 정치적 삶에 유용한 것이 될 것이다. 그러나 그 반대 사례가 종종 벌어진다. 그래서 어떤 사람들은 자유인의 영혼을 갖게 되지만 다른 사람들은 자유인의 육체들을 갖게 된다. 따라서 의심할 여지없이 신들의 신장이 인간들의 신장과 다르듯 만일 사람들이 그들 육체의 단순한 형태만 보더라도 구별된다면, 열등한 계급은 우수한 계급의 노예가 되어야만 한다고 모두들 인정하게 될 것이다. 그런데 만일 이런 주장이 육체와 관해서도 타당하다면, 그런 유사한 구별은 정신 속에서도 찾아봐야 하지 않을까? 그러나 육체의 아름다움은 보일 수 있지만 정신의 아름다움은 보일 수 없다.

이 구절은 노예에 관한 아리스토텔레스의 견해의 핵심을 보여주고 있다. 어떻게 특정한 개인이 지배받아야 하는가를 우리에게 말해줄 수 있는 품성의 특성들을 구별하기 힘들다. 이 인용문에서 드러난 바는 단지 자연적 노예들을 확인하는 일은 어려울 뿐만 아니라 우리는 그들을 잘 관찰할 수도 없다는 점이다. 따라서 자연적 노예들은 동료시민들이나 또는 전우들이 될 수도 있다.

이런 노예의 직접적인 확인불가능성에 포함된 위험은 민주정과 같이 시민권에 대해서 포괄적인 기준을 가지고 있는 정치제도 하에서는 복합적으로 드러난다. 고전적 민주정(*demokratia*)의 모델로서 아테네를 예로 들어보자. 우리는 시민인 부모들(노예 또는 외국인

이 아닌 부모)로부터 태어난 성인 남성은 모두 시민으로 받아들였던 매우 총괄적(inclusive) 정치체계를 발견하게 된다. 이 경우 시민권은 신체적 특성을 기준으로 무작위로 배분된다. 따라서 아리스토텔레스의 민주정에 대한 비판은 사람들은 단지 자유민으로 태어났다는 단순한 이유만으로 공적(功績)상 평등하게 취급된다는 점이다. 이것은 그 자신의 비례적 정의(proportional justice)에 위배된다.

그럼에도 불구하고 과두정(*oligarchia*)처럼 배타적(exclusive) 정체가 더 훌륭한 것은 아니다. 정의라는 측면에서 과두정은 실패하게 될 것이다. 왜냐하면 그것은 사람들이 재산의 축적이라는 기준에서 불평등하기 때문에 공적상 불평등한 자들로 대우하기 때문이다. 이것 역시 올바른 비례적 정의를 위반하는 것이다. 그러나 실천적으로 과두정은 아리스토텔레스가 매력적으로 생각하는 독점성(exclusivity)이라는 원리를 제공해주고 있다. 그가 정체(政體)로 언급하는 조직(constitution)을 만들기 위해서 민주정과 과두정을 혼합하는 일은 다음과 같은 두 가지 목표들을 성취하기 위한 시도로 해석될 수 있다. 첫 번째로 아리스토텔레스는 의견 불일치의 가능성을 세한하길 원한나. 그가 말하듯 사람들이 선혀 사신의 공정한 몫을 받지 못한다고 느끼는 곳에서 만일 내분이 발생한다면, 민주정과 과두정은 둘 다 불안정에 빠지고 말 것이다. 둘째, 그는 과두정이 훨씬 잘 제공할 수 있는 독점성이라는 요소를 보유하고 싶어 한다.

이 두 번째 목표는 자연적 노예 이론에 관한 논의에서 중요한 의미를 갖는다. 모두가 통치할 수 있는 것이 아니라 어떤 특수한 요소들을 갖춘 자들만이 통치자의 자격에 적합하다는 것을 아리스토텔레스는 보여주려 싶어 한다. 순수한 민주정은 그 중요한 측면에서 시민권에 대한 기준에서 변별력을 상실하고 있다. 아리스토텔레스의 민주정에 대한 비판은 정치적 연합의 적절한 운영과 관련된 공적을 평가하고 있지 않다는 점이다. 아테네를 예로 들자면 대부분의 전문화된 공직업무들의 봉직이 실제적 능력의 유무와는 상관

없이 모든 시민에게 개방되어 있었다.[25] 자연적 노예의 외적 특성이 전혀 주목되지 않을 수 있다는 점과 어떤 자연적 노예가 자유민이나 실제적 노예로 태어날 수 있는 통계학적 가능성은 민주정하에서 정치적 활동에 전혀 적합하지 않는 자들도 정권을 차지할 수 있는 제도적 절차를 이용가능하게 한다. 물론 이 점이 아리스토텔레스가 민주정을 거부하는 이유라고 말하는 것은 타당하지 못하다. 특별히 그가 자연적 노예를 전혀 언급하지 않고서 다른 수많은 이유들을 제시하고 있기 때문에 그렇다. 그러나 민주정에 대한 그의 비판과 자연적 노예들에 대한 그의 특성묘사는 위에서 기술된 위험을 논리적으로 수반하고 있다.[26]

그러나 이점이 자연적 노예 이론에 어떤 실천적 중요성을 부여하지 않는다. 만일 아리스토텔레스가 자연적 노예들은 엄청난 숫자로 수없이 존재한다는 견해를 견지하지 않는다면 그렇다. 만일 자연적 노예 이론의 실천적 측면이 존재한다면, 그것은 아리스토텔레스의 윤리 사상과 정치 철학의 목적에 필연적으로 부합될 것이다. 그의 윤리 이론과 정치이론은 사람이 살아가야 할 방식과 개인이 도달 가능한 최선의 삶의 달성에서 정치적 연합체의 역할에 관련되어 있다. 어떤 가능성의 실현은 자신이 활용할 수 있는 자원들의 총체적 이용을 요구한다. 아리스토텔레스에게서 이것은 이성적 원리와 반드시 합치되어야만 한다. 그러나 다음 두 사건들은 능력 전개의 실

25) 공직임명은 제비뽑기에 의해서 운영되었다. 따라서 회원권의 무작위성은 공공 업무의 무작위성으로 파급되었다.

26) 물론, 과두정이 단지 민주정보다 더 독점적이라는 이유만으로 이 문제에 빠져나갈 수 있는 것은 아니다. 결국 이것은 아리스토텔레스의 비판의 논점이다. 민주정처럼 그것도 시민의 실제적인 공적에 충분한 주의를 기울이는 것은 아니다. 비록 자연적 노예제의 발생이 부자와 가난한자 사이에 변화를 주지 않는다 할지라도 과두정은 그것의 정치적으로 활동하는 구성원들 중에서 보다 작은 수의 자연적 노예들을 포함하게 될 것이라는 사실은 남게 된다. 그리고 과두정과 민주정 사이에 동일한 비율의 노예들이 존재하게 될 것이다.

패로 귀결될 수 있다. 한 사건은 어떤 사람이 훌륭한 삶이 요구하는 어떤 요소들을 결핍하게 되고 따라서 능력 전개에 필요한 매우 제한된 능력을 갖게 되는 경우와 다른 사건은 어떤 사람이 자신이 가지고 있는 자원들의 총체적인 이용에 애를 쓰지 않는 것이다. 아리스토텔레스는 유럽 민족들과 아시아 민족들이 첫 번째 범주에 속한다고 주장한다. 반면 그리스인들은 필수적인 선들을 충분하게 보유하고 있기 때문에 오직 두 번째 범주의 경우에서만 위험에 직면하게 될 것이다.

그렇다면 이 위험의 내용은 무엇일까? 만일 우리가 유럽 민족과 아시아 민족을 두 극단으로서 받아들인다면, 첫 번째 종류의 능력 전개 실패는 정치적 분열과 반드시 지배받아야 하는 자들을 통치할 수 없는 무능력을 내포하게 될 것이다. 두 번째 종류의 능력 전개 실패는 단순한 예속화이다. 즉 자기 자신의 실재적인 공덕에 부적합한 방식으로 지배받는 것이다. 만일 이것들이 능력 전개 실패에서 드러나는 고유한 위험들이라면 자연적 노예에 관한 아리스토텔레스의 교설에서 나타난 실천적 측면은 명확해진다. 그것은 바로 자신의 잠재력 모두를 성취하기 위해서 어떤 사람은 지배받을 필요가 있는 사람을 지배하도록 노력해야 하며 다른 사람은 우수한 지도자들에 의해서 지배받도록 노력해야 한다는 점이다.[27] 그리스인들이 유럽 민족과 아시아 민족 사이에 위치한 것처럼(따라서 자유로우면서 훌륭하게 지배받는 상태로 남아있다)[28] 개인은 양 극단을 회피하는 것을 목표로 해야 한다.

만일 아시아 민족들이 모두 자연적으로 노예화되었다면, 아리스토텔레스는 자신의 윤리사상과 정치사상에 보다 기본적인 어떤 것을 말할 수 있을 것이다. 자유와 명령하려는 위치를 점유하려는 튀

27) 아리스토텔레스는 『형이상학』, I, 982a16에서 "지혜로운 사람은 명령을 받아서는 안 되고 명령을 내려야 하며 또한 다른 사람에게 복종해서도 안 된다. 그러나 지혜롭지 못한 사람은 그에게 복종해야 된다"라고 주장한다.

28) 『정치학』, VII, 1327b29.

모스 욕구에 따라서 행동하는데 실패하게 되면 우리는 노예의 수준으로 전락된다. 물론 이것은 아리스토텔레스가 아시아 민족들을 기술하는 것처럼 우리가 실제로 노예화될 것이라는 것을 의미하지 않는다. 사실은 우리가 그런 상태에서는 노예와 같이 살아간다는 것을 의미한다. 다시 말하면 우리는 실제로 복종을 받을 만한 가치 없는 자들에 의해서 지배를 당할 것이고 자신보다 덜 가치 있는 자들을 지배하는데 실패하게 될 것이다. 이것은 어떤 개인이 자기 자신의 향상을 추구하는 일을 요구하기 때문에, 그것은 역시 자기-지식(self knowledge)의 요소를 요구하게 된다. 또한 올바르게 지배당하기 위해서 우리는 반드시 누구에게 복종을 해야 되는지를 알아야 한다. 이것은 오직 실제적으로 자기 자신보다 훨씬 나은 자들에게만 해당하기 때문에 각 개인은 필연적으로 그자신의 공덕 수준을 인식할 필요가 있을 것이다. 자연적 노예에 관한 아리스토텔레스의 교설은 올바른 인간관계의 질서와 그런 관계들의 버팀점이 되는 도덕적 가치의 개념에 관한 그의 견해들에 기여하고 있다. 따라서 노예적인 삶의 가능성과 그가 인간의 능력 전개의 실패에 관해서 묘사하고 있는 예시들은 소크라테스 사상에 궁극적으로 뿌리박고 있는 윤리적 관심사들인 자기-지식과 자기-향상이라는 두 가지 주제들과 직접적으로 연관되어 있음을 보여주고 있다.

맺음말

지금까지 우리는 아리스토텔레스의 자연적 노예 이론이 가지고 있는 실천적 의미에 대해서 살펴보았다. 모두가 평등하게 태어남에도 불구하고 천부적 자연권에 따라 어떤 이는 통치자로 다른 이른 노예로 살아간다는 주장은 근대적 사유에 비춰보면 전혀 합리적인 주장이라 할 수 없다. 따라서 이런 관점에서 아리스토텔레스의 노예 이론을 옹호하려거나 비판하려는 시도들은 처음부터 실패할 수밖에 없을 것이다. 이런 종류의 비판의 무리수가 있음에도 불구하고 왜 아리스토텔레스가 자연적 노예 이론을 기획하려 했는지 그 이유를 윤리적인 측면에서 찾아보려는 것이 이 논문의 목표였다.

아리스토텔레스는 『정치학』 제7권에서 튀모스의 결핍을 예속의 직접적인 원인으로 설정한다. 아시아 민족들의 예속은 단일 원인, 즉 자유를 사랑하는 감정과 명령하려는 욕구인 튀모스의 결핍에 기인한다. 자유에 대한 사랑은 튀모스가 유발하는 정서적 속성이다. 아리스토텔레스는 그것이 인간에게 명령을 내릴 수 있는 충동을 제공한다고 주장한다. 왜냐하면 우리는 권력의 자리에 있지 않고서는 권력으로부터 자유로울 수 없기 때문이다. 명령하려는 자리에 앉으려는 욕구가 없는 사람은 그 자신에게 명령을 내리지 못하며 또한 이점은 자연적 노예의 치명적인 특성이 된다. 따라서 노예화된 아시아 부족들은 자연적 노예의 이런 명확한 속성을 공유하고 있는 것처럼 보인다. 왜냐하면 그들에게는 내적 지배요소가 결핍되어 있거나 또는 활성화되지 못했기 때문이다. 그렇다면 튀모스 결핍을 경험하는 자는 누구든지, 그것이 자연적 결핍이든 아니면 자연적 성장 과정의 결과이든지 간에, 자연적 노예로 전락한다.

이처럼 튀모스의 부재는 아리스토텔레스의 노예에 관한 관념들의 이해에 중요한 역할을 수행하고 있다. 튀모스가 발생시키는 몇몇 감정적 욕구들의 부재 속에서 노예들은 실질적으로 노예이상 뭔가 되려는 충동을 결핍하게 된다. 자유와 명령하려는 위치를 점유하려는 튀모스 욕구에 따라서 행동하는데 실패하게 되면 우리는 노예의 수준으로 전락된다. 그리고 실제로 우리는 복종을 받을만한 가치 없는 자들에 의해서 지배를 당할 것이고 자신보다 훨씬 가치 없는 자들을 통치하는데 실패하게 될 것이다. 또한 노예가 되지 않으려는 튀모스의 욕망은 자신의 잠재적인 능력들의 배양 즉 자기 향상을 추구하는 일을 요구하기 때문에, 그것은 현재 자신의 역학적 위치를 살펴보는 자기-지식의 요소와도 관련되어 있다. 올바르게 지배당하기 위해서 우리는 반드시 누구에게 복종을 해야 되는지를 알아야 한다. 이것은 오직 실제적으로 자기 자신보다 훨씬 나은 자들에게만 해당하기 때문에 각 개인은 필연적으로 그자신의 공덕 수준을 인식할 필요가 있을 것이다.

마지막으로 튀모스의 결핍이 자기 자신의 실재적인 공덕에 부적합한 방식으로 지배받는 일을 초래한다는 점을 고려할 때 또한 이것이 튀모스가 추동시키는 자신의 능력 발휘의 전개에서 비롯된 실패에서 드러나는 고유한 위험들이라는 사실을 확인한다면, 자연적 노예에 관한 아리스토텔레스의 교설에서 나타난 실천적 교훈은 명확해진다. 그것은 바로 자신의 잠재력 모두를 성취하기 위해 어떤 사람은 지배받을 필요가 있는 사람을 지배하도록 노력해야 하며 다른 사람은 우수한 지도자들에 의해서 지배받도록 노력해야 한다는 점이다. 그 대표적인 예가 그리스인들처럼 두 극단인 유럽 민족과 아시아 민족 사이에 위치함으로서 한편으로는 자유로우면서 다른 한편으로는 훌륭하게 지배받는 상태로 남아있는 균형을 유지하는 일이라고 할 수 있다.

【참고문헌】

W. Ambler, "Aristotle on nature and politics: the case of slavery", *Political Theory* 15, 1987, 390-410.

D. Dobbs, "Natural right and the problem of Aristotle's defense of slavery", *Journal of Politics* 56, 1994, 69-94.

W.W. Fortenbaugh, "Aristotle on Slave and Woman", J. Barnes, M. Schofield and R. Sorabji (eds), *Articles on Aristotle vol.2: Ethics and Politics*, London, Duckworth, 1977, 135-139.

E. Garver, "Aristotle's natural slaves: incomplete *praxeis* and incomplete human beings", *Journal of the History of Philosophy* 32, 1994, 173-195.

M. Nichols, "The good life, slavery, and acquisition: Aristotle's introduction to politics", *Interpretation* 11, 1983, 171-183.

N. Smith, "Aristotle's Theory of Natural Slavery", D. Keyt and J. Fred, D. Miller (eds), *A Companion to Aristotle's Politics*, Oxford, Blackwell, 1991, 142-155.

L. Strauss, "Persecution and the Art of Writing", L. Strauss (ed.), *Persecution and the Art of Writing*, Chicago, Chicago University Press, 1980, 22-37.

스토아 감정 이론에서 감정의 극복

강 성 훈

1. 서론

고대 그리스 철학자들이 궁극적인 목적으로 삼았던 것은 행복한 삶이라는 것은 고대 그리스 철학을 접해 본 사람들 사이에서는 일종의 상식으로 여겨진다. 또한 이들이 가진 행복 개념이 현대인들이 가지고 있는 행복 개념과 다소 차이가 있을 수 있다는 것 역시 잘 알려진 사실이다. 우리가 일상적으로 “행복”이라는 말을 사용할 때, 이것은 단순히 주관적인 심리 상태를 지칭하는 경우가 많고, 이런 경우 이 말은 “즐거움”이라는 말과 거의 대치가능하다. 하지만 고대 그리스 철학자들이 사용하는 행복 개념(eudaimonia)에서는, 행복이 단순히 주관적인 심리상태로 환원될 수 없고, 그런 심리상태를 정당화할 수 있는 객관적인 조건이 반드시 갖추어져 있어야 한다.[1] 요컨대, 적어도 고대 그리스 철학자들이 사용한 행복 개념에 따르면, 누군가가 자신이 행복하다고 굳게 믿고 있으면서도 사실은

1) 더군다나, 그러한 객관적 조건은 단순히 일시적으로 충족되는 것이어서는 곤란하다. 행복의 여부는 한 순간이 아니라 삶 전체를 통해서 평가되는 것이다.

행복하지 않은 경우가 있을 수 있는 것이다.

하지만 그렇다고 해서 그 역이 성립하는 것은 아니다. 즉, 누군가가 자신이 행복하지 않다고 굳게 믿고 있으면서도 사실은 행복한 경우란 있을 수 없다. 다시 말해서, 행복은 주관적 심리상태로 환원되지는 않지만, 주관적 심리상태가 행복의 필수조건임은 부정할 수 없다는 것이다. 그리고 행복과 관련한 주관적 심리상태에는 그에 해당하는 감정이 반드시 포함되어야 할 것처럼 보인다. 에피쿠로스 학파 사람들이 행복한 삶과 즐거운 삶을 동일시했다는 것은 잘 알려진 사실이며, 플라톤이나 아리스토텔레스의 경우도 가장 행복한 삶이 가장 즐거운 삶이라는 것을 부정하지 않는다.

그런데 스토아 학파의 경우는, 그들이 이상으로 그리는 삶이 즐거운 삶이라는 것을 단순히 부정하는 정도가 아니라 쾌락 자체를 제거해야만 이상적인 삶에 도달할 수 있다는 주장을 하는 것으로 보인다. 사실 스토아적 이상인 현인(ho sophos)의 상태가 감정이 없는 상태(아파테이아apatheia)로 규정된다는 점에서, 스토아 학파 철학자들도 여타 그리스 철학자들과 마찬가지로 행복한 삶을 궁극적인 목적으로 삼았는지 여부 자체에 대해서도 의문이 생길 수 있을 듯하다. 물론 행복한 삶이 궁극적인 목적이라는 것은 스토아 학파 철학자들의 경우에도 공식적인 입장이 된다.[2] 그러니까 스토아 학파 철학자에게 제기될 수 있는 실질적인 의문은 일종의 딜레마 형식을 띠게 되는 것이다. 만약 스토아 현자가 행복한 삶을 영위한다면, 그의 삶에는 행복에 해당하는 감정이 반드시 포함될 것이다. 그리고 그렇다면 그의 상태는 감정이 없는 상태(아파테이아)가 아닐 것이다. 거꾸로, 만약 스토아 현자가 감정이 없는 상태에 도달한다면, 그의 삶은 행복한 삶도 아니고 이상적인 삶으로 간주될 수도 없는 것이다.

사실 스토아 학파에 대한 이러한 비판은 새로운 것이 아니라 고

---

2) LS, 63A, 63D, 63H, 63I 등을 보라.

대에서부터 이미 제기되어온 흔한 비판, 즉 스토아 현자의 삶이란 목석과 같은 것이라는 비판의 변용일 따름이다. 그리고 이에 대해서는 표준적인 대답이 있다. 20세기 후반에 들어서면서부터 고대 그리스 철학자들의 감정에 대한 견해들이 주목을 받기 시작했고, 이와 함께 스토아 학파 철학자들이 '감정이 없는 상태'에 도달해야 한다는 것만을 주장한 것이 아니라, 그러한 상태에서 '건전한 정서(eupatheiai)'를 가지게 된다는 것도 함께 주장했다는 것이 많이 알려지게 되었다.[3] 이에 따르면, 스토아 현자의 삶은 목석과 같은 삶이 아니라 오히려 기쁨(chara)으로 충만한 삶이다. 그리고 적어도 이 점에 있어서는 스토아 현자의 삶이 플라톤이나 아리스토텔레스, 혹은 에피쿠로스가 그리고 있는 이상적인 삶과 큰 차이가 없어 보인다. 다만 스토아 학자들은 이들과 달리 기쁨(chara)과 쾌락(hēdonē)을 명확하게 구분해서, 쾌락은 버려야 한다고 주장하고 있는 것일 따름인 것이다.

하지만 여전히 의문이 제기될 수 있다. 기쁨이란 쾌락의 일종이지 않은가? 보다 일반적으로 말해서, 건전한 정서(eupatheiai)란 감정(pathē)의 일종이지 않은가?[4] 앞서 제기했던 문제는 스토아 학자들이 행복(eudaimonia)과 감정이 없는 상태(apatheia)를 동시에 주장하는 것이 가능한가 하는 것이었다. 그런데 건전한 정서(eupatheiai)와 감정이 없는 상태(apatheia)를 동시에 주장하는 것은 그보다 오히려 더 명백한 모순을 함축하는 것이 아닌가?

본 논문에서는 바로 이러한 질문에 대한 대답을 시도할 것이다.

---

3) 국내의 논문들 중에서도 이창우(2003), p.72, n.19, 손병석(2008) pp.57-59에서 이에 대한 논의를 찾아볼 수 있다.

4) 그리스어에서 이 문제는 보다 두드러지게 드러난다. eupatheiai는 pathē에 '좋은'을 의미하는 'eu'라는 접두어를 붙인 것에 불과해 보이는 것이다. 플루타르코스는 바로 이러한 점을 지적하면서, 스토아학자들이 언어를 자기 멋대로 사용하고 있다고 비판한다(De Virtuti Morali 449a). 키케로가 eupatheia를 라틴어로 번역할 때, 어원을 완전히 무시하고 constantia로 번역한 것도 이런 문세를 의식해서 인지 모른다. 키케로, Tusc. IV.11-14.

그리고 이에 대한 대답을 위해서는 스토아 학파의 감정 이론 전반에 대해서 간략한 고찰을 할 필요가 있다. 스토아 학파의 감정 이론, 혹은 pathē에 대한 이론은 고대에서부터 이미 상식에 어긋나며 말도 안 되는 것이라는 강한 비판을 받아왔는데, 사실 이러한 비판은 상당 부분 오해에서 비롯된 것으로 보인다. 스토아 학파의 주장 중 한 부분이 그 부분을 해명해 주는 맥락으로부터 분리된 채로 종종 비판받아 왔던 것이다.[5] 스토아 학자들은 특히나 그들의 여러 주장이 서로서로 연결되어 있음을 강조했다는 점에서 개별적인 주장 하나만을 가지고 그들의 이론을 평가하는 것은 곤란하다고 하겠다. 우리는 스토아 학파의 이론을 체계화시켰고, 또 후대의 비판의 표적이 되기도 한 크뤼시포스의 생각을 중심으로 스토아 학파의 감정 이론과, 그 배경이 되는 한에서 그들 이론의 전반적인 모습에 대해서 살펴볼 것이다. 우리는 스토아 학파의 감정(pathē)과 좋은 정서(eupatheiai)의 구별이 단순한 말장난이 아니라 그들의 이론 체계 내에 굳게 자리잡고 있는 중심적인 구별 중 하나라는 것을 보게 될 것이다.

2. 이성적임의 두 가지 의미

스토아 학파의 창시자인 제논은 감정을 '비이성적이고 자연에 어긋나는 영혼의 움직임, 혹은 과도한 동기(hē alogos kai para phusin kinēsis tēs phuchēs ē hormē pleonazousa)'라고 규정하며[6], 이 정의는

5) 크뤼시포스를 가장 강력하게 비판했던 갈레노스가 이런 식의 비판을 제기한 대표자로 생각된다. 이 때문에 갈레노스는 스토아 감정론에 대한 가장 중요한 일차 자료들을 제공해주는 PHP에서 크뤼시포스가 앞뒤가 다른 이야기를 한다는 비판을 끊임없이 제기한다.

6) DL, 『저명한 철학자들의 생애』 7.110.

크뤼시포스를 비롯한 이후 스토아 학자들에게서 기본적으로 받아들여진다.[7] 이 정의에서 핵심적인 부분이 '영혼의 비이성적인 움직임'이라고 한다면, 우리가 스토아 감정 이론을 이해하기 위해서 우선 그들이 '이성적'이라는 말로 의미한 바가 무엇인지를 이해해야 한다. 특히 이들이 '이성적'이라는 말을 두 가지 서로 다른 의미로 사용하고 있다는 것을 이해하지 못한다면, 스토아 학파의 감정에 대한 이론은 자기모순적인 주장들로 가득 차 있는 것으로 보일 것이다.

스토아 학파에 따르면, 전 우주가 이성으로 가득 차 있다. 신, 혹은 신적인 이성이 우주 전체의 능동적 원리로서 모든 것을 관장한다는 것이다.[8] 따라서 스토아적 이상인 자연에 따르는 삶은 바로 이성적인 삶이라고 할 수 있다.[9] 이것이 "이성적임"의 첫 번째 의미이고, 물론 대부분의 사람들은 이런 의미에서 이성적인 삶을 살고 있지 않다. 이런 의미에서 현실적으로 이성적인 사람은 스토아 현자밖에 없다. 스토아 현자는 어떠한 종류의 거짓된 믿음도 가지고 있지 않고, 따라서 완벽하게 덕이 있는 삶을 살기 위해 필요한 모든 종류의 앎을 가지고 있다. 누군가가 나쁜 행동을 한다면, 그것은 그가 그런 나쁜 행동을 하는 것이 어떤 측면에서이든 좋은 점이

---

7) SVF, 3.377-379. PHP IV.2.8.에서 갈레노스는 위의 정의를 언급하면서 제논의 이름을 따로 언급하지 않고, 이것이 크뤼시포스의 정의인 것처럼 이야기한다. 그러고 나서 이 정의에 대한 크뤼시포스의 설명을 길게 인용하고 있는데, 그러한 맥락에서 볼 때, 갈레노스가 인용하고 있는 크뤼시포스의 『감정에 관하여(peri pathōn)』에서 크뤼시포스는 우선 제논의 정의를 감정의 정의로 받아들이고 나서, 그에 대한 자신의 설명을 제시한 것으로 보인다. 사실 감정에 관해서만이 아니라 다른 문제와 관련해서도 스토아 학자들이 일단 제논의 정의를 제시하고 그에 대한 설명을 제시하는 방식으로 논의를 전개하는 것이 일반적인 관행이었던 것으로 보인다. 갈레노스가 보고하는 크뤼시포스(혹은 제논)의 감정의 정의에서는, 디오게네스 라에르티오스의 보고에서 등장하는 두 부분이 '혹은'으로 연결되어 있지 않고 '그리고'로 연결되어 있지만, 이때의 '그리고(kai)'는 추가적인 조건을 제시하는 것이라기보다 앞의 조건을 부가 설명하는 역할을 하는 것으로 보인다.

8) 예컨대, 키케로의 『신들의 본성에 관하여』 1.39-41을 보라.

9) c.g. D.L. 7.86 이하.

있다고 생각해서일 텐데, 스토아 현자는 무엇이 좋은 삶인지, 그리고 그것이 왜 좋은 삶인지를 속속들이 알고 있기 때문에 도대체 나쁜 행동을 할 동기부여가 되지 않는다. 즉, 스토아 현자, 혹은 첫 번째 의미에서 이성적인 인간은 거짓된 믿음을 전혀 가지고 있지 않고, 그 결과 잘못된 행동을 하고 싶어 하는 욕구도 전혀 가지고 있지 않다. 이에 비해 일반 사람들은 이러한 스토아 현자가 취할 이성적인 관점에 어긋나는 믿음과 욕구를 종종 갖기 마련이고, 그러한 믿음과 욕구, 또 그에 따른 행동 등은 모두 비이성적인 것이라고 할 수 있다.

스토아적 현자가 거의 없다는 점에서 첫 번째 의미에서 이성적인 사람은 실제로는 거의 없겠지만, 스토아 학자들은 이성적임의 두 번째 의미에 따라서는 모든 성인 인간이 필연적으로 이성적이라고 생각했다. 이것이 바로 인간은 이성적인 동물이라고 할 때, "이성적임"의 의미이다. 어느 정도 성숙해지고 나면 인간의 모든 생각과 지각, 기억, 선호 등 우리 영혼의 모든 상태가 본질적으로 명제적인 내용을 가지며, 이런 의미, 즉 명제적인 내용을 가진다는 것이 바로 이성적임의 두 번째 의미라는 것이다.[10] 짐승들이 어떤 것을 본다거나 어떤 것을 바랄 때 이들의 지각과 욕구는 명제적인 내용을 가진다고 할 수 없고, 마찬가지로 갓난아기의 지각이나 욕구도 명제적인 내용을 가진다고 할 수 없겠지만, 적어도 성인이 된 사람에게 있어서는, 예컨대, 본다는 것은 언제나 어떤 것이 어떠하다고 보는 것이고, 바란다는 것은 어떤 것이 어떠하기를 바라는 것이다. 그리고 이런 의미에서는 성인 인간 중에서 누구도 비이성적이지 않다. 아무리 이상한 생각, 이상한 욕구를 가지고 있다고 하더라도 그러한 생각과 욕구는 모두 명제적인 내용을 가지고 있을 수밖에 없기 때문이다.

---

10) DL 7.51, De Virtuti Morali 450d. 이와 관련한 보다 자세한 설명으로는, 오유석(2007), pp.103-107을 참조하라.

성인 인간이 두 번째 의미에서 필연적으로 이성적이라고 하기 위해서는, 명제적인 내용을 갖지 않는 영혼의 상태를 야기할 어떠한 요소도 영혼에 포함되어 있어서는 곤란할 것이다. 스토아 학자들은 플라톤이나 아리스토텔레스가 주장하듯이 영혼이 부분을 가진다는 것을 부정한다. 단일한 지도 원리(혹은 지도부hēgemonikon)에 의해서 인간의 모든 지각, 믿음, 욕구가 관장되고, 이와 독립적인 지각 상태, 믿음 상태, 욕구의 상태를 야기할 영혼의 부분 같은 것은 없다는 것이다.[11] 따라서 인간의 영혼이 좋음, 혹은 좋다고 생각하는 바를 추구할 때, 이러한 추구는 영혼 전체의 통일적인 행위이다. 즉, 영혼의 어떤 부분은 그것이 좋다고 생각하는 바를 추구하고 다른 부분은 다른 어떤 것을 추구하는 일이 발생하는 경우란 있을 수 없다.

하지만 스토아 학자들의 이러한 주장이 성인 인간은 심적 갈등을 전혀 겪지 않는다는 주장을 함축하는 것은 아니다. 누구라도, 의식적으로 혹은 의식하지 않으면서, 과연 이것이 좋을까 저것이 좋을까를 고민하는 갈등을 경험할 수 있고, 이러한 명백한 경험적 사실

11) 영혼의 부분의 개수에 대한 고대 보고들은 매우 혼란스럽다 예컨대, 갈레노스와 동시대 인물인 테르툴리아누스의 보고에 따르면, 플라톤은 영혼을 두 부분으로, 제논은 세 부분으로, 아리스토텔레스는 다섯 부분으로, 판아이티오스는 여섯 부분으로, 소라누스는 일곱 부분으로, 크뤼시포스는 여덟 부분으로, 아폴로파네스는 아홉 부분으로, 어떤 스토아 학자들은 열두 부분으로, 포세이도니오스는 열일곱 부분으로 나누었다고 한다(Edelstein & Kidd (EK) F147, SVF 1.144, 1.405). 이 외에도 여러 고대 주석가들의 여러 가지 혼란스러운 보고들이 있지만, 어쨌거나 표준적인 보고에 따르면, 스토아 학자들, 혹은 적어도 크뤼시포스는, 감각하는 부분 다섯에, 소리내는 부분(phōnētikon), 생식하는 부분(spermatikon), 그리고 지도부(hēgemonikon) 혹은 이성적 부분(logistikon), 이렇게 셋을 추가해서 영혼을 여덟 부분을 나누었다고 한다(SVF 2.830 등). 그런데 스토아 학자들이 영혼을 몸 전체에 퍼져있는 숨(pneuma)으로 보고 있고 지도부는 심장에 자리하고 있다고 생각하는 한에서, 이들이 영혼의 부분을 이러저러한 방식으로 나누었다고 생각하는 것 자체는 자연스러운 일이다. 다만, 스토아 학자들이 영혼의 부분을 나누지 않았다는 주장은, 모든 영혼의 활동을 궁극적으로 관장하는 것이 지도부인 이성적인 부분이며, 이성적인 부분인 지도부에 대립하고 있는 부분이 따로 있지 않다는 주장인 것이다(PHP III.5.31-32, SVF 2.821, 2.826, 2.831).

을 스토아 학자들이 부정하고 있는 것은 아니다. 그들이 부정하는 바는, 이런 갈등이 있을 때 그 갈등의 한 축이 명제적인 사유작용을 할 수 없는 영혼의 한 부분에 의해서 관장될 수 있는 가능성이다. 예컨대, 어떤 종류의 쾌락이 좋은 것처럼 느껴지지만 가만히 따져 보니 사실은 좋은 것이 아니라는 생각이 드는 경우가 있을 것이다. 스토아 학자들은 이런 경우 그 좋은-것-같은-느낌이 가만히-따져-보는-작업에 전혀 반응하지 않는다는 것을 부정하는 것이다. 그리고 그 좋은-것-같은-느낌이 사실은 "그것이 좋은 것이다"라는 명제적인 내용을 가지고 있는 것인 한에서, 이 명제가 틀렸다는 것이 논증과 반성을 통해서 충분히 납득된다면 이 느낌 자체가 해소될 수 있다는 것이다. 물론, "충분한 납득"이 있기 전까지는 여전히 그러한 느낌을 계속 가질 수 있을 것이다. 마치 길을 나선 사람이 이 길이 맞는 길인지 저 길이 맞는 길인지 고민하는 경우, 이 길이 맞다는 것이 스스로에게 충분히 납득될 때까지는 여전히 저 길이 맞는 것 같다는 느낌을 계속 가질 수 있는 것처럼 말이다.

위에서 이야기했듯이, 스토아 현자를 제외하고는 대부분의 인간이 첫 번째 의미에서 이성적이지 않다. 하지만 다른 한편으로는 모든 인간이 잠재적으로는 첫 번째 의미에서도 이성적이다. 다시 말해서, 우리의 인지적인 능력은 어떤 의미에서도 본질적으로 제한되어 있는 것이 아니다. 스토아 학자들이 영혼이 부분을 갖는다는 것을 부정하는 것, 특히 플라톤이나 아리스토텔레스가 주장하듯이 비이성적인 부분을 갖는다는 것을 부정하는 것의 또 하나의 중요한 함축은 우리의 영혼에 인지적인 능력이 본질적으로 제한된 부분이 있다는 것을 부정하는 것이다.

만약에 영혼에 어떤 부분이 있고 그 부분이 첫 번째 의미에서의 이성을 필연적으로 결여하고 있다면, 이 부분에 기초한 영혼의 상태가 설사 명제적인 내용을 가지고 있다고 하더라도 "충분한 납득"이 원리적으로 불가능한 경우가 생길 가능성이 남아 있다. 위의 예에서 그 좋은-것-같은-느낌이 명제적인 내용을 가지고 있고, 이 느낌은 "그것이 좋은 것이다"라는 명제가 틀렸다는 것이 충분히 납득되면 해소될 수 있다는 것을 받아들여 보자. 하지만 이러한 느낌이 인지적인 능력이 제한된 영혼의 비이성적인 부분에 기초하고 있다고 한다면, 결국 이러한 느낌이 해소되는 것이 원리적으로 불가능한 경우가 있을 수 있다. 왜냐하면 영혼의 그 부분은 그 명제가 틀렸다는 것을 파악할 수 있는 능력을 갖고 있지 못할 수 있고, 결과적으로 이 부분은 그 명제가 틀렸다는 것을 충분히 납득하는 것이 애당초 불가능할 수 있을 것이기 때문이다.

이런 관점에서 본다면, 스토아 학자들은 비이성적인 영혼의 부분이 있다는 것을 부정함으로써 우리가 우리의 영혼의 상태에 대해서 전적인 책임을 지고 있다는 것을 확보하고자 했다고 할 수 있다. 내가 어떤 종류의 영혼의 상태를 가지고 있다면, 그 영혼의 상태는 명제적인 내용을 가지고 있는 것이다. 그리고 그 영혼의 상태는 해당 명제가 거짓이라는 것을 내가 충분히 납득하면 해소될 수 있는 것이다. 그리고 나의 영혼은 그 해당 명제가 거짓이라면 그것이 거짓이라는 것을 충분히 납득할 수 있는 인지적 능력을 가지고 있다. 따라서 나는 내 영혼이 잘못된 상태에 있지 않을 수 있는 능력을 가지고 있다. 결국 내 영혼이 어떤 잘못된 상태에 있다면, 그것은 내가 나의 능력을 충분히 발휘하지 않았기 때문이다. 따라서 나는 내 영혼의 모든 상태에 대해서 전적인 책임을 가진다. 우리의 논의와 관련해서, 이것은, 감정도 영혼의 한 상태인 한에서, 우리가 우리의 감정에 대해서 전적인 책임을 가진다는 것을 함축한다.

3. 믿음, 혹은 판단으로서의 감정

스토아 학자들은, 혹은 적어도 크뤼시포스는 감정(pathē)이 믿음

(doxai) 혹은 판단(kriseis)이라고 생각했다.12) 이러한 생각을 이해하기 위해서는 우선 그들이 모든 종류의 감정이 행위의 동기(hormai)를 제공하는 것이라고 생각했다는 점을 염두에 두어야 한다. 감정이 행위의 동기를 제공한다는 생각 자체는 비단 스토아 학자들만이 아니라 모든 그리스 철학자들이 공유하고 있는 생각이며, 또 오늘날 우리의 상식적인 입장에서도 이것이 그렇게 이질적인 생각은 아닐 것이다. 무엇인가를 두려워하면 그것을 피하고자 하는 동기를

12) 갈레노스는 스토아 학파의 창시자인 제논은 감정이 믿음 자체가 아니라 믿음에 수반하는 것이라고 주장했으며, 감정이 믿음 자체라는 주장은 크뤼시포스가 새롭게 제시한 것이라고 보고한다(PHP IV.2.6-7 등). 하지만 대부분의 현대 학자들은 갈레노스의 이러한 보고가 잘못된 것이라는 점에 동의하고 있다. 감정이 믿음이라는 것은 스토아 학파에서 일반적으로 공유된 입장이라는 것이다. (중요한 예외는 Sorabji(2000), pp.55-61이다. 소랍지도, 크뤼시포스가 제논의 정의를 받아들이면서도 동시에 그와 양립불가능한 소리를 한다는 갈레노스의 보고를 그대로 받아들이지는 않는다. 하지만, 대개의 다른 학자들이 크뤼시포스가 제논의 정의를 받아들이면 자기모순적인 소리를 하게 된다는 갈레노스의 주장을 거부하는 반면에, 소랍지는 크뤼시포스가 제논의 정의를 받아들이면 자기 모순적인 주장을 하게 되는 것은 사실이지만, 그가 제논의 정의를 받아들이는 것이 아니라 그냥 설명하고 있는 것이라고 주장한다.)
갈레노스는 또한 중기 스토아 학파의 포세이도니오스는 크뤼시포스의 이런 생각을 받아들이지 않았다고 보고하는데, 이 보고의 신빙성에 대해서는 학자들 사이에서 의견이 갈려져 있다. 전통적으로는 갈레노스의 보고를 받아들여서, 포세이도니오스가 감정이 믿음이라는 생각을 거부했고, 더 나아가 플라톤의 영혼 삼분설을 받아들였다는 생각들이 주류 해석이었다(최근에도 LS(1987) vol 1, p.321, 422, Sorabji(2000), p.93 ff., 손병석(2008), pp.46-51 등은 이런 입장을 취하고 있다). 하지만, 최근에는 이 부분과 관련해서도 갈레노스의 보고가 신빙성이 없다는 주장, 특히 포세이도니오스가 영혼 삼분설을 받아들였다고 볼 수는 없다는 주장을 제기하는 학자들이 많이 생겨났다. 대표적으로는 Cooper(1998), (2005), Gill(2000) 등이 있다. 이들은 그래도 포세이도니오스의 입장이 크뤼시포스의 입장과 중요한 차이가 있다는 것을 인정하는 데 비해, 갈레노스의 보고를 가장 주제적이고 체계적으로 분석하고 있는 Tieleman의 경우는 포세이도니오스의 입장이 실질적으로 크뤼시포스의 입장과 전혀 차이가 없다는 강한 입장을 취한다. Tieleman(2003), pp.198-287.

갖기 마련이고, 누군가를 증오하면 그를 해코지하고자 하는 동기를 갖기 마련이고, 무엇인가에 화가 나면 그 화의 근원을 없애고자 하는 동기를 갖기 마련이다. 스토아 학자들에게 고유한 생각은 감정이 행위의 동기를 제공한다는 것 자체가 아니라, 감정이 어떤 종류의 믿음이기 때문에 행위의 동기를 제공한다는 것이다.

스토아 학자들은, 적어도 성인인 인간의 경우에는 행위의 동기가 항상 명제적인 성격을 갖는다고 생각했다. 이것이 바로 성인 인간은 누구나 두 번째 의미에서는 필연적으로 이성적이라는 주장의 가장 중요한 실질적 내용이다. 짐승들이나 갓난아기는 판단을 내릴 수 있는 인지적 능력을 결여하고 있고, 따라서 이들이 어떤 행위를 할 때 그러한 행위를 야기하는 영혼의 상태가 명제적인 내용을 가질 수는 없을 것이다. 하지만 성인 인간의 경우는, 그가 아무리 "본능적으로" 행동한다고 하더라도 그렇게 행동해야겠다는 생각이 전혀 없이 그런 행동을 하는 것이 불가능하다. 따라서 성인 인간의 "본능적인" 삶은 짐승이나 갓난아기의 본능적인 삶과는 근본적으로 차이가 있는 것이다.

스토아 학자들은 감성에 대한 체계적인 이론을 수립하기를 원했는데, 그들은 바로 감정이 믿음이라는 생각을 바탕으로 여러 종류의 감정들을 크게 네 가지로 분류한다. 감정이 행동의 동기이고, 누구나 좋은 것에 대해서는 그것을 추구하려는 동기를 갖고 나쁜 것에 대해서는 그것을 피하려고 하는 동기를 갖는다면, 일단 감정들을 좋은 것과 관련한 감정과 나쁜 것과 관련한 감정으로 분류하는 것이 가장 기본적인 분류 방식이 될 것이다. 그리고 감정이 믿음인 한에서, 이때의 분류는 어떤 것이 좋다는 믿음과 어떤 것이 나쁘다는 믿음에 기초한 분류가 될 것이다. 그리고 자신이 좋다고 혹은 나쁘다고 생각하는 것을 소유하기 이전과 소유한 후에 느끼는 감정이 또 다를 것이다. 따라서 좋음과 나쁨에 대한 믿음의 대상이 미래의 것인지 현재의 것인지에 따라 감정을 분류하는 것이 또 감정의 기본적인 분류가 된다. 이렇게 해서 스토아 학자들은, 미래의 어떤 것이 좋다는 믿음과 관련한 감정인 욕망(epitumia), 미래의 어떤 것이 나쁘다는 믿음과 관련한 감정인 두려움(phobos), 현재의 어떤 것이 좋다는 믿음과 관련한 감정인 쾌락(hēdonē), 현재의 어떤 것이 나쁘다는 믿음과 관련한 감정인 괴로움(lupē), 이렇게 감정을 네 가지로 분류한다.13) 이것을 표로 나타내면 다음과 같다.

	좋음	나쁨
미래	욕망 (epithumia)	두려움 (phobos)
현재	쾌락 (hēdonē)	괴로움 (lupē)

그런데 우리는 앞 절에서 제논의 감정에 대한 정의가 "비이성적이고 자연에 어긋난 영혼의 움직임, 혹은 과도한 동기"라는 것을 보았다. 이 정의에는 믿음에 대한 특별한 언급이 없고, 마찬가지로 어떤 보고들에 따르면 감정의 네 분류에도 믿음에 대한 언급이 따

13) Tusc. 4.11-12, SVF 3.386-388. 물론 스토아 학자들이 단지 이 네 종류의 감정만 있다고 생각한 것은 아니다. 예컨대 다른 고대 철학자들에게 있어서 (그리고 아마도 오늘날 우리에게 있어서도) 가장 대표적인 감정이라고 할 수 있는 화(怒)가 스토아의 네 가지 감정 분류에는 포함되고 있지 않은데, 이것은 스토아 학자들이 화를 감정으로 생각하지 않아서가 아니다. 스토아 학자들에게 있어서도 역시 화라는 감정은 대단히 중요한 것으로 간주되었으나, 그들의 감정이론에 따르자면 화가 어떤 종류의 감정들을 대표하는 성격을 갖고 있는 것이 아니기 때문에 위의 네 감정에 포함되지 않은 것일 따름이다. 스토아 학자들은 위의 네 종류의 감정을 기본적인 것으로 놓고, 화나 그 밖의 다른 종류의 감정들은 각각 네 종류의 감정 중 하나에 속하는 것으로 규정하였던 것이다. (화의 경우, 아리스토텔레스가 그랬듯이, 스토아 학자들은 이것을 일종의 욕망, 즉 불의를 당한 것에 대한 보복의 욕망으로 규정한다.) 감정의 현상적 성질에 주목한다면 가장 대표적인 것이 될 화와 같은 감정이 스토아 학파의 감정 분류에서 기본적인 감정에 포함되고 있지도 않다는 사실은, 그만큼 스토아 학자들이 감정의 인지적 성격에 주목하고 있다는 방증이기도 하다.

로 없는 경우가 있다. 이러한 보고들에서는 욕망은 비이성적인 추구(alogos orexis), 두려움은 비이성적인 회피(alogos ekklisis), 쾌락은 비이성적인 팽창, 혹은 의기양양(alogos eparsis), 괴로움은 비이성적인 수축, 혹은 낙담(alogos sustolē)이라고 정의되고 있다.[14] 사실 갈레노스가 크뤼시포스가 자기 모순적인 주장을 한다고 이야기하는 가장 근본적인 이유가 바로 갈레노스는 이런 식의 정의와 감정이 믿음이라는 크뤼시포스의 규정이 양립불가능하다고 생각했기 때문이다.[15]

하지만 이러한 사실은, 갈레노스의 생각과는 달리, 스토아 학자들이 감정은 믿음이면서 동시에 동기라고 생각했다는 것과, 좋음과 나쁨에 대한 믿음이 행동/반응의 동기와 얼마나 밀접한 연관이 있다고 생각했는지를 보여줄 따름이다. 믿음에 따른 규정들과 행동/반응 양식에 따른 규정들은 어떤 의미에서는 동전의 양면과 같다. 실제로 네 종류의 감정들에 대한 규정에 대한 보고들 중에는 믿음에 따른 규정과 행동/반응 양식에 따른 규정이 병치되어 있는 경우가 많다.[16]

더구나 믿음에 따른 규정이 행동/반응 양식에 따른 규정을 포괄하는 방식으로 제시되는 것이 얼마든지 가능하기도 하다. 어차피 이성적인 동물로서의 성인 인간의 모든 행동이 믿음으로부터 나온다고 할 때, 행동의 근거가 되는 믿음은 궁극적으로는 좋음과 나쁨에 대한 믿음이겠지만, 보다 직접적으로는 특정한 방식으로 행동하는 것이 적절한 것(kathēkon)이라는 믿음이 된다. 따라서 누군가가 돈을 추구한다면, 그는 돈을 추구하는 것이 적절한 것이라는 믿음을 가지고 있는 것이고, 힘든 일을 회피한다면, 그는 힘든 일을 회피하는 것이 적절한 것이라는 믿음을 가지고 있는 것이다. 또한 누

14) DL 7.111-114, SVF 3.392.
15) PHP IV.2.1-7, 2.19-27, 4.16-34, 5.3-18 등.
16) SVF 3.391, 3.394.

군가가 돈을 많이 벌어서 의기양양해 하고 있다면, 그는 의기양양해 하는 것이 적절한 것이라는 믿음을 가지고 있는 것이고, 병에 걸려서 낙담해 하고 있다면, 그는 낙담하는 것이 적절한 것이라는 믿음을 가지고 있는 것이다. 이 때문에, 스토아 학파의 감정에 대한 가장 엄밀한 정의에서는, 감정은 좋음과 나쁨에 대한 믿음과 행동/반응 양식의 적절성에 대한 믿음으로 구성되어 있는 것으로 표현된다. 즉, 욕망은 미래의 어떤 것이 좋아서 그것을 추구하는 것이 적절하다는 믿음이고, 두려움은 미래의 어떤 것이 나빠서 그것을 회피하는 것이 적절하다는 믿음이며, 쾌락은 현재의 어떤 것이 좋아서 그것을 가진 것에 대해서 의기양양해 하는 것이 적절하다는 믿음, 그리고 괴로움은 현재의 어떤 것이 나빠서 그것을 가진 것에 대해서 낙담해 하는 것이 적절하다는 믿음이 되겠다.[17)]

4. 비이성적이고 과도한 동기로서의 감정

감정이 비이성적이고 과도한 동기라고 할 때, 여기에서의 비이성적임은 물론 앞에서 이야기한 첫 번째 의미의 이성적임에 대응하는 비이성적임이다. 감정이 믿음에 근거하고 있는 한에서, 그것은 명제적인 성격을 가지고 있다. 그리고 그것이 명제적인 성격을 가지고 있는 한에서, 감정은 명제를 구성하는 이성의 능력에 기초하고 있는 것이다. 즉, 두 번째 의미에서는 이성적인 것이다. 하지만 문제는 이때 이성의 능력이 잘못 사용되었다는 것이다. 이성 능력의 원래 용도는 행위와 믿음에 대한 좋은 근거를 찾아내는 것에 있다. 그리고 그러한 이성 능력이 제대로 발현되었을 때, 스토아 현자가

17) Tusc. 4.14-15, SVF 3.394 등. 여기에서의 정의들을 보면, 단순히 이런 믿음들이 감정이라고 하는 것이 아니라, 이러한 “생생한” 믿음들이 감정이라고 하고 있는데, 이에 대해서는 다음 절에서 논의하기로 하겠다.

되는 것이다. 그런데 감정 상태에 있는 사람은 행위와 믿음의 좋은 근거를 찾기는커녕 오히려 그러한 근거를 찾는 것을 거부하고 있는 것이다. 이런 의미에서 스토아 학자들은 감정을 이성에 불복하고(apeithes logōi) 이성을 거부하는(apestrammenon ton logon) 영혼의 움직임으로 규정하기도 한다.[18]

이성을 거부하는 영혼의 움직임은 언제나 이성적으로 정당화될 수 있는 것보다 과도한 움직임이다. 그래서 이러한 영혼의 과도한 움직임에 의해서 발생하는 행위의 동기는 과도한 동기가 된다. 이 때문에 스토아 학자들은 비이성적인 동기로서의 감정을 과도한 동기라고 이야기한다. 크뤼시포스는 내리막길을 달리는 사람을 비유로 과도한 동기의 성격을 잘 보여주고 있다.[19] 걸어가고 있는 사람은 멈추어야 할 일이 생기면 언제든 멈출 수가 있다. 하지만 내리막길을 달리고 있는 사람은 멈추어야 할 일이 생기더라도 곧바로 멈출 수가 없는 법이다. 감정에 의해서 제공되는 과도한 동기는, 달리고 있는 사람이 곧바로 멈출 수 없는 것과 마찬가지로, 곧바로 제거될 수 없다. 감정에 빠져 있을 때 영혼은 단순히 잘못된 견해를 가지고 있을 뿐 아니라 그러한 잘못된 견해를 쉽게 떨쳐버릴 수 없는 것이다.

행위의 동기라는 측면에서 감정은 비이성적이고 과도한 동기라면, 믿음의 측면에서는 어떠한 것일까? 감정이 비이성적인 동기이어서 극복되어야 할 것으로 보고 있는 한에서, 스토아학자들이 감정을 구성하는 믿음에 뭔가 문제가 있다고 생각하고 있다는 점에는 의심의 여지가 있을 수 없다. 그런데 이때의 문제가 정확하게 어떤 성격을 갖고 있는 것일까? 어찌 보면 이에 대한 대답은 자명할 것으로 생각될 수 있지만, 실제로는 이에 대한 정확한 대답을 찾기가 쉽지 않다. 그리고 지금까지 우리의 논의는 스토아 감정 이론에 대

18) SVF 3.389, 340, PHP IV.2.12, IV.5.13, IV.6.26 등.
19) PHP IV.2.14-18.

한 표준적인 설명 방식에서 벗어나지 않았지만, 이제부터의 논의는 논란의 여지가 적지 않은 부분을 포함하게 될 것이다.

표준적인 해석에 따르면, 감정을 구성하고 있는 믿음의 문제는 다름이 아니라 그것이 거짓이라는 것이다. 스토아 학파의 감정 이론을 다루고 있는 문헌들은 거의 예외 없이, 스토아 학자들은 누군가가 가지고 있는 믿음이 거짓인 경우에만 그가 감정을 가진다고 주장하며, 이것이 바로 스토아 학파의 감정이론의 핵심을 이룬다는 이야기를 담고 있다. 스토아 학자들이 어떤 종류의 감정을 갖는 것도 잘못된 것이라고 생각하는 궁극적 이유는 바로 감정은 어떤 것이든 거짓된 믿음에 기초하고 있다고 생각하기 때문이라는 것이다.

그런데, 앞 절에서 이야기했듯이, 감정이 두 종류의 믿음으로 구성된 것이라면, 감정이 거짓인 믿음이라는 표준적 해석을 받아들인다고 하더라도 두 종류의 믿음 중 어떤 믿음이 거짓인지와 관련한 물음을 여전히 던질 수 있다. 감정이 거짓인 믿음이라는 이야기만으로는, 감정을 구성하는 믿음 중 좋음과 나쁨에 관한 믿음이 거짓인지, 행동/반응 양식의 적절성에 관한 믿음이 거짓인지, 혹은 양자 모두가 거짓인지에 대해서는 아직 아무런 이야기도 안 하고 있는 것이기 때문이다.

감정의 문제가 결국, 좋은 것이 아닌 (무차별적인[20]) 것을 좋은 것이라고 판단하거나 나쁜 것이 아닌 (무차별적인) 것을 나쁜 것이라고 판단하는 데 있다면, 일단 감정은 좋음과 나쁨에 대한 거짓인 믿음에 기초하는 것이라고 생각하는 것이 자연스러워 보인다. 그리고 스토아 학파의 감정이론에 대한 대부분의 소개서들은 바로 이런 내용을 담고 있다. 하지만, 감정을 구성하는 첫 번째 믿음, 즉 좋음과 나쁨에 관한 믿음이 거짓이라는 것이 감정과 관련해서 충분조건

20) 스토아 학파의 가장 잘 알려진 특징은, 부와 명예 등과 같이 보통 사람들이 좋은 것이라고 생각하는 것이나 가난이나 질병 등과 같이 보통 사람들이 나쁜 것이라고 생각하는 것이 사실은 좋지도 나쁘지도 않은 무차별적인 (adiaphora) 것이라고 주장했다는 것이다. LS58 참조.

도 아니고 필요조건도 아니라는 생각을 스토아 학자들이 가지고 있었다는 것을 시사하는 몇 가지 전거들이 있다.

우선, 크뤼시포스는 예컨대 괴로움을 단순히 나쁨이 현존한다는 믿음으로 정의하는 것이 아니라, 나쁨이 현존한다는 "생생한(prosphatos)" 믿음이라고 정의한다.[21] 괴로움의 정의에 "생생함"이라는 요소가 도입된 이유는, 나쁨이 현존한다는 믿음을 가지고 있는 사람이 모두 영혼의 수축, 혹은 낙담을 경험하는 것이 아니기 때문이다. 사랑하는 사람이 죽어서 괴로워하는 사람도 시간이 지나면 슬픔을 극복하는 법이다. 하지만 그렇다고 해서 반드시 그가 사랑하는 사람이 죽은 것이 그에게 여전히 나쁜 일이라는 (스토아 이론에 따르면 거짓인) 믿음을 가지고 있지 않은 것은 아닐 것이다. 나쁨이 닥쳐왔다는 (거짓인) 믿음을 가지고 있어도 그 믿음이 "생생함"을 잃어버리게 되면, 괴로움이라는 감정은 사라지게 되는 것이다.

따라서 좋음과 나쁨에 대한 거짓인 믿음을 가지고 있다는 것이 감정의 충분조건은 아니라는 것은 크뤼시포스 자신의 감정에 대한 정의에서부터도 따라 나온다. 그러면, 이것이 필요조건은 되는 것일까? 이것이 필요조건도 되지 않는다면, 즉, 감정을 가진다는 것이 좋음과 나쁨에 대해서 거짓인 믿음을 가진다는 것을 함축하지 않는다면, 감정이 없는 상태(apatheia)를 가져야 한다는 주장의 가장 강력한 근거가 혹시 무너지는 것은 아닌가?

이 문제에 대해서 결정적인 대답을 제시해 줄 텍스트적 전거를

---

21) PHP IV.7.4-5. 갈레노스는 여기에서 포세이도니오스를 인용하면서, 포세이도니오스가 크뤼시포스의 정의에 이 "생생함"이라는 요소가 추가된 것에 대해서 비판을 가하고 있다고 보고한다. 이 부분에서의 갈레노스의 포세이도니오스 인용이 직접 인용이 아니며, 갈레노스가 인용을 위해서 참조한 원전자료에서 포세이도니오스는 사실은 "생생함"의 의미가 정확하게 무엇인지를 밝히고 있었을 것이라는 견해에 대해서는 Tieleman(2003), pp.115-118을 참조하라.

찾기는 쉽지 않지만, 감정의 치유와 관련한 키케로의 논의는 이와 관련해서 중요한 시사점을 줄 수 있다. 키케로는 괴로움에 빠진 사람에게 위안을 가져다주는 방법과 관련한 클레안테스와 크뤼시포스의 입장을 비교하면서, 클레안테스는 닥친 일이 정말로 나쁜 일이 아니라는 것을 가르쳐주는 방법을 제시한 데 비해서 크뤼시포스는 그 상황에서 슬퍼하고 있는 것이 옳고 적절한 것이라는 믿음을 제거하는 방법을 제시했다고 보고한다.[22] 그러고 나서 키케로는 소크라테스와의 대화를 통해서 자신의 못남을 자각하고 눈물을 흘리게 되는 알키비아데스의 예를 들면서 클레안테스의 방법보다 크뤼시포스의 방법이 낫다는 주장을 한다. 이 경우, 스토아 학파의 이론에 따라서도, 알키비아데스가 못난 사람이라는 사실이 그에게 정말로 나쁜 일이 아니라는 주장은 할 수 없을 테니, 클레안테스의 방법은 소용이 없고, 눈물을 흘리고 있는 것이 적절한 행동이라는 믿음을 제거하는 크뤼시포스의 방법만이 효과가 있을 수 있다는 것을 지적하는 것이다.[23] 알키비아데스의 눈물의 예가 크뤼시포스 자신이 들었던 예를 키케로가 사용하는 것인지 키케로 자신이 새롭게 든 예인지는 알 수 없다. 하지만 알키비아데스가 눈물을 흘릴 때, 그가 괴로움(lupē)의 감정 중 한 가지를 가지고 있는 것이라고 할 수 있다면, 적어도 어떤 종류의 감정은 좋음과 나쁨에 대한 참인 믿음을 가지고 있으면서도 발생할 수 있는 것이다. 그리고 이 경우, 좋음과 나쁨에 대한 거짓인 믿음을 가지고 있다는 것은 감정의 발생과 관련해서 필요조건도 아닌 것이 될 것이다.

좋음과 나쁨에 대한 믿음이 거짓이라는 것이 감정의 발생에 필요조건도 아니고 충분조건도 아니라면, 최소한 행위/반응 방식의 적절성에 대한 믿음이 거짓이라는 것은 감정의 발생에 필요충분조건이 되어야 하는 것일까? 행위/반응 방식의 적절성에 대한 믿음이 거짓

---

22) Tusc. 3.75-76.
23) Tusc. 3.77-79.

인 경우 감정이 발생한다는 것에 대해서는 의심의 여지가 있을 수 없고, 따라서 이것이 충분조건인 것은 틀림없는 사실이다. 하지만 이것이 필요조건도 되는 것인지에 대해서는 좀 더 생각해 보기로 하자. 우선, 행위/반응 양식이 적절한지 여부에 대한 믿음이 참인 경우, 관련된 좋음과 나쁨에 대한 믿음 역시 참일 수밖에 없다는 것은 지적할 필요가 있다. 좋음과 나쁨에 대한 믿음이 거짓이면서 그에 따른 행위/반응 양식의 적절성에 대한 믿음이 참일 수는 없을 것이기 때문이다. 따라서 행위/반응 양식의 적절성에 대한 믿음이 참이라면 두 종류의 믿음이 모두 참인 것이고, 이 믿음이 거짓인 경우가 감정의 필요조건이 된다는 것을 부정하기 위해서는 관련 믿음이 모두 참인 경우에도 감정이 발생할 수 있다는 것을 인정해야 한다. 이것은 또한 관련 믿음이 모두 참인 경우에도 그 믿음들에 뭔가 문제가 있을 수 있다는 것을 인정해야 한다는 것을 의미한다.[24]

물론 우리에게 알려져 있는 어떠한 텍스트적 전거에도, 관련된 모든 믿음이 참인 경우에도 감정이 있을 수 있다는 것을 직접적으로 시사하는 이야기는 찾을 수 없다. 그런데 흥미로운 사실은, 역으

---

24) Michael Frede(1986)는 감정의 명제적 내용의 참/거짓이 아니라 그 내용을 받아들이는 방식에 문제가 있을 수 있다고 주장한다. 프레데는, 예컨대, 소크라테스의 의사인 친구가 소크라테스가 창백한 것을 보고 두려움을 느낄 때, "소크라테스가 창백하다"라는 것만이 그 친구의 두려움의 명제적 내용일 수 있다고 주장한다. 이 명제가 의사인 그 친구에게 받아들여지는 특정한 방식이 바로 그에게 두려움을 불러일으키는 원인일 수 있다는 것이다. Frede(1986), pp.105-107. 프레데가 제기하는 문제는 흥미로운 것이지만, 지금 우리의 문제와는 성격이 다르다. 그 의사인 친구의 두려움의 명제적 내용이 정확하게 무엇이든, 적어도 그의 두려움은 소크라테스가 아픈 것이 나쁘다는 생각을 최소한 암묵적으로 전제하고 있고, 그것이 결국 그의 두려움의 원천이 되고 있는 것이다. 물론 이때 암묵적으로 전제된 생각은 스토아 이론에 따르면 거짓인 생각이다. 병이나 죽음은 나쁜 것이 아니라 무차별적인 것이기 때문이다. 지금 우리의 문제는, 암묵적이든 명시적이든, 관련된 모든 믿음이 다 참인 경우에도 감정이 있을 수 있는가 하는 것이다.

로, 우리에게 알려져 있는 감정에 대한 정의들 중에 관련 믿음이 거짓이라는 이야기를 명시적으로 하는 곳이 거의 없다는 것이다.[25)] 감정이 비이성적이고 과도한 동기라는 이야기는 반복적으로 등장하고, 또 감정을 제거해야 한다는 이야기도 반복적으로 등장하며, 감정이 믿음이라는 이야기도 반복적으로 등장하는데, 감정이 거짓인 믿음이라는 이야기가 감정의 정의에 명시적으로 등장하지 않는다는 것은, 사실 대단히 특이한 일이라고 할 수 있다. 이쯤 되면, 감정과 관련한 믿음의 문제가, 그것이 거짓이라는 것이 아니라 다른 데에 있을 수 있는 가능성을 한번 모색해 봄직하다.

이와 관련해서 주목할 만한 것은, 네 종류의 감정 분류에 모두 들어가 있는 요소인 믿음을 스토아 학자들이 '약한 동의(imbecilla adsensio, asthenēs sugkatathesis)'라고 한다는 키케로의 보고이다.[26)] 스토아 인식론에서 '약한 동의'는 스토아 현자가 가지는 '강한 동의'와 대비되는 개념이다.[27)] 스토아 학파에 따르면, 바뀔 수 있고 약한 동의가 무지인데, 현자는 어떤 것에 대해서도 약하게 추정하지 않고 안전하고 확고부동한 상태에 있어서 무지가 전혀 없다고 한다.[28)] 스토아 현자가 가지고 있는 앎은 단순히 참일 뿐만 아니라, 참의 근거가 되는 인식(katalēpsis)이 확고부동하게 자리 잡고 있는 것이고, 그러한 상태의 근거가 강한 동의이다. 그리고 이러한 상태인 앎에 이르지 못하는 동의가 약한 동의인 것이다.[29)] 그리고 그렇

25) 감정과 관련해서 거짓인 믿음이 언급된 곳으로는, De Virtute Morali 3.441d와 PHP IV.5.1이 있다. 이들에 대해서는 주 30에서 다시 논의하겠다.

26) Tusc. 4.15.

27) LS41B, 41D, 41G, 41H 등.

28) SVF 3.548.

29) Long은 약한 동의가 실질적으로 참인 믿음에 해당한다고 주장한다. 그는 스토아 학자들이 믿음에 대해서 '참'이라는 술어를 붙이지 않고, 믿음을 거짓된 동의와 약한 동의로 나눈다는 것이다. Long(1986), p.129. 롱이 제시하는 전거는 바로 SVF 3.548인데, 여기에서 스토바이오스는 믿음을 비인식적인 것에 대한 동의와 약한 추정(tēn men akatalēptōi sugkatathesin, tēn de hupolēpsin asthenē)으로 나누고 있다. 하지만, 여기에서 약한 추정, 혹은 약

다면, 앎에 이르지 못하는 참인 믿음의 경우에도 이것은 약한 동의에 포함될 것이다.

감정을 구성하는 믿음이 약한 동의라고 한다면, 스토아 학자들이 감정의 정의를 내리면서 이것이 거짓된 믿음이라는 명시적 표현을 피한 이유를 알 수 있다. 대부분의 감정은 물론 거짓된 믿음으로 구성되어 있을 것이다. 하지만, 감정 중에는 거짓된 믿음이 아니라 참된 믿음이면서도, 그것이 약한 동의에 근거한 믿음이기 때문에 문제가 있는 경우도 있을 수 있을 것이다. 이 경우의 문제는 믿음이 거짓이라는 것 자체가 아니라 거짓에 의해 흔들릴 수 있다는 것에 있을 것이다. 즉, 예컨대 알키비아데스 같은 사람이 자신의 도덕적인 부족함을 자각하고 덕을 갖추는 것이 좋은 일이라는 믿음을 가지고 있다고 해 보자. 더 나아가서 그는 덕을 갖추도록 하는 것이 적절한 일이라는 믿음도 가지고 있다고 해 보자. 이 경우 알키비아데스의 믿음은, 좋음과 나쁨에 대한 믿음이라는 측면에서도, 행동/반응 양식의 적절성에 대한 믿음이라는 측면에서도 참인 믿음일 것이다. 하지만, 여전히 그가 가지고 있는 것이 미래의 좋은 것과 관련한 감성인 욕구(epithumia)에 불과하다는 평가가 가능할 수 있다. 여전히 그의 이러한 생각의 바탕이 되는 것이 사실은 덕을 갖는 것 자체가 아니라 덕이 있다는 명성을 갖는 것이 좋다는 생각일 여지가 있는 것이다. 덕이 있다는 명성을 갖는 것이 좋다는 생각은 명백하게 욕구라는 감정이고, 알키비아데스에게서 덕이 있는 것이 좋다는 생각과 그러한 명성이 좋다는 생각이 명확하게 구별되지 않은 채로 뒤섞여 있다면, 덕이 있다는 것이 좋다는 생각조차도 욕구가 아니라고 이야기하기 어려운 것이다.[30]

한 동의가 참인 믿음에만 국한된다고 볼 필요는 없다. 스토바이오스는 감정의 정의에 등장하는 믿음(doxa)을 약한 추정(asthenēs hupolēpsis)으로 보아야 한다는 보고를 하는데(SVF 3,378), 설사 감정이 참인 믿음을 포함할 수 있다고 하더라도, 감정을 구성하는 약한 추정이 참인 믿음에 국한될 수 없다는 것은 자명해 보인다.

감정이 이성에 불복하고 이성을 거부하는 영혼의 과도한 움직임이라고 할 때, 과도함이나 불복, 혹은 거부에도 정도의 차이를 이야기할 수 있을 것이다. 감정을 구성하는 믿음이 모두 거짓인 경우와 그 중 하나만 거짓인 경우, 둘 모두 참이기는 하지만 약한 동의에 불과한 경우가 상식적인 수준에서 중요한 차이를 낳는 구별일 수 있다. 하지만 스토아 학자들은 이러한 상식적 수준의 구별은 모두 과도함의 정도 차이를 낳는 구별일 따름이고, 궁극적으로 모두 이성의 능력을 온전히 사용하지 못한 부적절한 것이라는 점에서는 차이가 없는 것이라고 생각했을 여지가 충분히 있는 것이다. 물론, 전술했듯이, 스토아 학자들이 (약한 동의로서의) 참인 믿음도 감정에 포함시키고 있는지 여부를 분명하게 결정해 줄 텍스트적 전거는 없다. 하지만 일단 스토아 학파의 전체적인 이론의 틀에서 볼 때, 참인 믿음이 여기에 포함되지 않을 이유가 없어 보인다. 또한, 다음 절에서 논의하게 되겠지만, 감정의 극복과 관련한 그들의 논의에서도, 그들이 (약한 동의로서의) 참인 믿음을 감정에 포함시켰을 것으

30) 주 25에서 이야기했듯이, 플루타르코스의 De Virtute Morali 3.441d와 갈레노스의 PHP IV.5.1에는 감정과 거짓인 믿음을 연관시키고 있다. 이 중 갈레노스는 자신과 동시대의 스토아 학자들이 감정과 관련한 움직임의 원인으로 그릇된 이성(ton hēmartēmenon logon)과 거짓인 믿음(tēn doxan tēn phseudē)을 제시한다고 이야기하고 있고, 플루타르코스는 감정이 못나고 잘못된 판단(phaulēs kai diēmartēmenēs kriseōs)으로부터 나온 악하고 무절제한 이성(logon ponēron kai akolaston)이라고 이야기하고 있다. 이 중 갈레노스의 보고는 감정 자체가 아니라 감정의 원인에 대해서 이야기하고 있는 것이 명백하다. 플루타르코스의 보고도, 엄밀하게 이야기하자면, 거짓인 믿음을 감정 자체를 구성하는 것으로 제시하고 있는 것이 아니라 감정의 비이성적임과 무절제함의 근거로 제시하고 있는 것으로 보인다. 우리가 들고 있는 알키비아데스의 예에서 그의 상태가 욕구라는 감정이라고 한다면, 그러한 이유는 덕이 있는 사람이라는 명성을 갖는 것이 좋다는 거짓된 믿음이 그의 마음속에 도사리고 있기 때문이다. 따라서 이 경우도 그가 덕이 있는 것이 좋다는 생각에 완벽하게, 혹은 강하게 동의하고 있지 못한 이유, 즉 감정 상태에 있는 궁극적인 이유가 거짓인 믿음 때문이라고 할 수 있을 것이다.

로 생각되는 강력한 정황증거들이 있다.

5. 감정의 극복

감정이 비이성적이고 과도한 행위의 동기라고 한다면, 그렇지 않은 동기도 있을 것이다. 예컨대, 두려움이 비이성적인 회피라면 이와 대비되는 이성적인 회피도 있을 테고, 욕망이 비이성적인 추구라면 이와 대비되는 이성적인 추구도 있을 것이다. 이에 더해서, 쾌락이 비이성적인 팽창, 혹은 의기양양함이라면 이와 대비되는 이성적인 팽창도 있을 수 있고, 괴로움이 비성적인 수축, 혹은 낙담이라면 이와 대비되는 이성적인 수축도 있을 수 있으리라고 생각해 볼 수 있다. 스토아 학자들은 이들 중 앞에서부터 세 가지의 존재를 인정하며, 이것들이 바로 본 논문의 서두에서 이야기한 건전한 정서(eupatheiai)들이다. 스토아 학자들은 이성적인 추구(eulogos orexis)를 소망(boulēsis)이라고 하고, 이성적인 회피(eulogos ekklisis)를 조심(eulabeia), 이성적인 팽창(eulogos eparsis)을 기쁨(chara)이라고 한다.[31] 건전한 정서 각각이 미래의 좋음/나쁨과 관련된 것인지, 현재의 좋음/나쁨과 관련된 것인지에 따라, 이들은 다음과 같은 표를 통해 표현될 수 있겠다.[32]

31) DL 7.116, SVF 3.432, Tusc. 4.12-14, De Virtuti Morali 449a. 크뤼시포스 자신이 '건전한 정서(eupatheiai)'라는 표현을 사용했는지는 분명하지 않다. 하지만, 그가 이러한 이론을 가지고 있었던 것은 분명해 보인다. LS(1987), vol. 2, p.407 참조.

32) 스토아 학자들은 이성적인 수축, 혹은 낙담에 해당하는 건전한 정서는 없다고 생각했기 때문에, 감정을 나타내는 표에서 괴로움에 해당하는 칸은 비워져 있다. 이러한 사실이 갖는 함축에 대해서는 조금 후에 논의하겠다.

	좋음	나쁨
미래	소망(boulēsis)	조심(eulabeia)
현재	기쁨(chara)	--

건전한 정서와 관련해서 한 가지 주목할 것은, 스토아 학자들은 건전한 정서를 현자들만 가질 수 있다고 생각했다는 것이다.[33] 다른 말로 하자면, 현자가 아니면 이성적인 추구나 이성적인 회피, 이성적인 팽창, 혹은 득의만면을 경험할 수 없다는 것이다. 이성적인 추구와 비이성적인 추구, 이성적인 회피와 비이성적인 회피, 이성적인 득의만면과 비이성적인 득의만면이 각각의 영역에서 모순적인 개념들이라고 한다면, 현자를 제외한 모든 사람들이 어떤 것을 추구할 때 그것은 비이성적인 추구이고, 어떤 것을 회피할 때 그것은 비이성적인 회피, 어떤 것에 대해서 득의만면할 때 그것은 비이성적인 득의만면일 수밖에 없게 된다.

그리고 이러한 사실은 앞 절에서 논의했던 바, 좋음과 나쁨에 대한 믿음과 행동/반응 양식의 적절성에 대한 믿음이 참인 경우에도 감정이 있을 수 있다는 생각을 강력하게 지지하는 것으로 보인다. 현자와 현자가 아닌 사람들을 구분하는 결정적인 기준은 앎의 소유 여부이다. 이성적인 추구와 회피, 그리고 이성적인 득의만면함이 현자만이 가질 수 있는 상태들이라면, 그 이유는 바로 현자들만이 앎을 가지고 있다는 데에서 찾을 수밖에 없을 것이다. 이것이 가지는 직접적인 함축은 앎을 가지지 않은 행동들은 어떤 것도 이성적일 수 없다는 것이다. 그리고 이러한 함축을 받아들인다면, 앎을 가지지 않은 모든 사람들의 행동은 감정에 기반한 것일 수밖에 없다.[34]

33) Tusc. 4.12-13, 플루타르코스, De Stoicorum Repugnantiis, 1037f-1038a.

34) 이와 관련해서, 사실은 좀 복잡한 문제가 있다. Tad Brennan은 건전한 정서와 감정과는 구분되는 또 다른 행위의 동기가 있다고 주장하고, 스토아 이론에서의 '선택(eklogē)'이 바로 그러한 동기라는 주장을 대단히 설득력 있

건전한 정서가 현자들만이 가질 수 있는 것이라는 사실은, 왜 건전한 정서에 고통에 대응하는 것이 없는지를 설명해 줄 수 있다. 고통에 대응하는 건전한 정서가 있다면, 그것은 이성적인 수축, 혹은 낙담(eulogos sustolē)이 될 것이다. 그리고 그것은 현재의 나쁜 것에 대한 반응일 것이다. 그런데, 스토아 이론에 따르면, 진정으로 좋거나 나쁜 것은 영혼의 상태들밖에 없다. 덕이 있는 상태는 좋은 것이고, 그렇지 못한 상태는 나쁜 것이다. 주 20에서 이야기했듯이, 스토아 학자들은 우리가 흔히 좋은 것이라고 생각하는 것들이나 나쁜 것이라고 생각하는 것들은 모두 실제로는 좋지도 나쁘지도 않은 것이라고 주장한다. 예컨대, 돈이나 건강, 질병이나 가난함 등은 모두 좋음과 나쁨과 관련해서 무차별적인 것(adiaphora)이라고 주장하는 것이다. 그리고 스토아 현자는 이미 덕을 갖추고 있는 사람들로서, 그의 삶에 진정으로 나쁜 것이란 있을 수 없는 것이다. 더구나 스토아 이론에 따르면 전 우주가 신의 섭리에 의해서 움직이고 있기 때문에, 이 세상에 벌어지고 있는 일들 중에 진정으로 나쁜 일은 없다.[35] 따라서 그러한 사실을 인지하고 있는 현자가 현재의 상태가 나쁜 것이라고 생각하고서 낙담할 일은 없는 것이다.

게 제시한다. Brennan(1998), pp.35-39. 또한 키케로의 보고 중에는 감정이 대상으로 하는 것이 단순히 좋음과 나쁨이 아니라 커다란 좋음과 나쁨이라는 보고가 있다(Tusc. 3.23-24.). 만약 키케로의 보고가 사실이라면, 현자가 아닌 사람의 행동 중에도 감정에 기반을 두지 않은 행동이 있을 여지가 얼마든지 있을 것이다. 이 자리에서 이 문제에 대해서 자세히 논의할 수는 없지만, 키케로의 보고나 브레넌의 주장을 받아들이기 위해서는, 이성적인 추구/회피/득의만면이 모두 건전한 정서이며, 현자 외에는 건전한 정서를 가질 수 없다는 것을 부정해야 할 것으로 보인다는 점 정도는 지적해 두기로 하겠다. 그리고 이것이 필자가 브레넌의 주장을 받아들이지 않는 궁극적인 이유이다.

35) 안드로니코스는 건전한 정서의 세부적인 목록들을 일부 전하고 있는데, 그 중에 '만족(euthumia)'은 전 우주가 제대로 돌아가고 있다는 것과 부족함이 없다는 것에 대한 기쁨이라고 한다. 즉, 우주의 운행과 관련해서 현자는 만족감을 느끼지, 그것에 대해서 불만을 갖지 않는다.

결국 감정의 극복이 건전한 정서로 주어질 수밖에 없고, 건전한 정서는 현자에게만 가능한 것이라면, 감정을 극복하기 위해서는 현자가 되는 길밖에 없다. 그런데 스토아 현자가 되기란 지극히 어려운 일이고, 그런 점에서 보통 사람에게 있어서는 이런 길이 열려 있다는 것이 큰 위안이 되는 것은 아닐 것이다. 이런 방식으로 감정을 극복하는 것은 보통 사람에게는 현실적으로 가능하지 않은 일로 보이는 것이다. 그리고 그렇다면, 감정을 극복하라는 요구는 보통사람들에게 너무 지나친 요구가 될 것이다. 하지만 다른 한편으로는, 감정의 극복이 필요한 사람들이 바로 감정 때문에 고통 받고 있는 사람들일 것이다.

스토아 학자들은, 혹은 적어도 크뤼시포스는, 이러한 문제에 대해서 잘 인식하고 있었던 것으로 보인다. 크뤼시포스는 4권으로 이루어진 『감정에 대하여(peri pathōn)』의 4권 전체를 이 문제에 할애하고 있다. 『감정에 대하여』 4권은 『치료학(therapeutikon)』이라는 독립적인 제목을 가지고 있고, 전 4권 중에서 일반 대중에게 가장 잘 알려져 있던 것으로 보인다. 『감정에 대하여』에서 남아있는 직접 인용은 대부분이 여기에서 나온 것이다. 오리게네스의 보고에 따르면, 여기에서 크뤼시포스는 스토아 학파의 이론을 받아들이지 않는 사람들에게도 적용될 수 있는 감정 극복의 방법을 모색한다.[36] 영혼의 상태가 아닌 외적인 것들은 좋은 것도 아니고 나쁜 것도 아닌 무차별적인 것이라는 이론은 스토아 학파의 핵심 이론 중 하나이다. 그리고 궁극적으로는 바로 이러한 생각을 받아들이지 않고서 감정을 극복하는 것이 불가능할 것이다. 앞 절에서 논의한 클레안테스의 고통 치유 방법, 즉 일어난 일이 실제로 나쁜 일이라는 믿음을 제거하는 방법은 바로 이런 식으로 감정을 극복하는 방법이 될 것이다. 크뤼시포스도 감정을 제거하는 궁극적인 방법이 이런 방법이라는 것을 부정할 리가 없다. 하지만, 좋음과 나쁨에 대한 소

36) SVF 3.474.

요학파의 생각이나 에피쿠로스의 생각을 받아들이고 있는 사람에게 이런 방식의 감정 치유가 효과가 없을 것은 물론이고, 당장 지금 심한 고통에 빠져 있는 사람, 예컨대 자기 자식이 죽어서 슬퍼하고 있는 사람에게 자식이 죽은 일이 사실은 나쁜 일이 아니라는 이야기를 해 주는 것은 아무런 도움이 되지 않을 것이다. 역시 앞 절에서 논의한 크뤼시포스의 고통 치유 방법, 즉 그러한 상황에서 슬퍼하는 것이 옳고 적절한 것이라는 믿음을 제거하는 방법은 바로 이러한 현실적인 요소를 고려한 방법으로 보인다. 그리고 이것이 스토아 학파 입장에서 감정 극복의 궁극적인 방법이 될 수는 없다고 하더라도, 결국 궁극적인 감정의 치유를 위한 첫 단계는 되는 것일 것이다.

건전한 정서와 감정의 이분법은 결국 현자와 어리석은 자의 이분법과 같은 근원을 가지고 있는 것이다. 스토아 학자들이, 바다의 표면에서 한 자 떨어져 있으나 오백 길 떨어져 있으나 숨을 못 쉬기는 마찬가지이기 때문에 덕을 향한 진보를 이루고 있는 사람도 어리석은 자이기는 마찬가지라고 주장한다는[37] 것은 잘 알려진 이야기이다. 이 이야기는 한편으로는 현자와 어리석은 자의 이분법을 주장하고 있는 것이지만, 다른 한편으로는 어리석은 자들의 상태가 다 똑같은 것은 아니라는 함축을 분명하게 가지고 있는 것이다. 물밖에 나와서 숨을 쉬기 위해서는 일단 오백 길 떨어진 곳에서 백 길 떨어진 곳으로 올라와야 하고, 백 길 떨어진 곳에서 한 길 떨어진 곳으로, 그리고 다시 한 길 떨어진 곳에서 한 자 떨어진 곳까지 올라와야 한다. 마찬가지로 감정을 극복하기 위해서는 일단 감정을 구성하는 두 종류의 믿음 중 행동/반응 양식에 대한 잘못된 믿음을 버려야 하고, 그 다음에는 좋음과 나쁨에 대한 잘못된 믿음을 버려야 하며, 참된 믿음을 가지게 되었으면 그 참된 믿음이 확고부동함의 성질을 가져서 앎이 되도록 해야 한다.[38]

---

37) SVF 3.539.

물밖에 나오면 자유롭게 숨을 쉴 수 있는 것처럼, 감정을 완전히 버렸을 때 얻게 되는 결과는 기쁨으로 충만한 삶이다. 서론에서 이야기했듯이, 고대에서부터 스토아 현자는 목석같은 사람이라는 비난이 있어왔다. 하지만 스토아 현자는 결코 정서적으로 메마른 사람이 아니다. 세 종류의 건전한 정서의 세부 내용들에는 선의(eunoia), 친절(eumeneia), 관대함(aspasmos), 애정(agapēsis), 즐거움(terpsis), 유쾌함(euphrosunē), 만족(euthumia), 염치(aidōs), 신실함(hagneia) 따위의 것들이 포함되어 있다.[39] 즉, 우리가 흔히 좋은 감정이라고 부를 만한 것들이 대부분 건전한 정서에 포함되어 있다는 것이다. 따라서 스토아 현자는 정서적으로 메마른 사람이 아니라 오히려 부적절한 감정들은 전혀 갖지 않은 상태에서 정서적으로 풍부한 삶을 사는 사람이라고 할 수 있는 것이다.

스토아 학자들이 주장하는 바에 따르면, 우리는 모두 감정을 극복해야 한다. 그리고 이러한 주장은 우리가 이런 저런 감정과 관련되어 있다고 생각하는 느낌들을 모두 극복해야 한다는 주장은 아니다. 우리의 몸이 이러저러한 상태를 겪는 것에 대한 느낌, 예컨대 배고픔이나 갈증, 아픔[40] 따위는 그 자체로 감정이 아니다. 앞에서 계속 이야기했듯이 감정은 행위의 동기인데, 위의 느낌들은 그 자체로는 행위의 동기가 되지 못하기 때문이다. 이러한 느낌들이 감정을 불러일으킬 가능성이 많다는 것을 스토아 학자들이 부정하는 것은 아니다. 그러한 느낌들은 해당 대상을 좋은 것, 혹은 나쁜 것으로 믿도록 만들 가능성이 높다는 것은 스토아 학자들도 인정하는

38) SVF 3.510.

39) SVF 3.432.

40) 스토아 학자들은 이러한 느낌으로서의 고통(ponos)과 감정으로서의 괴로움(lupē)을 구별한다. 따라서 이와 비슷한 구별을 쾌락에 대해서도 하고 있는 것으로 보는 것이 옳을 것이다. 비록 쾌락에 대해서는 양자를 달리 부를 용어가 따로 없어서 모두 그냥 hedonē라고 부르고 있지만 말이다. SVF 3.136 등 참조.

바이다. 하지만, 그렇다고 하더라도 그러한 느낌은 영혼의 동의(sugkatathesis)가 없이는 직접적으로 행동의 원인이 될 수 없고, 그렇게 동의하는 것은 바로 해당 감정을 가지는 것이 된다. 나에게 어떤 일이 닥치는가 또 그에 따라서 어떤 신체적 느낌을 가지게 되는가는, 많은 경우 내가 통제할 수 없는 일이다. 스토아 학자들이 주장하는 바는, 그렇다고 하더라도 그런 일이 좋은 것이라거나 나쁜 것이라고 동의하는 것은 내가 통제할 수 있는 일이라는 것이다. 인간이 이성적인 동물인 한에서, 성인인 인간은 누구나 적어도 원리적으로는 그러한 통제를 가능하게 해 줄 인지적 능력을 가지고 있기 때문이다. 그러한 동의의 거부가 지속적으로 반복될 때, 기쁨으로 충만한 현자의 삶에 이를 수 있게 되는 것이다.

【참고문헌】

1. 원전

(De Virtuti Morali) W.C. Helmbold(trans), *Plutarch's Moralia, vol.6*, Cambridge/London, Harvand Loeb Classical Library, 1939,

(De Stoicorum Repugnantiis) Cherniss, Harold(trans.), *Plutarch's Moralia, vol. 13, part 2*, Cambrigde/London, Harvard Loeb Classical Library, 1976.

(DL) R.D. Hicks(trans.), *Diogenes Laertius' Lives of Eminent Philosophers, vol 2.*, Cambridge/London, Harvard Loeb Classical Library, 1931.

(EK) L. Edelstein and I.G. Kidd(1972), *Posidonius: The Fragments (2nd ed.)*, Cambridge, Cambridge University Press, 1989.

(LS) A.A. Long and D.N. Sedley(eds.), *The Hellenistic Philosophers, 2 vols.*, Cambridge, Cambridge University Press, 1987.

(PHP) De Lacy, Phillip, *Galeni De Placitis Hippocratis et Platonis*, Berlin: Akademie Verlag, 2005.

(SVF) von Arnim, Ioannes(ed.), 1903-1905, Stoicorum Veterum Fragmenta, 4 vols., Leipzig: Teubner.

(Tusc.) J.E. King(trans), *Ciceronis Tusculanae Disputationes*, Cambridge/London, Harvard Loeb Classical Library, 1945.

2. 2차 문헌

손병석, “무정념: 현인에 이르는 스토아적 이상과 실천”, 『철학연구』 80, 2008.

오유석, “logos와 theos - 스토아 학파와 알렉산드리아의 퓔론을 중심으로”, 『기독교철학』 8, 2007.

_____, “스토아 학파에 있어서 진리의 기준”, 『지중해지역연구』 11권 2호, 2009.

이창대, “스토아 윤리학의 인식론적 기초”, 『철학』 62, 2000.

_____, “스토아 윤리학에서 적합한 행위와 옳은 행위”, 『철학』 74, 2003.
이창우, “자연적 성향을 따라서 - 토마스 아퀴나스와 스토아”, 『철학연구』 57, 2002.
_____, “행복, 욕구, 그리고 자아”, 『철학연구』 62, 2003.
_____, “우리에게 달려있는 것 - 에픽테토스의 메시지와 소크라테스”, 『서양고전학연구』 31, 2008.
J. Annas, *Hellenistic Philosophy of Mind*, Berkeley, University of California Press, 1992.
T. Brennan, "The Old Stoic Theory of Emotion", in Sihvola and Engberg-Pedersen (eds.) 1998, 21-70.
J. Brunschwig, and M. C. Nussbaum(eds.), *Passions & Perceptions: studies in Hellenistic philosophy of mind. Proceedings of the Fifth Symposium Hellenisticum*, Cambridge, Cambridge University Press, 1993.
J. Cooper, "Posidonius on Emotions", in Sihvola and Engberg-Pedersen, 1998, 71-112.
_______, "The Emotional LIfe of the Wise", *The Southern Journal of Philosophy vol.43*, 2005.
S. Everson, "Psychology", *Companions to Ancient Thought Vol. 2*, Cambridge, Cambridge University Press, 1991.
M. Frede, "The Stoic Doctrine of the Affections of the Soul", Schofield and Striker 1986, 93-120.
_______, "The Stoic notion of lekton", Everson, 1994, 109-128.
C. Gill, "Did Chrysippus understand Medea?", *Phronesis* 28, 1983, 136-149.
_____, "Did Galen Understand Platonic and Stoic Thinking on Emotion", in Sihvola and Engberg-Pedersen, 1998, 113-148.
M. Graver, *Cicero on the Emotions*, University of Chicago Press, 2002.
________, *Stoicism and Emotion*, University of Chicago Press, 2007.
K. Ierodiakonou(ed.), *Topics in Stoic Philosophy*, Oxford, Clarendon Press, 1999.
B. Inwood, *Ethics and Human Action in Early Stoicism*, Oxford, Clarendon Press, 1985.

S. Knuuttila, *Emotions in Ancient and Medieval Philosophy*, Oxfor, Oxford University Press, 2004.

A. A. Long(ed.), *Problems in Stoicism*, London, Athlone Press, 1971.

______________, *Hellenistic Philosophy. 2nd ed.* London, Duckworth, 1986 (1974). (국문 번역: 『헬레니즘 철학』, 이경직 옮김, 서광사, 2000.)

______________, *From Epicurus to Epictetus*, Oxford, Clarendon Press, 2006.

M. Nussbaum, The Therapy of Desire: Theory and Practice in Hellenistic Ethics, Princeton, NJ: Princeton University Press, 1994.

A.O. Rorty, "The Two Faces of Stoicism: Rousseau and Freud", in Sihvola and Engberg-Pedersen, 1998, 243-270.

F.H. Sandbach, *The Stoics (2nd ed.)*, London, Duckworth, 1989(1975).

M. Schofield and G. Striker(eds.), *The Norms of Nature*, Cambridge, Cambridge University Press, 1986.

J. Sihvola and T. Engberg-Pedersen(eds.), *The Emotions in Hellenistic Philosophy*, Dordrecht, Kluwer Academic Publishers, 1998.

R. Sorabji, "Perceptual content in the Stoics", *Phronesis* 35, 1990. 301-314.

_________, "Chrysippus - Posidonius - Seneca: A High Level Debate on Emotion", in Sihvola and Engberg-Pedersen, 1998, 149-170.

_________, *Emotion and Peace of Mind*, Oxford, Oxford University Press, 2000.

G. Striker, *Essays on Hellenistic Epistemology and Ethics*, Cambridge, Cambridge University Press, 1996.

T. Tieleman, *Galen and Chrysippus on the Soul*, Leiden/New York/Koeln, Brill, 1996.

__________, *Chrysippus' On Affections*, Leiden/Boston, Brill, 2003.

포세이도니오스의 감정론 이해를 위한 시론(試論)

서 영 식

들어가는 말

이 글의 목적은 중기 스토아 학파를 대표하는 철학자 중 한 사람인 포세이도니오스(B.C. 135~B.C. 51)의 감정(pathē) 개념을 전승된 자료(갈레노스의 보고)를 중심으로 고찰하고, 그의 감정이론에 내포된 의미와 가치를 음미해 보는 데 있다.[1]

그동안 고대 그리스철학 연구에서 감정은 이성(logos) 아래에 위

1) 이하에서 소개되는, 포세이도니오스의 감정론에 대한 갈레노스의 보고를 정리하는 과정에서 사용된 텍스트 및 번역서는 다음과 같다. De Lacy, Galen: *De Placitis Hippocratis et Platonis* (On the Doctrines of Hippocrates and Plato), Corpus Medicorum Graecorum, vol. 5 (Berlin: Academy of Sciences, 1978); L. Edelstein & I.G. Kidd, *Posidonius*. I. The Fragments, (Cambridge Uni. Press, 1989) (= EK); Posidonios, *Die Fragmente*, Hg. von W. Theiler [I: Texte, II: Erläuterungen], (Berlin, New York, 1982) (= Th.); I. G. Kidd, *Posidonius*. III. The Translation of the Fragments, (Cambridge Uni. Press, 1999); A. A. Long, *The Hellenistic philosophers*, vol. 1-2. Translations of the principal sources with philosophical commentary, (Cambridge Uni. Press., 1987).

치하며, 올바른 세계이해를 어렵게 만드는 방해물로 폄하되어 온 것이 사실이다. 즉 감정은 기껏해야 주관적인 차원의 희로애락을 반영하며, 따라서 인간의 영혼 안에서 마땅히 근절되어야 할 동물적 수준의 본능일 뿐이라는 것이다. 그렇지만 근래의 심층적인 연구는 이러한 전통적 해석이 고대 그리스 철학자들의 감정이해가 내포한 특성과 실제적인 흐름에 대한 심각한 오해에 기인하였음을 보여주고 있다. 비록 서양 고대 철학자들이 전반적으로 이성에 기초한 합리적 사고의 중요성을 강조한 것은 사실이나, 자기 자신이나 자기 앞에 놓인 사태에 대한 이성적인 판단은 올바른 감정형성과 더불어 비로소 시작될 수 있음을 강조했기 때문이다. 이러한 관점에서 볼 때, 지금까지 철학사에서 거의 무비판적으로 받아들여졌던 이성과 감정의 단순한 분리와 극단적인 대립, 그리고 이에 기초한 이성의 일면적인 우위설정은 지양되어야 한다. 이를 위해서는 먼저 서양문명의 시원인 고대 그리스에서 철학자들이 감정을 어떻게 평가하였으며, 나아가 이성과 감정의 조화를 위해 어떤 노력을 기울였는가에 대한 심층적인 논의가 필요할 것이다.

최근 들어 헬레니즘 시대의 철학, 특히 스토아의 감정이론은 고대철학 연구자들 사이에서 집중적인 탐구의 대상이 되고 있다. 철학사의 상식에 따르면, 스토아에서 감정은 우리 인간의 영혼을 교란시키는 직접적인 원인이며, 따라서 건전하고 행복한 삶을 영위하기 위해서 감정은 영혼으로부터 제거되어야 한다. 즉 훌륭한 삶을 영위하기 위해 가장 필요한 것은 감정으로부터의 무조건적인 해방(apatheia)을 실현하는 일이다. 그런데 우리가 이와 같은 일반적인 이해를 절대적인 것으로 받아들일 경우, 스토아 이론에 내포된 감정의 의미와 기능을 지나치게 부정적인 것으로 평가하게 되며, 결과적으로 스토아 사상 전반에 대한 올바른 이해를 방해하는 요인이 될 수 있다.

이와 같은 관점에서 중기 스토아 학파의 대표적인 철학자 중 한 사람인 포세이도니오스의 감정(pathē) 개념을 전승된 자료들을 중심으로 고찰하고, 그의 감정이론에 내포된 의미와 가치를 검토하는 작업은 나름의 의미를 지닐 수 있을 것이다. 이 글은 다음과 같은 순서로 진행된다. 먼저 포세이도니오스가 속한 스토아 학파 철학의 일반적인 특징과 감정론 이해의 기본구도에 대해 간략히 검토한 후, 포세이도니오스 철학사상의 전반적인 경향을 살펴볼 것이다. 다음으로 포세이도니오스의 감정이론이 어떤 내용으로 구성되어 있으며 그 구체적인 특징은 무엇인지, 전승된 자료(갈레노스의 『히포크라테스와 플라톤의 이론』)를 중심으로 고찰할 것이다.

1. 스토아 학파의 철학사상과 감정론

1) 스토아 학파의 사상적 특징

주지하듯이 스토아 학파는 키프로스(Kypros)섬의 키티온(Kition)지역 출신인 제논(Zenon, BC 335~263)에 의해 기원전 300년경 아테네에서 설립되었다. 그는 아테네에 있는 채색된 주랑(스토아) 근처에서 철학적 사색에 몰두하였는데, 이와 같은 그의 개인적인 행적으로 인해서 그의 학파를 스토아라고 부르게 되었다. 헬레니즘의 대표적인 사조인 에피쿠로스주의, 회의주의, 스토아주의 중에서 스토아주의는 그리스철학의 정신에 가장 가까운 것으로 평가되고 있으며,[2] 동시에 셋 중에서 사실상 가장 큰 영향력을 발휘한 사상으로 꼽힌다. 예컨대 중세 그리스도교의 교부들, 다수의 르네상스와 근대 사상가들은 스토아의 윤리설로부터 지대한 영향을 받은 것으로 알

---

2) 스토아주의는 소크라테스, 플라톤, 아리스토텔레스의 사상적 전통을 이어받은 것으로 평가되고 있다.

려져 있다.3) 이 학파의 주요인물로는 제논, 클레안테스, 크리시포스, 파나이티오스, 포세이도니오스, 세네카, 에픽테토스, 마르쿠스 아우렐리우스 등이 있다.

다른 한편 스토아에 따르면 철학은 크게 세 영역, 즉 논리학, 자연학, 윤리학으로 나뉜다. 철학을 동물에 비유한다면, 뼈와 근육은 논리학이고, 살은 윤리이며, 영혼은 자연학으로 볼 수 있다.4) 그런데 이 세 영역은 서로 불가분의 관계에 있다. 논리학과 자연학에는 근본적으로 윤리적인 측면이 함축되어 있으며, 역으로 윤리적으로 탁월한 혹은 지혜로운 사람이 되고자 한다면 자연학과 논리학에 능통해야 하기 때문이다. 그렇지만 이 세 영역의 공통적인 소재는 '이성적 우주'이다. 우주는 이성적으로 질서 지워져 있으며, 우주에 대한 이성적인 설명 역시 가능하다. 모든 인간은 우주의 본성을 자신 안에 포함하고 있는데, 이는 인간이 갖추고 있는 생각하고 말할 수 있는 능력, 즉 로고스를 통해서 확인 가능하다. 결국 우주의 사건과 인간의 행위는 하나의 동일한 원리인 로고스를 통해 이루어진 것이며, 이처럼 우주 자연과 인간 양자는 이성적인 행위자라는 점

3) 특히 키케로, 세네카, 에픽테토스, 마르쿠스 아우렐리우스 등이 제시한 윤리설이 널리 퍼졌다. 대중적인 어법에서도 스토아는 역경에 직면해서 이를 극복하는 정신적인 엄격함을 암시하고 있다. 스토아 철학자들은 문학에도 큰 관심을 두었는데, 서양 문화에서 처음으로 문법을 엄격한 토대 위에 세웠고, 후대에 윤리적 사고뿐 아니라 지적 사고에서도 영향을 주었다. 근세철학자들 중에서는 특히 칸트가 스토아 윤리설의 영향을 받은 것으로 알려져 있다.

4) 스토아에서 기본적인 두 가지 개념은 로고스(logos)와 퓌시스(physis)이다. 스토아에 따르면 로고스는 전체로서의 자연을 알려준다. 즉 한편으로 언어와 행위, 다른 한편으로 자연적 사건의 발생이 서로 완전하게 상응하는 방향으로 나아간다. 이에 대해 인간에게 실재하는 본성, 즉 인간의 퓌시스는 합리적이다. 그런데 인간에게 있어서 말과 행동의 합리성은 자연과 일치하려 할 때 그 탁월함(arete)이 보장된다. 이 상태는 단순한 합리성을 넘어서는 단계로서 현명함으로 불릴 수 있을 것이다. 자연의 사건은 인과적으로 서로 연결되어 있으며, 사람은 자연 또는 신과 전적으로 일치되는 삶을 계획할 수 있다.

을 통해서 서로 연결된다.[5)]

2) 스토아 학파의 감정에 대한 이해

고대 그리스철학에서 최초로 감정에 대한 체계적인 입장을 제시한 것은 스토아 학파로 보아도 무방할 것이다. 스토아 학자들은 pathē를 감정을 지칭하는 용어로 사용하였으며, 이와 더불어 감정에 대한 나름의 체계적인 입장을 제시하고 있기 때문이다. 그런데 스토아의 감정 이론은 감정에 대한 일반적인 이해와 상당한 거리가 있는 것으로 보이며, 이로 인해 적지 않은 비판을 받기도 한다. 어쨌든 스토아 학파의 감정 이론은 이후 고대 그리스 철학사에 등장하는 감정과 관련된 논의에서 일종의 구심점 역할을 한 것으로 볼 수 있는데, 이 학파 사람들은 감정을 논할 때 발생하는 해석상의 난제들을 체계적으로 소개함으로써 자신들의 감정론이 해결해야 할 문제가 무엇인지를 정리하고 있기 때문이다. 그런데 스토아의 감정론은 선대 철학자들, 특히 플라톤과 아리스토텔레스의 감정에 대한 견해와 연관되어 있다. 스토아 학자들의 입장은 이들에 대한 비판과 더불어 등장하였기 때문이다. 스토아에 따르면 감정은 인간의 영혼을 교란시키는 직접적인 원인이 되는바, 행복한 삶을 영위하기

5) "스토아 철학자는 우주를 이성적으로 설명할 수 있으며, 우주 자체가 이성적으로 질서 지워진 구조라고 확신했다. 사람이 생각하고 계획하고 말할 수 있게 해주는, 사람 안에 있는 능력(logos)이 말 그대로 우주 전체를 구현했다. 그의 본성(nature)의 본질에 있어서 인간 개인은 우주적 의미의 자연(Nature)에 속하는 성질을 함께 지닌다. 그리고 우주적 자연은 존재하는 것을 모두 포함하기 때문에, 정확하고 포괄적인 의미에서 볼 때 인간 개인은 세계의 한 부분이다. 그러므로 우주의 사건과 인간의 행위는 서로 전혀 다른 두 가지 질서에 따르는 것이 아니다. 둘은 모두 똑같이 하나인 것, 즉 로고스에서 나온 결과이다. 달리 표현하자면, 우주적 자연 또는 신과 사람은 존재의 본질이 이성적 행위자라는 점에 있어서 서로 연결된다." A. A. 롱(2000), p.207.

위해서는 우선 감정이 영혼으로부터 제거되어야 한다. 감정적인 판단이나 행동은 자연과 이성이 제공하는 규범들로부터 일탈한 것이며, 따라서 훌륭한 삶을 영위하기 위해 가장 중요한 것은 감정으로부터의 무조건적인 해방이다. 스토아에서는 이성적인 능력을 최대한 발휘하는 것이 현자가 되는 길이다. 그런데 감정에 빠진 사람은 행위와 믿음의 합당하고 이성적인 근거를 발견하지 못하고, 오히려 그 근거내지 원인을 해명하려는 시도 자체를 거부하고 있다. 따라서 스토아에 따르면 감정은 이성을 거부하는 영혼의 움직임으로 규정된다.6)

2. 포세이도니오스 - 인물과 사상적 특징

1) 인물

포세이도니오스는 시리아의 오론테스(Orontēs)에 있던 고대도시 아파메이아(Apameia) 출신인데, 이 지방은 그리스 문화의 영향 아래 있었으며 포세이도니오스 자신은 그리스인이었다. 청년 시절 아테

---

6) 스토아에 따르면 감정은 믿음이다. 그런데 감정은 거짓된 믿음에 기초한다. 스토아학자들은 모든 종류의 감정이 행위의 동기(hormai)를 제공하는 것이라고 생각하였다. 감정이 행위의 동기가 된다는 것은, 감정은 일종의 믿음이기 때문에 행위의 동기라는 점을 함축한다. 여기서 믿음은 '어떤 것이 좋다 혹은 나쁘다'라고 판단하는 믿음과 '어떤 행위를 해야 한다'는 믿음으로 나뉜다. 나아가서 행위의 동기가 어떤 것을 행해야 한다는 믿음에 근거하고 감정이 행위의 동기가 된다는 사실로부터, 감정이 어떤 것을 행해야 한다는 믿음에 근거한다는 점이 도출된다. 그런데 감정이 거짓된 믿음에 기초한다고 할 때, 그것은 그와 같은 믿음의 내용이 '좋다, 나쁘다'는 것에 대한 것이다. 믿음의 측면에서 감정이 거짓된 믿음이라면, 행위의 동기의 측면에서 감정은 비이성적인 행위의 동기가 된다. 이처럼 스토아의 관점에서 볼 때, 감정은 이성에 대한 명백한 거부이다. 이와 관련해서는 이 책에 게재된 강성훈, "스토아 감정 이론에서 감정의 극복"의 상세한 논의를 참조.

네로 유학한 그는 당시 스토아 학파의 지도자였던 파나이티오스(Panaitios, B.C. 185~109)의 문하에서 수학한 후, 스토아 학파의 일원이 되었다. 스승의 사후 그는 로도스(Rhodos) 지방에 정착하여 시민권을 획득하고 철학을 가르쳤으며, 한 동안 당시 세계문명의 중심지였던 지중해 전역을 여행하면서 다양한 풍속과 환경, 그리고 자연현상을 관찰하고 기록하였다. 이후 포세이도니오스는 로도스에 거주하면서 단지 은둔적 현자로 머물러 있지 않았으며 매우 정력적으로 다양한 활동에 참여했는데, 그 중에는 정치와 행정임무가 결합된 일종의 치안판사 역할과 로마대사 역할도 포함된다.

롱(Anthony A. Long)에 따르면, 포세이도니오스는 "스토아 철학자이자 플라톤주의 철학자이며, 합리주의 철학자이면서 신비주의 철학자이고, 피상적이면서도 핵심을 꿰뚫는 사람이며, 반동적이면서도 독창적인 사람"7)으로 불렸다. 나아가 포세이도니오스는 다양한 학문분야(철학, 문학, 자연학, 의학, 역사, 지리학, 천문학, 해양학 등)에 관심을 보였으며, 현실정치에도 참여함으로써 나름의 명성과 영향력을 지녔던 바, 일면적으로 규정하기는 어려운 인물로 평가되고 있다.

2) 포세이도니오스 철학의 경향과 특징

포세도니오스는 세계의 모든 영역을 스스로의 힘으로 이해하고자 하였으며, 이를 위해 각 영역의 세밀한 부분에 대해서 주의와 관심을 기울였다. 그에 따르면 우주 안의 모든 것들은 서로 연결되어 있는 바, 한 부분에 대한 통찰은 전체에 대한 이해와 통찰에 기여하며 그 역도 마찬가지이다. 철학자는 철학뿐만 아니라 여타의 학문들을 포함해서 세상사에 관해 소홀해서는 안 되는데, 이 모든 것은 세계의 부분을 형성하며 따라서 세상과 삶을 제대로 이해하기

7) 앤소니 A. 롱(2000), p.379.

위한 과정이기 때문이다.

포세이도니오스에 따르면 철학은 모든 학문 영역 중에서 의심의 여지없이 지도적인 위치를 차지한다.[8] 그는 철학 영역을 당시의 일반적인 구분에 따라 철학(형이상학과 신학 포함), 논리학, 도덕철학으로 분류하였으며, 이들은 서로 연관관계를 형성하지만, 다른 한편 독립적이며 고유한 내용을 구성하는 것으로 평가하였다. 전통적으로 스토아 학파에서는 철학을 구분함에 있어, 윤리학은 과일, 자연철학은 나무, 논리학은 울타리에 비유하였는데, 이에 반해 포세이도니오스는 철학을 살아있는 생물 내지는 유기체로 간주하였다. 즉 윤리학은 영혼, 논리학은 뼈와 근육, 자연철학은 피와 살에 비유한 것이다.(F88EK) 그런데 이러한 견해는 스토아의 우주론과 잘 조화되는 측면이 있다. 스토아의 우주론에 따르면, 우주는 유기적으로 단일하고 또한 물질적인 존재이며 인간 존재는 그 안에서 밀접히 연결된 한 부분을 형성한다. 따라서 인간의 도덕적 행위의 철학적 목표는 우주 전체에 대한 탐구에 의존하고 있으며, 나아가 도덕철학은 자연철학과 유기적으로 연결되어 있다.[9]

포세이도니오스에 따르면, 자연을 탐구하는 분과학문들은 탐구과정에서 철학과 나름의 유사성을 내포하고 있지만, 오직 철학만이 사물의 근원 및 그것의 최종근거에 대하여 명확한 설명을 제공할 수 있다는 점에서 전자와 구별된다. 이처럼 분과학문들은 대상의 궁극적인 원인을 발견하고 설명하는 능력을 결여한다는 점에서, 포

---

8) 포세이도니오스 사상의 특징에 관한 논의는 Kidd(1999), pp.12-22 참조.

9) 포세이도니오스는 플라톤이나 아리스토텔레스 같은 고대사상가들의 영향을 많이 받았지만, 중요한 철학적 이슈들에 있어서는 정통 스토아사상의 틀을 고수하였다. 예컨대 그는 자연학뿐만 아니라 윤리학의 영역에서도 결정론적인 관점을 견지하였고, 스토아의 고유한 윤리적 판단인 "선한 것만이 아름답다(monon to kalon agathon)"는 명제를 옹호하였으며, "덕의 자기충족성(the self-sufficiency of virtue)"에 대해 확신을 가지고 있었다. 이하에서 소개되는, 포세이도니오스가 생각한 철학의 의미, 분과학문들과의 관계 등에 대한 상세한 논의는 다음을 참고. Roskam(2005), pp.49-60.

세이도니오스는 나머지 학문들은 철학의 도구역할에 만족해야 한다는 입장을 취했다. 그렇지만 그는 철학과 분과학문들이 서로 상보적임을 밝히고, 양자가 서로 지속적인 관계를 유지해야 함의 필요성을 다양한 분과학문들에 대한 직접적인 탐구를 통해 보여준다.

사실의 관찰을 중시했던 포세이도니오스의 학문적 경향은 흔히 아리스토텔레스의 그것과 비교되곤 한다. 주지하듯이 아리스토텔레스는 "원인에 대한 지식"을 학문의 기초로 여기고, 실제적인 자료를 수집하고 분류하는데 많은 시간을 할애했는데, 포세이도니오스는 자신의 탐구활동을 아리스토텔레스의 학문적 구상 및 탐구방법에 맞추어 진행하였던 것이다. 그런데 이것은 일반적으로 원인을 감추는 경향이 있는 스토아 학파의 학문방식과는 거리가 있었고, 따라서 이론이 사실에 맞는지 살펴보고 확인해야 한다는 원칙을 지녔던 포세이도니오스는, 자신의 학문원리와 맞지 않는다고 판단될 경우 정통 스토아 이론도 과감히 거부한 것으로 알려져 있다.[10] 포세이도니오스가 본고의 주제인, 감정의 발생 및 특성과 관련해서 당시 정통으로 인식되었던 크뤼시포스를 비판하고 나름의 합리적인 대안을 제시한 사실 역시, 자신의 학문원칙을 고수하려 했던 그의 태도를 드러내는 한 가지 예로 볼 수 있을 것이다.[11]

3. 포세이도니오스의 감정론

포세이도니오스에 따르면, 도덕철학의 다양한 문제들, 예컨대 선

---

10) 앤소니 A. 롱(2000), p.381 f.

11) 포세이도니오스의 학문적 특성과 관련해서 키드(I. G. Kidd)는 다음과 같이 서술하고 있다. "The outstanding feature of Posidonius' philosophy is the attempt to integrate the complete field of the human intellect and the universe in which it finds itself into a rational system for the explanation of and canon for human behaviour." Kidd(1999), p.5.

과 악, 인생의 목적, 덕과 관련된 시험 등은 모두 감정의 올바른 시험 여부와 밀접하게 관련되어 있다.(F30EK) 그는 이 문제들을 주제적으로 다룬 작품 『감정론』(peri pathōn)을 저술한 것으로 알려져 있으나, 이 텍스트는 온전한 형태로 전승되지 않고 있다. 따라서 우리가 포세이도니오스의 감정론에 대해 논하기 위해서는, 그의 이론을 접하고 그 중 일부를 단편적인 형태로 전하였던 후대인들의 보고에 의존할 수밖에 없다. 그의 감정론에 대한 직간접적인 보고들 중에서 가장 내용이 풍부하고 오늘날에도 연구자들 사이에서 끊임없이 논의의 대상이 되는 것은, 히포크라테스와 더불어 고대 서양의학을 대표하는 인물로 통하는 갈레노스(Claudius Galenus, A.D. 129-199)가 자신의 저술 『히포크라테스와 플라톤의 이론(*De Placitis Hippocratis et Platonis*)』에서 소개한 내용들이다. 갈레노스는 당대 최고의 의사인 동시에 플라톤의 아카데미 학파, 아리스토텔레스의 리케이온 학파, 스토아 학파, 그리고 에피쿠로스학파 등의 이론에 정통한 철학자였으며, 다양한 주제를 대상으로 많은 철학저술을 집필하였다.

감정이론과 관련해서 갈레노스는 특히 플라톤의 영혼삼분설을 수용하였으며, 이 관점에서 감정과 관련된 선배학자들의 이론을 해석하고 평가하였다. 포세이도니오스의 감정론에 대한 그의 보고 역시 동일선상에 놓인 것으로 볼 수 있다. 그는 포세이도니오스가 플라톤의 영혼 삼분설을 받아들여, 영혼 안에는 이성적인 것 이외에도 욕구적인 것과 기개적인 것이 존재하며 이들은 각각 독자적인 기능을 수행하는 것으로, 즉 이성과 이성의 판단 이외에 비이성적인 기능들이 영혼 안에 존재하는 것으로 생각했다고 보고하였다. 나아가 갈레노스는 포세이도니오스를 자신의 이론적 동조자로 이해하며 영혼의 삼분설 입장을 정당화하는 과정에서, 초기 스토아 학파의 핵심 인물이며 스토아철학을 이론적으로 체계화한 크뤼시포스(Chrysippos, B.C. 281~?)의 감정론을 강하게 비판하고 있다.

이러한 갈레노스의 해석은 오늘날 연구자들 사이에서 상당한 논란거리가 되고 있다. 그의 해석을 타당한 것으로 수용할 경우, 포세이도니오스는 감정과 관련된 스토아 학파의 일반적인 입장과 전혀 다른 태도를 취한 것으로 보아야 하기 때문이다. 주지하듯이, 플라톤이나 아리스토텔레스에서와 달리 스토아 학파에서는 비이성적인 영혼의 부분이 존재한다는 점이 부정되고 있다. 즉 인간의 영혼 안에 등장하는 모든 심적인 현상들(지각, 믿음, 욕구 etc.)은 오직 하나의 지배원리(hēgemonikon)인 이성에 의해 진행되며, 이 지도적인 원리로부터 독립적으로 존재하는 영혼의 상태란 생각하기 어렵다. 우리 인간에 의해 내려지는 모든 종류의 선택과 판단, 좋은 것을 추구하고 나쁜 것을 거부하는 태도 등은 '영혼 전체의 통일적인 행위'인 바, 영혼 내부에서 한 부분은 무언가를 원하지만 다른 한 부분은 원하지 않거나 다른 것을 원하며 서로 대립하는 경우는 있을 수 없다는 것이다. 이처럼 영혼과 관련된 정통 스토아 학파의 입장과, 갈레노스에 의해 소개된 영혼삼분설의 동조자의 모습을 띤 포세이도니오스 사이에는 외견상 큰 괴리가 존재하는 것으로 보인다. 이하에서는 먼저 갈레노스의 보고를 소개하고, 그의 해석의 타당성에 대한 현대 해석자들의 견해를 검토하는 방식으로 포세이도니오스 감정론의 내용과 의미를 살펴볼 것이다.[12)]

1) 갈레노스의 보고

근래 들어 G. Roskam이 평가한 바 있듯이, 포세이도니오스의 감정론은 실천적인 조언이나 도덕적인 설교를 위해 준비된 것이라기보다는, 주로 제자들을 대상으로 한 강의에 사용된 이론적 내용을

---

12) 갈레노스의 해석을 수용하는 입장으로는 Sorabji(1998과 2000), pp.93-132와 Price(1995), pp.175-178 등이 있으며, 이에 반해 갈레노스가 크뤼시포스뿐만 아니라 포세이도니오스조차 오해하고 있다는 비판적 입장은 Cooper(1998), Tieleman(2003), pp.198-287, Gill(2005), Roskam(2005), pp.49-60 등이 제시하였다. 이와 관련된 다양한 해석들은 Graver(2007), pp.75-87 참고.

바탕으로 구성된 것으로 보인다.[13] 갈레노스의 보고에 따르면, 포세이도니오스는 자신의 감정론을 전개하는 과정에서, 감정의 발생 및 성격에 관한 크뤼시포스의 입장을 정리한 후 그것을 다시 체계적으로 비판하였다. 나아가 그는 크뤼시포스를 따를 경우 대답하기 어려운 문제들도 자신의 고유한 입장을 통해 해결될 수 있음을 주장하였다.

갈레노스에 따르면, 크뤼시포스는 감정을 '지나친 충동'으로 간주하였다. 그의 감정론은 이성주의적인 것으로 평가될 수 있는데, 충동이나 욕구는 이성에 의해 야기되는 일종의 '잘못된 판단'이기 때문이다. 크뤼시포스는, 우리가 일반적으로 비이성적인 것으로 간주하는 외견상의 무절제한 충동적 움직임조차도 사실은 이성과의 일치 속에서 발생하는 것이라고 주장한다. '충동의 과잉'이란, 사람이 무엇인가를 의욕적으로 추구하는 데 있어서 자연스럽고 알맞은 비율을 넘어서는 상태이다. 크뤼시포스가 제시한 예에 따르면, 걷기에서는 충동과 행위가 서로 비례하고 조화를 이루는데 반하여, 달리는 경우에는 움직임이 충동을 극대화시키고 행위주체가 원할 경우에도 곧바로 행동이 순종적인 형태로 전환되지 않는다. 본래 자연적인 충동의 비율은 이성과 일치하는 것이며, 오직 이성이 올바로 생각하고 판단하는 경우에만 제대로 작동하게 된다. 이처럼 영혼 안에서 충동이 이성적인 비율을 넘어서는 경우 문제가 발생한다.[14] 크뤼시포스는 영혼의 욕구적인 부분과 이성적인 부분이 서로 다르다는 점, 즉 감정과 이성의 구별을 부인하였으며, 심지어 오직 욕망과 경쟁에 의해 좌우되는 비이성적인 동물들에서도 욕구적인 부분

---

13) Roskam(2005), p.52.

14) 그런데 스토아철학 체계 안에서 이성 자체는 왜곡되거나 타락할 수 없으며, 극단적인 충동이나 감정을 유발시키며 자신의 한계를 넘어서는 경우가 없기에, 잘못된 판단이 보여주는 이성의 타락이 어디에서 유래하는지 설명하기가 쉽지 않다. 따라서 크뤼시포스는 이성이 왜곡되는 근원은 밖에서 유래하는 거대한 인상이나 힘과 같은 것이라고 주장하기도 하였다.

을 제거해야 한다고 주장함으로써 감정의 존재와 역할을 극단적으로 부정하였던 것이다.

(1) 영혼의 구성과 기능에 관한 논의

영혼은 단일한 능력을 지니며 단일구조로 되어 있다는 크뤼시포스의 주장에 대해, 갈레노스는 포세이도니오스가 다음과 같은 비판을 제시하는 것으로 소개한다. 플라톤의 영향을 받은 포세이도니오스는, 영혼은 하나의 이성적인 능력과 두 개의 비이성적인 능력(욕구적인 것과 기개적인 것)을 지니고 있는 것으로 보았다.[15] 이와 더불어 그는 이성과 욕구를 서로 별개의 것으로 간주한다. 그가 플라톤을 따라 욕구적인 것이라고 지칭한 감정은, 일반적으로 비이성적이며 극단적인 충동으로 간주되는 바, 항상 자연(physis)에 반하여 발생하며 이성적인 판단작용 없이 비합리적으로 좌지우지되는 것이다.[16]

나아가서 갈레노스의 보고에 따르면, 우리가 겪는 다양한 마음의 상태, 즉 감정들은 영혼의 세 가지 기능과 직접적으로 관련되어 있다. 예컨대 쾌락은 영혼의 욕구적인 부분과 관련되고, 성공을 향한 힘과 의지는 기개적인 부분과 관련되며, 정직과 같은 도덕적인 선은 이성적인 부분과 관련된다.[17] 이에 반해 에피쿠로스는 오직 욕

---

15) 이와 관련하여 포세이도니오스는 '두 마리의 마차를 이끄는 마부의 비유'(『파이드로스』편 246a ff.)를 인용하였지만, 그렇다고 해서 그가 플라톤처럼 영혼을 부분들의 결합체로 본 것은 아니다.

16) 따라서 감정이 병이 되는 상황은, 자신의 대상을 자연에 반하여 극단에로 몰고 갈 때 발생하게 된다.

17) 포세이도니오스에 따르면, 이 세 부분들 중에서 도덕적인 차원에서 절대적으로 선한 것은 오직 이성적인 가치를 지향하는 경우뿐이다. 특정한 대상을 향한 쾌락이나 자신의 주변으로 뻗고자 하는 힘은 우리 영혼 안의 '동물적인 측면'이 지닌 목표인데 반하여, 지혜를 포함하여 모든 선하고 도덕적인 것은 영혼의 이성적이며 '신적인 측면'이 추구하는 목표이기 때문이다.

구적인 부분만을, 크뤼시포스는 단지 이성적인 부분만을 인정하였다는 점에서 비판받아 마땅하다. 특히 크뤼시포스는 욕구와 기개를 무시함으로써, 악의 근원을 명확히 설명하지 못하고 있다.

포세이도니오스는 크뤼시포스에게 다음과 같은 질문들을 던진다. 우리가 종종 겪게 되는 극단적인 충동의 원인은 무엇인가? 또한 왜 어린아이는 나쁜 행동을 하는가? 크뤼시포스가 고수하는 스토아 체계 안에서 이성 자체는 왜곡되거나 타락할 수 없는 것이며, 극단적인 충동이나 감정을 유발시키며 자신의 한계를 넘어서는 경우가 없기 때문에, 잘못된 판단이 보여주는 이성의 타락이 어디에서 유래하는지 설명하기란 쉽지 않다.(F169EK) 이 문제를 해결하기 위해 크뤼시포스는 이성이 왜곡되는 근원은 밖에서 유래하는 거대한 인상이나 힘과 같은 것이라고 주장하였다. 이에 대해 포세이도니오스는, "이성은 자신의 권한과 범위를 넘어설 수 없다. 따라서 이성과는 다른 기능을 지닌 어떤 것이 충동으로 하여금 이성의 한계를 넘어서도록 만든다. 마치 달리는 사람이 자신의 몸을 스스로 조절하고 선택적으로 행동할 수 없도록 만드는 원인은 비이성적이듯이"라고 말한다.(F83EK) 이처럼 포세이도니오스는 인간의 악행이나 극단적인 충동이 단지 외부의 영향에 기인한다는 크뤼시포스의 설명을 거부하고, 악의 근원을 인간의 영혼 안에서 찾고자 하였다. 우리 인간에게는 쾌락과 세속적인 성공을 지향하는 '본성적인 애정(욕구)'이 있는데, 이러한 애정은 인간이 덕과 지식에 대해 느끼는 또 다른 '본성적인 애정(이성)'과 경쟁하게 된다. 이처럼 사람의 본성에 나타나는 비이성적 측면이 감정의 원인이 되는 바, 우리가 자신의 목적을 성취하고자 한다면 반드시 감정을 이성에 종속시켜야 한다. 이를 두고 갈레노스는 포세이도니오스가 크뤼시포스 이론의 문제점을 정확히 파악하고 나름의 효과적인 해결책을 제시한 것으로 평가하였다.[18)]

18) 나아가 갈레노스는 포세이도니오스가 본 크뤼시포스의 오류로 다음을 추가

포세이도니오스에 따르면, 영혼 안에 나타나는 충동은 때때로 이성적인 부분의 판단에 의해 발생하기도 하지만, 대부분의 경우는 감정적인 부분이 작동한 결과이다. 그는 자신의 생각을 관상학적 연구와 연결시켰으며, 나아가 한 개인을 둘러싼 다양한 환경적인 요소 역시 그의 성격 형성에 영향을 미친다는 점을 강조하였다. 즉 영혼의 감정적인 운동은 특정한 환경 안에서의 요소들의 혼합에 의해 형성되고 변화를 경험하는 육체의 기질을 따르기 때문이다. 이러한 학문적 입장은 아리스토텔레스도 이미 지적한 바, 골상, 기후나 환경과 기질의 상관성을 보여주는 것인데, 크뤼시포스는 이러한 사항들에 대해 제대로 이해하지 못하고 있다는 것이다.

다른 한편 포세이도니오스는, 감정은 욕구와 경쟁, 혹은 욕구적인 것과 기개적인 것에서 유발된다는 점을 보여줄 뿐 아니라, 왜 비록 어떤 것이 나쁘다는 점에 대한 의견이나 판단이 지속되더라도 감정은 그것을 지녔던 사람의 영혼 속에서 얼마 후에는 사라져 버리는가를 밝히고 있다. 영혼의 감정적인 기능은 자신에게 알맞은 욕망의 대상을 추구한다. 그런데 이 감정적인 부분에는 자신의 크기, 즉 충족되기 위해 요구되는 양이 있고, 그것이 채워질 경우에는 자신의 감정적이며 충동을 그릇된 길로 인도하기도 하는 운동을 중지하게 된다. 크뤼시포스의 주장과 달리, 감정이 멈추는 것은 아무런 이유 없이 우연히 일어나는 것이 아니다.[19]

(2) 육체와 영혼 - 건강과 질병의 비유에 관한 논의

적으로 언급한다. 크뤼시포스는 영혼의 기능은 단일하다고 말하면서도 복수의 지식과 덕들이 존재한다고 주장하였다. 그러나 마치 단일한 사물이 완벽한 복수의 상태를 갖는 것이 불가능하듯이, 단일한 기능이 다양한 덕들을 가지는 것은 불가능하다.

19) 기질 내지 습성과 시간이 감정적인 운동에 가장 큰 영향을 준다. 영혼의 비이성적인 기능은 자신을 천천히 스스로 그 안에 자리 잡은 기질에 맞추기 때문이다.

갈레노스에 따르면[20], 크뤼시포스는 평범한 사람(ho paulos)의 상태와 관련해서 일종의 의학적인 비유를 시도하였다. 즉 한편으로는 영혼과 육체의 건강을 서로 비교하였고, 다른 한편으로는 영혼의 병과 질병이 걸리기 쉬운 육체의 상태를 서로 비교하였다. 그는 평범한 사람의 영혼은 여러 질병들에 걸리기 쉬운 육체와 비교될 수 있다고 보았던 것이다. 이에 반해 포세이도니오스는 평범한 사람의 영혼은, 아무런 제약 없이 건강한 육체에 비교될 수 있는 것으로 간주하였다. 이 과정에서 그는 크뤼시포스에 대해 다음과 같은 비판을 제기한다.

첫 번째, 외부에서 찾은 병의 원인은 그것이 어떤 크기와 힘을 지녔더라도 무의미하다. 열의 원인이 크거나 작음은 그것에 의한 영향과 관련해서 별다른 차이를 갖지 않기 때문이다. 오히려 중요한 차이는 육체의 상태에 달려 있다. 어떤 육체는 매우 빨리 병에 걸리고, 다른 육체는 더디게 걸린다. 이 점은 원인이 외적인 요인들에서 찾아져서는 아니 됨을 함축하는 바, 이들은 기껏해야 제한적이며 미미한 영향력을 행사할 뿐이기 때문이다. 진정한 의미에서 '악의 씨'는 우리 자신 안에 들어 있는 것이다. 두 번째, 크뤼시포스는 평범한 사람의 영혼은 오직 병든 상태의 육체와 비교되어야 한다고 주장하였으나, 포세이도니오스에 따르면, 영혼과 육체의 건강이나 질병을 직접 비교하는 것은 온당하지 않다.[21]

---

20) *De Placitis Hippocratis et Platonis*, V, 294, 33-36과 296, 1-3. (= F163EK 및 F413Th.)

21) 이와 관련해서 가능한 경우들은 다음처럼 구분하여 재구성해 볼 수 있다.
경우 1 : 현자의 건강한 영혼과 건강한 육체 사이의 비유. 이 비유는 사실상 불가능한데, 왜냐하면 현자의 영혼은 충동에 면역된 반면에, 질병에 면역된 육체는 존재하지 않기 때문이다. 즉 현자의 건강한 영혼과 직접 비교될 수 있는 육체 상태는 존재하지 않는다.
경우 2 : 현자의 아픈 영혼과 아픈 육체 사이의 비유. 이런 경우는 정의상 불가능한데, 현자는 정의상 아픈 영혼을 가질 수 없기 때문이다.
경우 3 : 평범한 사람의 아픈 영혼과 아픈 상태 사이의 비유. 포세이도니오스는, 이 경우에 병이 정확히 무엇을 의미하는지는 분명하지 않지만, 이 정

여기서 크뤼시포스는 질병을 두 가지 의미로 사용하였다. 첫 번째는 질병에 걸려 이미 아픈 상태, 즉 평범한 사람이 충동에 굴복한 상태이다. 두 번째는 질병에 걸리기 쉽지만 충동에 직접적으로 영향받지 않고 단지 잠재성을 지닌 상태이다. 이에 반해서 포세이도니오스는 위에서 언급된 크뤼시포스의 두 가지 경우를 구분한다. 그에 따르면 첫 번째는 분명히 질병에 빠진 상태이다. 그렇지만 두 번째 경우는 질병에 걸리기 쉬운 건강한 상태(euemptōsia)이다. 즉 euemptōsia는 크뤼시포스의 관점에서는 이미 아픈 상태이지만, 포세이도니오스는 이를 여전히 건강한 상태로 간주한다. 즉 크뤼시포스와 달리, 포세이도니오스가 보기에 평범한 사람은 극단적인 충동에 빠지지 않으면 건강한 상태에 있을 수 있는 것이다. 이 논의는 감정과 관련된 포세이도니오스의 견해가 좀 더 상식과 경험을 토대로 하고 있음을 보여준다. 일반적인 사람들은 전 생애를 통해서 병에 걸린 상태에 있는 것이 아니라, 비록 병에 걸릴 가능성은 상존하지만 이를 나름의 방식으로 거부하거나 회피함으로써 건강한 상태를 유지하는 것이다.[22] 이처럼 크뤼시포스의 주장과 달리, 평범한 사람의 영혼은 질병에 걸릴 경향이 있는 건강한 상태에 비유될 수 있으며, 또한 영혼의 병이 육체의 병적인 장애상태와 동일한 것은 아니다.

이상에서 살펴본 바와 같이, 갈레노스의 보고에 따르면 포세이도니오스는 감정이 판단도 판단에 수반되는 어떤 것도 아니며, 단지 영혼의 욕구적이며 기개적인 기능에 의해 발생하는 것이라는 입장을 취하였으며, 이러한 관점에서 선배철학자 크뤼시포스의 감정론

의에 동의하는 것으로 보인다.

경우 4 : 평범한 사람의 건강한 영혼과 건강한 육체 사이의 비유.

Roskam(2005), p.56-57.

22) 이와 같은 해석입장은 현자의 특성과 노력에 대한 긍정적인 언급으로 이어질 수 있는데, 그는 병의 경향성 자체를 벗어난 것은 아니지만 (영혼의) 질병을 벗어나는데 성공한 사람이기 때문이다.

을 강하게 비판하였던 것이다. 그렇지만 이 문제와 관련된 그의 저술이 온전히 남아 있지 않은 상황에서, 갈레노스의 보고를 정당한 것으로 평가하는 것은 의문의 여지가 있다 하겠다. 따라서 오늘날 일군의 해석자들은 크뤼시포스의 이성주의는 갈레노스의 해석보다 훨씬 포괄적인 차원에서 이해되어야 하며, 마찬가지로 포세이도니오스의 영혼론 역시 스토아의 사상체계 안에서 새롭게 재해석되어야 한다는 입장을 취한다.[23)]

2) 포세이도니오스 감정론의 윤리적 함의

포세이도니오스의 감정론은, 다양한 윤리적 문제들은 감정에 대한 올바르고 정확한 이해와 이것의 효과적인 극복을 통해서만 해결 가능하다는 확신에서 출발하였다. 그런데 포세이도니오스에 따르면, 이성 자체에는 감정을 정화하고 교정할만한 능력이 없으며, 비이성적인 것은 오직 비이성적인 것을 설명하는 수단을 통해서만 정화되고 개선될 수 있다. 즉 인간은 영혼의 비이성적인 측면을 개선하기 위하여 자신이 지닌 쾌락과 감각적 경험에 호소할 수 있는데, 특히 혼의 정화를 위해 음악과 시가 효과적으로 사용될 수 있다. 이러한 포세이도니오스의 입장은 플라톤이 『국가』편의 철인왕 교육과정에서 제시했던 다양한 시가교육을 연상시키며, 또한 아리스토텔레스가 『시학』에서 밝힌 바, 비극작품에서 경험하는 공포와 연민이 혼의 정화에 도움을 준다는 사실을 일깨운다.[24)]

이처럼 영혼의 비이성적인 요소들은 이성의 목소리에 귀 기울인다기보다는, 오직 비이성적인 행위를 통해서만 잠잠해진다. 포세이

23) 대표적인 예로 Cooper(1998) pp.71-111; Gill(1998), pp.113-148. 이것은 매우 흥미로운 주제이며, 포세이도니오스 사상에 대한 온전한 이해를 위해 반드시 거쳐야 할 문제임에 틀림없으나 구체적인 논의는 다음 기회로 미루고자 한다.

24) 앤서니 A. 롱(2000), p.383 f.

도니오스에 따르면, 영혼 안에서 비이성적인 요소들이 우세해지면 치료방법도 이에 맞추어야 한다. 이를 위한 효과적인 수단은 습관인데, 이것은 미래의 예측과 직접 연결되는 것이기도 하다. 사람은 무엇이 발생할지 상상함으로써, 그리고 이미 발생했던 것과 관련해서는 그것에 습관을 형성함으로써 자신을 외적인 대상들과 친숙하게 만들 수 있다.

본래 인간의 이성적인 능력은 우주의 이성원리에 대응한다. 따라서 이성적인 원리가 선을 향한 섭리를 따르고 있듯이, 이성은 올바른 행위와 도덕적인 선의 기준이 된다. 포세이도니오스에 따르면 인간에게 있어서 궁극적인 목적은 도덕적인 선이며, '행복(eudaimonia)' 역시 이러한 도덕적인 선과 불가분의 관계에 있다. 즉 인간행위의 목표는 물질적인 혹은 외적인 이익을 취하거나 극대화하는 것이 아니라, 인간의 본성에 관한 이성적인 이해를 바탕으로 도덕적 행위로 나아갈 수 있도록 자신의 영혼을 조절하는 것이다. 그런데 포세이도니오스에 따르면 인간에게는 이성원리에 의해 원칙적으로 선할 수 있는 가능성이 부여되었지만, 현실 속의 인간은 선하지도 악하지도 않으며 그 중간에 위치하거나 혹은 선악이 혼합된 모습을 띤다. 즉 때로는 선하기도 하고 때로는 악하기도 한 것이다.[25] 따라서 우리 인간은 선함의 기준이 되는 바, 행위의 올바른 선택 및 영혼 안의 지배적인 기능인 이성의 힘에 따르려는 태도를 늘 견지해야 하며, 그 출발점은 바로 비이성적인 것에 대한 올바른 이해와 극복에 있다는 점을 인지해야 한다.

---

25) 포세이도니오스에 따르면, 재산이나 건강 등과 같이 외적이며 물리적인 선들은 본질적으로 '선'의 범주에 포함되지 않으며, 가치론적으로나 도덕적으로 중간상태에 머물러 있다. 이처럼 포세이도니오스는 가치에 있어서 절대적인 것과 상대적인 것을 철저히 구분하는데, 여기서 가치가 상대적이라 함은, 무제약적으로 선하지 않으며 어떻게 사용되느냐에 따라 그 가치가 결정된다는 의미이다.

나오는 말

포세이도니오스는 감정에 관한 논의를 전개하면서, 초기스토아의 대표적인 철학자인 크뤼시포스의 해석을 비판하고, 나름의 대안을 제시하고자 하였다. 그런데 그의 시도는 스토아철학 자체의 거부나 파괴라기보다는 오히려 스토아의 이론체계를 강화시키려는 시도로 보아야 할 것이다. 그는 새로운 견해와 관점 안에서 전통적인 사유의 범위를 확장시키고, 또한 새로운 논변으로 이를 옹호하고자 하였기 때문이다. 그는 비록 영혼을 분석하고 인간의 행위를 이해하는 과정에서 플라톤을 비롯한 선대 철학자들의 영향을 많이 받았지만, 동시에 그는 이 모든 것을 스토아의 개념과 사유 틀에 맞추어 작업을 수행하였던 것이다.

【참고문헌】

마르쿠스 툴리우스 키케로(김창성 역), 『키케로의 최고선악론』, 서광사, 1999.

De Lacy, "Galen: De Placitis Hippocratis et Platonis (On the Doctrines of Hippocrates and Plato)", *Corpus Medicorum Graecorum* vol. 5, no. 4.1.2. Berlin, Academy of Sciences, 1978.

L. Edelstein and I.G. Kidd(ed.), "Posidonius", *The Fragments 4 vols*, Cambridge, University Press, 1972.

I.G. Kidd, *Posidonius. III*, The Translation of the Fragments, Cambridge University Press, 1999.

K. Hülser(ed.), *Die Fragmente zur Dialektik der Stoiker 4 vols*, Stuttgart, Frommann-Holzboog, 1987.

A.A. Long and D.N. Sedley(ed.), *The Hellenistic Philosophers 2 vols*, Cambridge, Cambridge University Press, 1987.

I. von Arnim(ed.), *Stoicorum Veterum Fragmenta*, Leipzig, Teubner, 1903-1905.

A. A. 롱(이경직 역), 『헬레니즘 철학』, 서광사, 2000.

손병석, "무정념(apatheia): 현인(賢人)에 이르는 스토아적 이상과 실천", 『철학연구』 제680집, 2008, pp.41-59.

이창대, "스토아윤리학의 인식론적 기초", 『철학』 제62집, 2000, pp.83-106.

이창우, "스토아 철학에 있어서 자기지각과 자기애", 『철학사상』 제17집, 2003, pp.215-243.

이창우, "행복, 욕구, 자아 - 헬레니즘철학의 이해", 『철학연구』 제62집, 2003, 57-74쪽.

J.M. Cooper, *Reason and Emotion: Essays on Ancient Moral Pshychology and Ethical Theory*, Princeton University Press, 1999.

__________, "Posidonius on Emotions", in Sihvola and Engberg-Pedersen(ed.), 1998, 71-111.

C. Gill, "Did Galen Understand Platonic and Stoic Thinking on Emotions?", in

Sihvola and Engberg-Pedersen(ed.), 1998, 113-148.

G. Roskam, *On the Path to Virtue. The Stoic Doctrine of Moral Progress and its Reception in (Middle-)Platonism*, Leuven University Press, 2005.

M.R. Graver, *Stoicism & Emotion*, The University of Chicago Press, 2007.

I.G Kidd, *Posidonius. III. The Translation of the Fragments*, Cambridge University Press, 1999.

A.A. Long, *The Hellenistic philosophers, vol. 1-2. Translations of the principal Sources with philosophical Commentary*, Cambridge Uni. Press, 1988.

J. Price, *Mental Conflict*, London, Routledge, 1995.

J. Sihvola and T. Engberg-Pedersen(eds), "The Emotions in Hellenistic Philosophy", *The New Synthese Historical Library* 46, Dordrecht, Boston, and London, Kluwer, 1998.

R. Sorabji, "Chrysippus-Posidonius-Seneca: A High-Level Debate on Emotion", in Sihvola and Engberg-Pedersen, 1998, 149-170.

________, *Emotion and the Peace of Mind: From Stoic Agitation to Christian Temptation*, Oxford, Oxford university Press, 2000.

T. Tieleman, *Chrysippus' On Affections: Reconstruction and Interpretation*, Leiden, Brill, 2003.

에피쿠로스 철학에서 감정

송 대 현

1. 서 론

에피쿠로스가 감정에 대하여 직접적으로 쓴 저작은 없다. 좀 더 정확히 말하면, 그가 쓴 저작이 우리에게 남겨져 있지 않다. 이런 사실을 가지고 에피쿠로스가 감정에 대하여 관심이 없었거나 크게 주목하지 않았다고 성급하게 판단내릴 필요는 없다. 왜냐하면 소실되어 전하지 않지만 디오게네스 라에르티오스가 제공하는 에피쿠로스 저작 목록에 *Peri pathôn doxai pros Timokratên*(DL, X. 27)이 분명히 포함되어 있으며, 에피쿠로스는 감정 혹은 pathos의 문제를 그의 윤리학에서 폭넓게 다루고 있기 때문이다. 하지만 분명한 것은 불행히도 감정 문제와 직접적으로 관련된 에피쿠로스 저작을 우리는 현재 소유하고 있지 않다는 것이다. 이것이 현재 우리의 탐구를 제한하는 첫 번째 요소다.

본 논문은 에피쿠로스(Epicurus, B.C. 341-270)가 자신의 사상체계 안에서 감정(pathos)의 문제를 쾌락(즐거움, hedonê) 개념과 연관해서 어떻게 다루고 있는가를 살펴보고, 그의 감정론의 철학사적 가치를 재음미하려는 목적을 가지고 있다. 하지만 에피쿠로스를 연구하는 것은 플라톤과 아리스토텔레스를 연구하는 것과 다른 상황에 처하게 한다는 점을 미리 밝혀두고 싶다. 에피쿠로스를 연구하기 위해서는 앞선 두 철학자를 연구하는 것보다도 더 많은 문헌학적인 지식과 더 넓은 자료목록을 요구한다.[1)] 이것은 에피쿠로스의 남겨진 저작의 문헌학적 상태가 언급한 두 철학자만큼 안정적이지 않기 때문이다. 이것이 우리의 현 탐구를 제한하는 두 번째 요소다.

디오게네스 라에르티우스의 보고에 의하면(DL, X. 26), 그리고 그의 진술이 믿을 만하다면, 에피쿠로스는 300개의 파피루스 두루마기에 해당하는 많은 양을 저술했을 것이다. 하지만 우리가 현재 소유하고 있는 그의 저작은 이 중에서 아주 일부분이다. 다행히 디오게네스 라에르티오스가 편지들과 단편들 일부를 우리에게 전달했으며, 베수비오스 화산 폭발에 의하여 지반이 침하하면서 땅 속에 묻혔던 개인 소유의 도서관에서 고대 에피쿠로스 학파에 속하는 문헌들을 발굴하고 이미지화해서 불완전하게나마 읽어내는 데 성공했다. 이를 "헤르쿨레니움 파피루스"이라고 부르고 이런 고고학적, 문헌학적 성과 덕분에 에피쿠로스와 그의 계승자들의 철학에 좀 더 상세하게 접근할 수 있게 되었다. 기원전 1세기의 필로데모스 저작이 특히 그러하다. 그의 『화(분노)에 관하여』는 우리가 집중적으로 검토할 저작이다. 따라서 이런 성과물도 연구의 범위에 포함시켜야 한다. 또한 기원전 1세기 로마의 시인 루크레티우스의 『사물의 본성에 관하여』도 다루어야 하는데, 이 저작은 몇몇 차이에도 불구하고 에피쿠로스의 사상을 잘 보존하고 있기 때문이다. 기원후 2세기 오이노안다의 디오게네스가 남긴 단편들도 함께 검토해야 한다. 더 나아가, 에피쿠로스의 철학을 비판하려는 목적을 가지고서 에피쿠

1) 마찬가지로 스토아 학파에 대한 연구보다도 더 많은 문헌학적 탐구를 요구한다. 헤르만 우제너가 1887년 문헌학적 훈련을 위해서 편집한 교정본이 여전히 표준적인 판으로 남아 있고, 아리게띠의 교정본(두 번째 판, 1973)이 그 뒤를 잇고 있다.

로스를 언급하거나 해설하고 있는 키케로, 세네카의 언급도 고려대상에 포함시켜야 한다. 특히 세네카의 『화에 관하여』(De ira)는 우리의 주목을 집중시킨다. 그것은 필로데모스의 『화에 관하여』(peri orgês)에서 소실된 부분을 이 저작에서 일부나마 확인할 수 있기 때문이다.

이와 같은 폭넓은 자료의 수집과 검토를 통하여, 본 논문은 일차적으로 에피쿠로스가 감정이라는 영혼의 작용을 어떻게 이해했는가를 고찰할 것이다. 이를 위해서 우선 에피쿠로스 철학을 이해하는데 제일요소라고 할 수 있는 쾌락 개념의 성격과 본질에 대한 논의가 이루어져야 하는 것은 당연하다. 다음으로 에피쿠로스 감정론의 주된 내용을 형성하는, 예컨대 욕망이나 화 같은 감정들의 특성에 대해 구체적으로 살펴볼 것이다. 마지막으로 에피쿠로스가 궁극적으로 지향한 감정의 이상적인 상태는 무엇이며, 이에 도달하기 위해 필요한 것으로 제시한 실천적 처방이 무엇인가를 살펴볼 것이다. 다른 한편 이 과정 속에서 에피쿠로스와 경쟁하면서 철학적으로 유사한 목표를 지향하였으나, 구체적인 내용과 방법에서는 적지 않은 차이를 드러냈던 스토아 감정론과의 비교도 시도될 것이다.

오늘날에도 적지 않은 고대철학 연구가들은 에피쿠로스가 감정(혹은 느낌)이라는 심리현상의 부정적인 측면만을 강조하였으며, 자신의 철학의 궁극목표인 행복에 도달하는 최선의 길은 감정의 무조건적인 제거에 있다고 보았던 것으로 해석하는 경향이 있다. 이와 같은 해석의 배경에는 헬레니즘 시대에 이르기까지 감정에 대한 부정적인 평가가 서양 고대철학의 주된 흐름이라고 하는 인식이 자리잡고 있다. 즉 플라톤을 포함한 대부분의 앞선 철학자들은 감정을 이성과 대비시킴으로써 그 의미와 역할을 그다지 높이 평가하지 않았으며, 동시대에 에피쿠로스와 사상적 경쟁관계에 있었던 스토아학파 역시 감정이 영혼을 혼란시키는 방해물로 간주하여 철저히 배격하였다. 그렇지만 스토아 철학자들과는 달리 감정에 대한 에피쿠로스의 평가가 항상 부정적이지만은 않았으며, 오히려 그는 감정이 올바른 방향으로 제대로 인도될 경우, 행복한 삶을 위해 나름대로 의미 있는 역할을 할 수 있다고 보았다. 감정은 결코 우리의 영혼을 교란시키기에 무조건 배격해야 할 대상이 아니라, 경우에 따라서 혹은 지속적인 노력을 통해서 영혼과 마음의 혼란으로부터 벗어나 자유로운 유쾌한 느낌이 될 수 있으며, 이 과정을 통해서 유한한 인간은 무한하고 자유로운 신에 근접할 수 있다는 것이다.[2] 그렇기 때문에 에피쿠로스는 『메노이케우스에게 보내는 편지』 말미에서 자신의 가르침을 수시로 동료들과 숙고하고 실천하면 죽을 수밖에 인간들 사이에서 불사(不死)인 신처럼 살 수 있다고 조언하는 것이다. 오늘날 우리가 에피쿠로스의 감정론에 다시 한 번 주목해야 하는 이유도 이 지점에서 찾을 수 있다.

2. 에피쿠로스 철학의 근본목표

에피쿠로스에서 철학의 근본목표는 쾌락(즐거움)의 획득이다. 쾌락 자체가 목적(telos), 즉 성취되어야 할 목표다. 그러면 쾌락은 무엇인가? 쾌락은 불쾌와 고통의 완전한 부재다.[3] 쾌락은 몸에 대하여 고통의 제거(aponia)이고 정신에 대하여 혼란됨이 없는 상태(ataraxia)다. 에피쿠로스의 철학은 이런 쾌락 개념을 기초로 한다. 그래서 그의 철학은 일반적으로 쾌락주의로 알려져 있으며, 동시대에 그와 경쟁관계에 있던 다른 철학 학파들로부터 퇴폐적이라고 비난받기도 하였지만, 이 쾌락은 흔히 생각하듯 퇴폐적인 향락이 아니라, 모든 정신적이며 육체적인 고통으로부터의 해방을 의미한다.

---

2) 에피쿠로스의 신에 대한 관점은 다른 연구를 필요로 한다.
3) 퀴레네 학파에서 불쾌와 고통의 부재는 쾌락과 고통 사이에 있는 중간적인 상태일 뿐이다.

"그러므로 우리가 '쾌락이 목적이다'고 할 때, 이 말은, 우리를 잘 모르거나 우리의 입장에 동의하지 않는 사람들이 생각했던 것처럼, 방탕한 자들의 쾌락이나 육체적인 쾌락을 의미하는 것이 아니다. 내가 말하는 쾌락은 몸의 고통이나 마음의 혼란으로부터의 자유다. 왜냐하면 삶을 즐겁게 만드는 것은 계속 술을 마시고 흥청거리는 일도 아니고, 욕망을 만족시키는 일도 아니며, 물고기를 마음껏 먹거나 풍성한 식탁을 가지는 것도 아니고, 오히려 선택과 기피의 동기를 발견하고 공허한 추측들을 몰아내면서 멀쩡한 정신(nephon logismos)으로 추론하는 것이다."(『메노이케우스에게 보내는 편지』, 131-132)

삶의 목적은 쾌락이고, 쾌락은 몸의 건강과 마음의 건강으로부터 유래한다. 몸의 건강과 마음의 건강은 몸의 고통과 마음의 혼란으로부터 자유로워지는 것이다. 다시 말하면, 몸의 고통이 없으면, 마음이 혼란하지 않으면 즐거운 삶인 것이다.[4] 이런 쾌락 개념은 기본적으로 퀴레네 학파에 대한 비판을 함축한다. 에피쿠로스는 소크라테스 학파에 속하는 소크라테스의 제자 아리스티포스(Aristippos, B.C. 435~355)에 의해 창시되었으며 순간적이고 동적인(kinetic) 쾌락을 추구했던 퀴레네 학파와는 다르게, 지속적이고 정적인(katastematic) 쾌락, 즉 마음이 동요되지 않고 평안한 상태(ataraxia), 더 이상 쾌를 욕구하지 않는 상태에 머무는 것을 진정한 쾌락으로 생각하였다.[5] 정적인 쾌락은 더 이상 결핍이 없어서 안정되고 굳건한 상태이다. 그렇기에 더 이상 마음의 동요와 혼란은 없다. 즉 쾌만 있는 상태다. 반면에 동적인 쾌락은 쾌와 불쾌가 공존하고 있다. 이 상태는 아직 결핍되어 있기에 고통이 따르며, 또다시 욕망이 일어나며, 고정되고 지속적인 쾌락을 누리지 못한다. 그리하여 이렇게 두 종류의 쾌락을 구분하는 것은 에피쿠로스를 대중적이며 단순한 쾌락주

4) 이런 동일시에 대한 비판은 키케로의 *De finibus* II 10, 29-30.

5) 키케로는 라틴어로 voluptas in motu와 stabilis voluptas로 표현한다. 그의 저서 *De finibus* II 3, 9를 볼 것.

의자로 취급하지 못하게 한다. 왜냐하면 에피쿠로스가 주장하는 즐거움은 흔히 말하는 호사스런 삶을 사는 것도 아니고, 대중적인 욕망의 단순한 만족에 있는 것도 아니기 때문이다.

그러면 어떻게 쾌락을 누릴 수 있을까? 어떤 기준에 의거하여 어떤 것을 선택하고 어떤 것을 피해야 하는지를 알아내고, 우리를 고통에 빠지게 하는 공허한 추측과 공허한 추측들을 제거하고 술 취하지 않은 명정한 정신(nephon logismos)으로 쾌와 불쾌를 계산하고 추론하는 것이다. 그러면 여기서 공허한 추측이란 무엇인가? 공허한 추측은 헛된 믿음으로부터 유래하는 것이다. 그리하여 공허한 추측은 감각으로부터 유래하는 것이 아니다. 이것이 헛된 두려움을 일으킨다. 그리하여 헛된 두려움은 감각으로부터 유래하는 것이 아니다. 이런 두려움은 감각에 기초하지 않기에 진정한 의미에서 실재하지 않는 것이다. 에피쿠로스는 그런 것들의 대표적인 것으로서 신에 대한 대중적인 생각, 죽음에 대한 두려움 등을 『메노이케우스에게 보내는 편지』에서 언급한다.

에피쿠로스 철학의 특징은, 그의 사상 안에 인식론적 감각주의(경험주의), 원자론에 기초한 형이상학, 고요하고 평정한 마음의 상태에 도달하기 위한 다양한 준칙들이 함께 결합하고 있다는 점이다.[6] 에피쿠로스는 고대 그리스철학의 두 축인 플라톤과 아리스토텔레스의 존재론적 혹은 인식론적 근본원리들을 거의 수용하지 않고, 오히려 직접적인 감각을 자신의 주장과 이론의 전거로 삼는다. 우리는 직접적인 감각과 느낌을 통해서 존재하는 것들과 만나고 이 대상을 의식하게 된다는 것이다. 나아가서 우리는 감각을 통해 세상의 개별적 존재자들과 조우하지만, 이것들을 포함해서 세계는 우리가 어떤 방식에 의해서도 감각하거나 느낄 수 없는 원자(atoma)와 빈 공간(kenon)으로 구성되어 있다. 즉 에피쿠로스는 원자와 빈

6) 에피쿠로스에게서 윤리학과 원자론이 어떤 관계를 갖고 있는지는 여전히 어려운 주제 중의 하나다.

공간이 세상을 구성하는 궁극적인 실재라는 데모크리토스의 원자론을 받아들인다. 또한 그는 빈 공간에서 일정한 규칙에 따라 움직이는 원자를 통해 모든 사건과 존재들을 설명할 수 있다고 보았기 때문에, 당시 일반적으로 받아들여졌던 세상을 움직이게 만드는 신적인 원인 등은 불필요하다고 단정하였다.[7] 신이 인간의 행위나 운명은 물론이고 우주의 질서까지도 관장하고 있다는 일반적으로 수용되는 관념은 우리에게 헛된 두려움을 주어서 삶으로부터 평정을 빼앗아가는 주된 원인일 뿐이라는 것이다. 이 점과 관련해서 에피쿠로스는 신에 대한 대중들의 추측, 즉 신들이 인간사에 개입하여 축복과 징벌을 내린다는 선입관이 우리에게 신에 대한 헛된 두려움을 일으키게 하는 것으로 간주한다.

> “한편 불경한 사람은 다른 사람들이 믿는 신을 거부하는 사람이 아니라, 신들에게 대중들의 견해를 귀속시키는 사람이다. 왜냐하면 신들에 대한 많은 사람들의 주장은 감각들로부터 생기는 일반개념(prolepsis)이[8] 아니라, 잘못된 추측이기 때문이다. 대중들의 잘못된 추측에 따르면, 악한 자들에게는 가장 큰 불행이 생기는 반면, 선한 자들에게는 신들로부터 가장 큰 이로움이 생긴다.”(『메노이케우스에게 보내는 편지』, 124)

또한 죽음에 대해서도 에피쿠로스는 단호하게 우리와 상관없는 것이라고 말한다. 죽음이 오기 전에는 아직 오지 않은 것이고 온 후에는 이미 가버린 것이기에 상관없다. 그렇지만 우리가 죽음을 두려워하는 것은 전자인 경우 아직 죽음이 우리 감각에 들어오지 않았음에도 미리 앞당겨서 두려움을 느끼는 것이고, 후자인 경우 죽게 되면 우리의 감각기관인 몸은 분해되어서 아무것도 감각할 수

---

7) 『헤로도투스에게 보내는 편지』 76-78.
8) Prolepsis는 번역하기 어려운 단어다. 일단 오유석 박사의 번역을 유지했다. 하지만 이창대, 이경직 교수는 ‘신개념’이라는 번역을 취한다.

없게 된다는 점을 모르고서 두려워하는 것이다. 전자든 후자든 죽음에 대한 두려움은 헛된 믿음에 그 근원을 두고 있다(『메노이케우스에게 보내는 편지』 125-126를 참고할 것).

3. 에피쿠로스 감정론의 주요내용

에피쿠로스는 『메노이케우스에게 보내는 편지』에서 인간이 행복한 삶을 살기 위해서는 젊은이도 나이든 사람도 모두 철학을 해야 하며, 철학은 마음의 건강을 실현시켜 준다고 말한다.[9] 먼저 마음의 건강은 헛된 두려움을 제거했을 때 성취된다. 이런 두려움 중 대표적인 것이 신에 대한, 죽음에 대한 잘못된 두려움이다.[10] 이것이 바로 에피쿠로스가 신과 죽음에 대한 우리의 관념이 우리를 괴롭히는 것이고, 결국 이들은 우리와 관련 없는 것이라고 말하는 이유다. 다음으로 우리가 행해야 할 것은 우리의 마음에서 일어나는 욕망을 제대로 관찰하고 이들 욕망을 분류하고 분석하여, 자신의 욕망을 자연적이며 필연적인 것에 제한하는 것이다. 종류에 있어서 그리고 강도에 있어서 과도한 욕망에 대한 추구는 결핍을 동반하기 때문에, 우리를 고통으로 몰아넣고 이런 고통은 우리 삶을 불쾌하게 한다. 이런 불쾌를 피하는 것이 에피쿠로스주의자들의 최우선 과제라 할 수 있다.

> "우리는 다음 사실을 알아야 한다. 욕망들(epithumiai) 중 어떤 것은 자연적이고 다른 것은 공허하며, 자연적인 욕망들 중 어떤 것은

9) 에피쿠로스 학파는 의학이 우리 몸의 건강을 유지시키듯 철학을 마음의 건강, 즉 행복을 보증해주는 것으로 말한다. 의사와 철학자에 대한 유비는 우제너(1887)가 수집한 단편 221를 참고할 것.

10) 또한 루크레티우스의 『사물의 본성에 관하여』 1권과 3권을 참조할 것.

필연적이고 어떤 것은 단순히 자연적이며, 또한 필연적인 욕망들 중 어떤 것은 행복을 위해 필요하며 어떤 것은 몸의 휴식을 위해 필요하며 어떤 것은 삶 자체를 위해 필요하다. 이런 사실을 잘 관찰하는 것은, 우리가 어떤 것을 선택하거나 기피할 때 몸의 건강과 마음의 평안을 참고하도록 해준다. 왜냐하면 이것이 행복한 삶의 목적이기 때문이다. 우리는 항상 이런 목적을 이루기 위해서, 즉 고통과 두려움을 피하기 위해서 행동한다. 그리고 일단 이것이 얻어지면 모든 마음의 폭풍우가 사라진다. 왜냐하면 이제 우리는 잃어버린 것을 찾아 헤매듯 돌아다니지 않아도 되며, 몸과 마음의 선을 이룰 수 있는 다른 길을 찾지 않아도 되기 때문이다. 즉 우리가 쾌락의 부재로 인해 고통을 느낄 때에는 쾌락을 필요로 하지만, 고통을 느끼지 않는다면 더 이상 쾌락을 필요로 하지 않는다. 이런 이유 때문에 우리는 쾌락이 행복한 인생의 시작이자 끝이라고 말한다."(『메노이케우스에게 보내는 편지』, 128)

에피쿠로스에 따르면, 모든 욕망은 우선 자연적인 욕망과 공허한(kenê) 욕망으로 나뉘고, 자연적인 욕망은 다시 필연적인 욕망과 '순전히 자연적인 욕망'으로 나뉜다. 이로부터 세 종류의 욕망이 도출된다. 하나는 자연적이며 필연적인 욕망, 둘은 자연적이지만 필연적이지 않은 욕망, 셋은 자연적이지도 필연적이지도 않은 욕망이다.[11] 이들 중 마지막 것은 헛된 믿음에 근거하는 헛된 욕망이다. 우리가 어떤 식으로든 충족시켜야만 하는 자연적이며 필연적인 욕망은 식욕이나 갈증 등과 같이 일반적인 욕구들로 이루어진다. 하지만 이를 넘어서서 사치스런 음식을 탐하는 것은 배가 고플 때 자연적일 수는 있지만, 필연적인 욕망이라고는 말할 수 없다. 배가 고픈 것은 반드시 사치스런 음식으로만 제거될 수 있는 것은 아니며, 삶의 여러 조건에 따라서 늘 사치스런 음식을 취할 수 없을 것이기

11) 욕망에 대한 이와 유사한 분류는 다른 저작에서도 확인할 수 있다. 에피쿠로스의 「중요한 가르침」, 29와 키케로의 *De finibus* I 13, 45를 참고할 것.

때문이다. 만약 우리가 어떤 공허한 믿음도 포함되지 않은 이 일반적인 욕구를 충족시킨다면, 이것은 누구도 부정하거나 거부할 수 없는, 우리 모두에게 꼭 필요한 일이 될 것이다. 그러나 만약 우리가 공허한 믿음에 따라 필연적이지 않은 욕망을 충족시킨다면, 그 욕망은 거짓되며 따라서 우리에게 고통을 안겨줄 것이고, 따라서 해가 된다. 에피쿠로스에게 있어서 인생의 최종 목표인 쾌락에 도달하는 최선의 방책은, 오직 자연적이며 공허하지 않은 대상에 욕망을 제한하여 이를 충족시키는 방식으로 삶을 영위해 나가는 것이다. 그럴 때 '쾌락'의 부재를 느끼지 않으며, 따라서 고통을 겪지 않는다. 이런 상태가 쾌락의 상태이다. 그러면 어떻게 해야 고통을 느끼지 않을 수 있을까? 에피쿠로스는 『메노이케우스에게 보내는 편지』에서 삶을 단순하게 하라고 조언한다. 단순한 삶은 단순한 것, 즉 자연적인 것들에 대하여 커다란 즐거움을 향유하게 해주기 때문이다.

> "결핍으로 인한 고통이 제거된다면[12], 단순한 음식도 우리에게 사치스런 음식과 같은 쾌락을 준다. 또한 빵과 물은 그것을 필요로 하는 사람에게 가장 큰 쾌락을 제공한다. 그러므로 사치스럽지 않고 단순한 음식에 길들여지는 것은 우리에게 완전한 건강을 주며, 우리가 생활하면서 꼭 필요한 것들에 주저하지 않게 해준다." (『메노이케우스에게 보내는 편지』, 130-131)

하지만 두 종류의 쾌락(즐거움)은 마땅히 구분되어야 한다. 앞에서 언급했듯이, 에피쿠로스는 고통을 제거하는 과정 속에서 감각적 즐거움을 경험할 수 있다고 보았으며, 이때 느끼는 쾌락을 동적 쾌락으로 명명하였다. 배고픈 사람이 식욕을 충족시킴으로써 배고픔이라는 고통의 감정을 가라앉힐 수 있으며, 이런 행위가 동적인 쾌

12) 에피쿠로스는 자족함이 큰 선이라고까지 말한다(『메노이케우스에게 보내는 편지』, 130, 그리고 『단장』, XLIV)

락에 해당된다. 이에 반해 에피쿠로스는 욕망충족의 과정을 통해서가 아니라, 욕망이 완전히 충족된 후에 생겨나는 쾌락을 정적인 쾌락이라 부르는데, 이때는 고통이 완전히 제거되고 평온한 상태를 향유하게 된다. 욕망은 육체든 정신이든 자신이 원하는 무엇인가가 없다는 느낌, 즉 결핍으로 인한 고통에서 생기며, 따라서 고통의 제거는 욕망의 충족과 직결된다. 또한 이 욕망의 충족은 쾌락을 불러온다. 몸 안에 존재하는 고통과 결핍으로 인한 마음의 동요, 폭풍우에서 벗어남으로써 얻는 쾌락이 인생 최고의 목적이며, 따라서 고통과 결핍을 제거할 때 생기는 행복한 상태를 위해서 기본적인 욕망을 충족시킬 필요가 있다는 것이다. 반대로 우리가 사치스러운 수단을 동원해서 욕망을 충족시키고자 할 때에는 불필요한 고통이 발생하게 된다. 따라서 욕망은 필수적인 것만을 단순하게 충족시키려는 자세가 중요하며, 필요 이상의 사치스러운 삶을 추구하고 그 안에서 쾌락을 찾고자 하는 사람은 스스로 욕망을 충족시킬 수 없고 계속되는 결핍으로 인하여 고통 속에 머무를 따름이다. 이처럼 쾌락과 고통에 대한 에피쿠로스의 이해는 욕망의 분석과 밀접하게 연결되어 있다.

4. 필로데모스의 화(orgê)에 관한 고찰[13)]

에피쿠로스의 욕망에 대한 고찰은 필로데모스의 저작 『화에 관하여』(peri orgês)[14)]에서 화에 대한 분석 틀이 된다. 아마도 이 소논

---

13) 세네카의 『화에 관하여』는 필로데모스의 『화에 관하여』와 깊은 관련을 갖고 있다. 세네카가 필로데모스의 저작을 읽었다는 것은 분명해 보인다. 두 저작 사이의 관련에 대해서는 Rabbow(1914), p.100-105와 Fillion-Lahille (1984), p.221-236을 참고할 것.

14) 이 저작은 『감정에 관하여』(“헤르쿨라네움 파피루스 182”)라는 저작의 일부였을 것이며, 아리스토텔레스주의자들과 스토아 학파와의 논쟁 속에서 쓰

문은 감정에 관한 일반적 견해를 서술하는 저작의 일부였을 것이다. 이 소논문은 전반부는 소실된 상태이며, 읽어내기 어려울 정도로 훼손된 일부를 제외한 50개 정도의 파피루스 조각으로 구성되어 있다. 이 저작에서 필로데모스는 감정이 믿음을 포함하고 있다는 점을 명확히 보여준다. 즉, 감정은 믿음으로부터 직접 유래한다. 예컨대 내가 화를 낸다는 것은 내가 잘못된 상태에 처해 있거나 부당한 대우를 받았다는 나의 믿음을 포함하고 있는데, 이것은 자신에게 부당한 처사나 부당한 대우를 한 자에 대하여 보복하려는 욕구를 포함하기 때문이다. 그렇지만 이것이 화라는 감정과 믿음을 그가 동일시했다고 해석해야 될 필요는 없다.

『화에 관하여』의 마지막 부분(50)에서, 믿음은 감정을 갖기 위한 필요조건이지만, 충분조건은 아니라는 점이 제시되고 있다. 글도 읽을 줄 모르면서 지혜로워 질 수는 없다. 그렇지만 글을 읽는 것을 배웠다고 해서 지혜로워지는 것은 아니다. 마찬가지로, 자신이 해를 입었다고 믿지 않으면서 화가 날 수는 없지만, 해를 입었다는 믿음(hupolepsis)이 화를 냄의 충분한 원인(혹은 능동적 원인, drastikon aition)이 된다는 것을 증명하지 못한다면, 해를 입었다는 생각이 필연적으로 화를 일으키지는 않을 것이다.[15] 이런 방식으로 필로데모스는 화는 항상 해를 당했다는 믿음으로부터 나온다고 생각하는 사람들을 비판한다.

에피쿠로스는 감정의 인지적 특성을 강조한다. 감정은 믿음들을 필요로 하며(이것이 감정의 부분이든 원인이든 간에), 우리의 욕구

여졌다. 이에 대한 교정본은 다음을 참조할 것: Wilke(1914); Indelli(1988) 이 저작에 대한 번역본(출판된)은 필자가 아는 한 Indelli에 의한 이탈리아어 번역이 유일하다.

15) Cf. Indelli(1988), p.249. 그는 hupolepsis를 필립손의 견해(포세도니오스의 사용과 일치시키고 있다)에 따라서 '잘못된 생각', 혹은 '추측'(supposizione)이라는 의미로 이해한다. 또한 커크 샌더슨(2009)은 최근에 쓴 이 단어의 의미에 대한 논문과 안나 안젤리(2000, p.21 이하)의 논문을 참고할 것.

와 감정의 많은 부분들이 잘못된 믿음들에 의존하고 있으며, 이런 믿음들은 단적으로 공허하다(에피쿠로스 학파에게는 pseudodoxia는 kenodoxia다). 즉 그것은 단순히 잘못된 것이 아니라, 자신 안에 포함된 오류로 인해서, 사람들에게 해가 되며 기능상의 장애를 일으킬 수 있다. 이런 분석은 에피쿠로스의 욕망 분석에도 그대로 적용된다. 에피쿠로스는 욕망이 자연적인 것과 공허한 것이 있으며, 그리고 공허한 욕망(kenai epithumiai)은 공허한 믿음(kenai doxai)에 의존하고 있음을 강조한다. 자연적인 욕망은 필요하거나 불필요하다. 우리가 어떤 식으로든 충족시켜야만 하는 필수적인 욕망은 식욕이나 갈증 등과 같은 일반적인 욕구들로 구성된다. 만약 우리가 공허한 믿음들을 전혀 포함하지 않는 방식으로 이 욕구들을 충족시킨다면, 이들은 단지 불가피한 욕구들이며, 이것은 우리가 필수적으로 가지고 있는 일반적인 욕망들을 충족시키는 방식들이다. 그러나 만약 우리가 공허한 믿음들에 의존하는 방식으로 욕구를 충족시킨다면, 그 욕구는 공허하며 따라서 우리에게 해가 된다. 에피쿠로스에게 있어서 인생의 최종 목표인 쾌락을 확보하는 최선의 방책은, 오직 자연적이며 공허하지 않은 욕망들을 충족시키는 방식으로 삶을 영위해 나가는 것이다. 이런 욕망에 대한 분류, 욕망충족의 방식, 욕망의 인지적 요소에 대한 강조는 필로데모스에게 분노를 분석하는 유용한 모델이 된다.

우리는 필로데모스가 제시하는 화라는 감정에 대한 사례에서 흥미로운 비유를 발견하게 된다. 필로데모스는 자연적인 화 같은 현상은 우리가 피할 수 없는 것이라고 주장한다. 즉, 우리가 화를 내는 것은 피할 수 없으며 어떤 방식으로든 보복하려는 욕구를 느끼게 된다. 그렇지만 피할 수 없는 자연적인 화를 내는 경우에도, 우리는 공허한 믿음에 의존하는 방식은 피해야 하는데, 왜냐하면 우리가 공허한 믿음에 의존할 경우 우리의 화는 공허한 화가 되어 버리고 말 것이며, 이는 행위주체의 삶 속에서 심각한 기능장애와 파괴적인 결과를 낳을 것이기 때문이다. 따라서 우리의 감정은 매우 직접적인 방식으로 우리의 믿음에 의존하고 있다. 그래서 우리의 믿음을 변화시키면, 불행의 근원이 되는 우리의 광포한 감정(공허한 믿음의 방식으로 존재) 역시 유쾌하고 문제없는 것으로 변화될 것이다. 특히 필로데모스는 복수가 자체로서 쾌락을 가져다준다는 믿음은 행위주체의 화를 공허한 것으로 만들어버리는 헛된 믿음이라고 지적한다. 이와 같은 공허한 믿음을 제거하고, 공허한 화를 불러일으키는 문제들로부터 해방되고 자유로워질 때 행복이 다가온다. 이와 같은 수준에서 필로데모스는 에피쿠로스를 따르고 있는데, 감정의 변화 혹은 제거에서 오는 이성의 역할, 그 중에서도 철학적 추론(epilogismos)의 역할을 강조하고 있다(『화에 관하여』, 47.18-42 그리고 49.27 이후). 이런 추론은 말콤 스코필드에 의하면 유비 혹은 비교에 의한 추론에 가깝다고 주장한다.[16] 그의 주장에 동의를 표하면서 고려해보면, 여기서 epilogismos의 의미는 공허한 믿음과 쾌를 주는 믿음들을 구분하는 것이다. 이런 의미는 에피쿠로스가 『메노이케우스에게 보내는 편지』 132에서 말한 nephon logismos의 의미에 가까이 위치하고, "우리는 양자(고통과 쾌락)를 비교함으로써 또한 이득이 되는 것과 해가 되는 것을 고려해서, 이런 문제들에 대해 판단을 내려야 한다."(129)는 해당하는 언급이라고 할 수 있다.

쾌락과 고통의 느낌은 우리의 실천적인 삶에서 사실상 안내자의 역할을 한다. 감정이 참된 믿음으로서의 기본적인 느낌과 올바르게 연관되는 한에서, 감정에는 결코 오류적인 문제가 발생하지 않는다. 이것은 감정을 향한 우리의 태도가 고통을 완전히 제거하려는 욕망에 의해 인도되어야 함을 의미하지 않는다. 몇몇 감정들 중에는, 화 역시 이 중 하나인데, 자체로서 고통스러운 것이 존재한다. 에피쿠

16) Cf. Schofield(1996), p.226. 그리하여 Diano(1946), p.112의 'computatio'라는 번역도 이런 틀 속에서 이해할 수 있다. 즉 이 단어는 장단점 혹은 쾌-불쾌를 상호비교를 통하여 '계산'한다는 의미를 함축한다.

로스 현자들은 '자연적인' 성냄이나 화를 느낀다. 그렇지만 몇몇 화들은 도저히 피할 수가 없다. 이것은 우리의 본성의 한 부분이기 때문이다. 따라서 이때 우리가 할 수 있는 최선은, 공허한 믿음에 뿌리를 두고 있으면서 화에 의해 야기되는 더 이상의 고통을 피하는 것이다. 이것이 고통스러운 삶과 그렇지 않은 삶 사이의 차이를 구분하는 방법이다.

에피쿠로스는 대부분의 감정들이 잘못된 믿음에 기초하고 있다고 주장한다. 이런 견해는 오이노안다의 디오게네스의 다음 단편 속에 충실하게 담겨 있다.

> "그러면 무엇이 영혼을 혼란시키는 감정들인가? 이것들은 신, 죽음, 고통에 대한 두려움이고, 그리고 여기에 더해 자연에 의해서 정해진 한도를 넘어서는 욕망들이다. 이것들이 모든 악(해악)의 뿌리다. 만약 우리가 이것들을 제거해 버리지 않는다면, 수많은 악들이 우리에게서 자라나게 될 것이다."(『단편』, 34)[17]

이처럼 문제를 일으키는 감정들을 강조함과 더불어, 잘못된 믿음과 헛된 믿음들을 제거함으로써 적절하지 않은 감정들과 헛된 욕망으로부터 우리 자신을 치유하는 철학의 치료모델을 활용할 수 있게 된다. 이런 감정들의 일어남은 헛된 두려움에 기원한다는 것을 깨닫는 것이 치유책이다. 인간의 감정을 치유하지 못하는 철학자의 담론이나 주장은 공허할 따름이다. 우리가 육체의 병을 제거하지 못하는 의술을 필요로 하지 않듯이, 영혼의 (혼란된) 감정을 제거하지 못하는 철학은 죽은 철학이라고 할 수 있다. 후대에 와서, 루크레티우스와 필로데모스에서 이와 같은 생각이 더욱더 명시적으로 표현된다.[18] 이런 까닭에 필로데모스는 철학적 대화에서의 솔직함(parrhēsia)에 많은 주의를 기울였으며,[19] 에피쿠로스는 모든 고대의

17) Smith(1993)의 영어번역을 참고했다.
18) 루크레티우스의 『사물의 본성에 관하여』 III 37 이후를 참고할 것.

철학 학파 중에서 가장 진솔하고 부끄러움 없이 자신의 마음을 드러내며 개인적인 친밀한 유대관계를 제자들과 형성하였다. 스승은 제자의 잘못을 솔직하게 지적하고, 제자는 그런 지적을 기꺼이 수용하여 잘못을 수정한다. '솔직하게 말함'은 스승과 제자 간의 관계에서 기본적으로 요구되는 것이긴 하지만 다른 모든 관계에도 확대 적용된다. 제자들 간의 관계에도 솔직하게 말함으로써 상호신뢰를 확보할 수 있다. 이것이 에피쿠로스 학파의 우정이었다. 에피쿠로스 학파에 따르면 인생에서 가장 중요한 것은 마음의 "고요함과 평정"(ataraxia)이라는 쾌락에 도달하는 것인데, 이런 우정은 마음의 동요를 제거하는 데 공헌을 한다. 서로간에 인격적 모독을 주기 위한 것이 아닌, 솔직함에서 우러난 조언은 잘못된 믿음에 의한 감정의 일어남을 제거하게 한다. 다른 한편, 우리를 방해하고 괴롭힐 수 있는 감정적인 동요와 두려움은 자연현상에 대한 참된 원인규명,[20] 철학적 탐구, 추론을 통해서 이를 극복해야 한다고 에피쿠로스는 조언한다. 이런 점에서 보면 에피쿠로스의 행복추구 방법론은 인지적 요소를 강하게 함축하고 있다고 할 수 있다. 마음의 혼란을 일으키는 것의 근원을 헛된 믿음들과 두려움에 있다고 간주하기 때문이다.

요컨대, 에피쿠로스의 철학은 쾌락을 최대의 행복이라고 보며, 이에 대한 방법으로서 고통의 완전한 부재를 추구한다. 고통에 대한 부재는 헛된 두려움, 혼란스런 감정에서 유래하는 헛된 믿음들을 제거하는 것이다. 신, 죽음, 사물의 본성과 관련한 잘못된 믿음은 우리를 마음의 동요와 혼란으로 이끈다. 따라서 이런 혼란의 원인 제공자를 제거하는 것이 고통을 피하는 길이다. 여기에 쾌락이 있

---

19) 이 주제는 그의 저작 *De libertate dicendi*에서 집중적으로 논해진다. 이 저작의 교정본은 Olivieri(ed.,1914)를 볼 것.

20) 『헤로도투스에게 보내는 편지』 81.

다. 이렇게 본다면 그의 철학은 마음의 질병에 대한 대증적(對症的) 측면과 치유적 요소를 갖고 있다. 그에게서 철학은 다름 아닌 영혼의 치유였다.[21]

5. 스토아 감정론과의 차이점

스토아 학파는 에피쿠로스학파와 더불어 헬레니즘시대 최고의 철학학파를 형성하였다. 스토아 학파에 따르면 인간이 지닌 감정은 본래 이성의 기능불량으로 발생한 결가물이며 오류로 가득 차 있고 영혼을 교란시키는 주범이기에 건전하고 행복한 삶을 위해서는 마땅히 제서되어야 한나. 삼성이 개입된 판단이나 평가 혹은 감정에 기초한 행동과 판단은 자연과 이성이 제공하는 규범들로부터 명백히 일탈한 것이다. 인간의 감정적 태도는 마치 달리는 사람에 비유될 수 있다. 달리는 사람이 운동의 추진력에 의해 앞으로 나아갈 경우, 자기가 멈추어야 할 곳에서 제대로 신체를 제어하지 못하는 일이 자주 발생하듯이, 감정적인 태도 역시 많은 경우 이성이 제대로 통제하기가 거의 불가능하다. 스토아에 따르면 이처럼 감정이 이성의 올바른 판단작용을 거부하는 이유는 무지에 의한 것이라기보다는, 감정으로 인하여 도덕적인 믿음이 허약해져서 그런 것이다. 감정은 우리가 덕을 행하는데 있어서 결코 도움이 되지 않는다. 감정이 필요하다고 생각되는 경우에도, 사실은 이성의 명령에 복종함으로써만 문제를 원만히 해결할 수 있다. 누군가에게 감정이 유용하고 편리하다고 느껴지면, 그것은 그 사람에게 더 본질적이며 더

21) 이런 관점에서 고대 철학을 조망하는 비교적 최근의 세 연구를 참조할 것: Hadot(1981); Voelke(1993); Nussbaum(1994). 에피쿠로스와 에피쿠로스 학파 철학이 갖는 치유적 요소에 관한 연구 논문으로서는 Gigante(1975), Tsouna (2009)를 참고할 것.

우월한 능력, 즉 이성이 결여되어 있음을 의미하는 것이다. 스토아는 하찮은 감정적 행동은 크게 문제시 될 것 없지만, 이것이 점점 더 커지고 반복되면 어느 순간에는 이성에 의해서도 제어되지 않으며, 극단적인 사고로 이끌릴 수 있다고 보았다.

따라서 스토아 학파에서 좋은 삶을 위한 최상의 조건은 감정으로부터의 무조건적인 해방(apatheia)에 있다. 특히 스토아에서 강조되는 철학적 치유의 근본목표는, 모든 개인적이며 사회적인 문제의 근원인 감정을 철저히 제거하는 데 있다. 이처럼 스토아는 감정은 영혼의 비이성적이며 병적인 움직임에 불과하고, 따라서 긍정적인 역할은 전무하다고 보았으며, 따라서 신적인 이성에 참여하고 그 뜻에 따라 활동하는 것을 이상으로 삼는다. 그렇지만 이런 이상적 상태에 도달하는 것은 완전한 정신적 건강을 확보하는 것을 의미하는데, 이것은 오직 소수의 스토아 현자들만이 누릴 수 있고, 대부분 감정적인 상태에 처해 있는 일반 사람들에게까지 감정을 완전히 제거하라고 명령하는 것은 지나친 요구라는 점을 그들도 인정한다. 이 일반 사람들에게는 신적인 상태에 도달하는 대신, 스토아의 현자들에 의해 제공되는 철학치료와 도덕적 준칙들을 통해서 마음의 흥분을 제거하고 평정을 찾는 것이 권장되었다.

이런 감정에 대한 전반적인 주장은 구체적인 감정, 화에 대한 설명 모델에도 적용된다. 세네카는 그의 저서 『화에 관하여』에서 화란 자연에 어긋나는 것이며, 처음부터 단호하게 제거해야 것이라고 조언한다. 왜냐하면 일단 화가 일어나면 마음을 사로잡아 이성이 전혀 작동하지 않기 때문이다. 화란 이성과 무관한 것이기 때문에, 현자는 화 자체를 멀리한다.22) 이에 반해 이미 설명했듯이 필로데모스는 헛된 믿음에 근거한 공허한 분노만을 제거하기를 권유한다.

스토아 학파와는 달리, 에피쿠로스의 감정론은, 모든 감정들이 무조건 잘못된 것이 아니라, 우리에게 혼란을 주는 감정들을 제거하

---

22) 『화에 관하여』 1권을 참고할 것.

고 이들과 관련된 헛된 일상적인 믿음들(kenai doxai)을 수정하고 바꾸어야 한다는 입장에 선다. 구체적으로는 과도한 화, 에로틱한 사랑, 죽음에 대한 두려움 등과 같은 감정들이 여기에 속한다. 이들이 근거하는 믿음들을 수정 및 교정하는 일은 오랜 시간과 여러 경험에서 배운 준칙들을 필요로 한다. 이런 감정들은 구체적 상황 속에서 우리가 여러 번에 걸쳐 행동함으로써 굳어진 일정한 성향과 긴밀한 관련을 갖고 있기 때문이다. 따라서 이런 종류의 감정들은 잘못된 성향, 이로부터 형성된 잘못되고 공허한 믿음에 의존하고 있기 때문에 헛된 믿음들이 제거되면 마음을 혼란스럽게 만든 감정들은 사라지게 된다. 이런 생각의 밑바탕에 있는 것은 감각은 진리를 항상 보증하지만 믿음은 그렇지 않다는 주장이다. 즉, 감각은 오류를 범하지 않지만 우리의 믿음은 오류를 범할 수 있다는 인식론적 토대다. 따라서 우리가 피해야할 고통과 불쾌의 근원은 헛된 믿음, 거짓된 믿음에 있다. 그리하여 루크레티우스는, 신에 대한 두려움, 죽음에 대한 공포, 에로틱한 사랑의 감정, 과도한 화 등은 헛되고 공허한 믿음에 의존하고 있다고 말한다. 예컨대 이 중에서 에로틱한 사랑의 감성에 수반된 부성적 요소는 헛되고 공허한 믿음들을 불러일으키며, 사람을 현혹과 기만, 자기 파괴적 행동, 큰 상실감에 빠지게 만든다.[23] 하지만 이런 헛된 믿음의 제거는 단순하지 않고 여러 과정을 거치며, 오랜 인생 경험을 필요로 한다. 결국 에피쿠로스학파의 현자는 아주 오랜 고생을 겪은 후에 행복해질 수 있으며, 이것은 단적으로 에피쿠로스주의자는 현자가 되기 위하여, 혼란되지 않은 영혼의 상태에 도달하기 위하여 감정과 관련된 여러 경험을 얼마나 많이 필요로 하는지 보여준다.

---

23) 루크레티우스의 『사물들의 본성에 관하여』 4권을 참고할 것.

6. 결 론

헬레니즘 시대에 큰 영향력을 행사했던 철학사조는 아카데미아 학원이나 소요학파가 아닌 스토아 학파, 회의론과 함께 에피쿠로스 학파였다. 또한 사도 바울이 아테네로 전도여행을 가서 스토아와 에피쿠로스 철학자들과 토론을 한 것을 보아도 그 당시 지배적인 철학사조 중의 하나가 에피쿠로스 학파라는 것은 분명하다. 헬레니즘 시대의 에피쿠로스 학파는 에피쿠로스가 세운 아카데미아 학원에서 멀지 않은 성벽 안쪽에 있는 정원을 사들여 그곳에서 학생들을 가르치는 것을 시발점으로 한다. 그 이후 에피쿠로스 철학은 그리스어권에서 활발히 수용되었으며 로마 시대의 주요한 철학이 된다.

에피쿠로스는 동시대 헬레니즘 철학의 지평 안에서 사상적 경쟁관계에 있었던 스토아 학파와 달리, 감정이 영혼에 혼란만을 주는 것으로 간주하여 생활 속에서 배격하거나 부정적인 관점에서 이해하지 않았다. 오히려 그는 감정이 올바른 방향으로 제대로 인도될 경우, 행복한 삶을 위해 나름대로 의미 있는 역할을 할 수 있다고 보았다. 감정은 경우에 따라서 혹은 지속적인 노력을 통해서 어떤 영혼의 혼란으로부터도 자유로운 유쾌한 느낌이 될 수 있으며, 이 과정을 통해서 우리 삶의 최고 경지이며 철학의 목적인 행복에 도달할 수 있다고 보았다. 그리하여 필로데모스가 에피쿠로스와 다른 현자들이 보통 사람들보다 더 깊게 화를 느낀다고 언급한 것이 제대로 이해될 수 있다.[24] 에피쿠로스는 감정의 문제를 욕망의 본성에 대한 분석을 통해 접근한다. 우리가 어떤 식으로든 충족시켜야만 하는 자연스럽고 필연적인 욕망(식욕, 갈증 등등)이 존재하며, 이 일반적인 욕구는 누구도 부정하거나 거부할 수 없는, 우리 모두

---

24) Cf. 필로데모스, 『화(분노)에 관하여』, 34. 31-35. 5.

에게 꼭 필요한 것이다. 이에 반해 부귀영화 같은 공허한 믿음에서 따라 나오는 공허한 욕망(물욕, 권력욕, 과도한 성욕 등등)에 사로잡힌 사람은 결코 자신의 욕구를 충족시킬 수 없으며, 오히려 이로 인해 불필요한 고통이 발생하게 된다. 따라서 에피쿠로스에게 있어서 인생의 최종 목표인 쾌락에 도달하는 최선의 방책은, 오직 자연적이며 공허하지 않은 욕망들을 충족시킴으로써 삶을 영위해 나가는 것이다. 이처럼 쾌락과 고통의 감정에 대한 에피쿠로스의 이해는 욕망의 분석과 밀접하게 연결된다. 다른 한편 에피쿠로스는 쾌락과 고통을 포함한 모든 감정은 결코 단순하고 즉흥적인 충동의 산물이 아니라 우리의 믿음에 직접 의존하고 있다는 점을 통찰하였다.[25] 대상에 대한 우리의 믿음이 변하면, 광포한 상태에 빠지게 하고 불행의 근원이 되는 우리의 감정 역시 유쾌하고 문제없는 상태로 변화될 수 있고, 이를 통해 즐거운 삶을 영위할 수 있다. 예컨대 분노로 인한 복수가 쾌락을 가져다준다는 믿음은, 행위주체의 분노를 공허한 것으로 만들어버리는 헛된 믿음일 뿐이며, 따라서 공허한 믿음을 제거하고, 공허한 분노를 불러일으키는 문제들로부터 자유로워질 때, 진정한 쾌락과 행복에 도달하게 된다.

---

25) 그렇다고 해서 에피쿠로스 및 에피쿠로스 학파 철학자들이 현대적 의미에서 감정에 관한 인지적 입장을 취하는 것으로 해석되는 것은 무리가 있다. 그들의 견해에 다르면, 감정은 믿음에서 유래하지만 믿음과 동일시되는 것은 아니기 때문이다. Sanders(2002) p.82 이하를 참고할 것.

【참고문헌】

1. 원전

1-1. 에피쿠로스

에피쿠로스(오유석 역), 『쾌락』, 문학과 지성사, 2005.

H. Usener, *Epicurea*, Leipzig, 1887.

P. von der Mühll, *Epicurus. Epistulae tres et ratae sententiae*, Leipzig, 1923.

C. Bailey, *Epicurus. The extant remains*, Oxford, 1926.

C. Diano, *Epicuri ethica et epistulae*, Firenze, 1946.

G. Arrighetti, *Epicuro Opere*, Torino, 1973(second ed.).

1-2. 그 외 고대저자들

Th. Gomperz, *Philodemi epicurei de ira liber*, Leipzig, 1864.

K. Wilke, *Philodemi De ira liber*, Leipzig 1914.

G. Indelli, *Filodemo: L'ira*, Napoli, 1988.

A. Olivieri, *Philodemi peri parrhêsias libellus*, Leipzig, 1914.

C. Bailey, *Titi Lucreti Cari de rerum natura libri sex*, 3 vols., Oxford, 1947.

M.F. Smith, *Diogenes of Oenoanda: The Epicurean inscription*, Napoli, 1993.

L.D. Reynolds, *M.T.Ciceronis de finibus bonorum et malorum*, Oxford, 1998.

W.C. Helmbold, *Plutarch's Moralia: On the control of anger*, Cambridge Mass. 1970.

L.D. Reynolds, *L. Annei Senecae dialogorum libri duodecim*, Oxford, 1977.

M. Marcovich, *Diogenes Laertius Vitae philosophorum*, vol. 1: Libri I-X, Leipzig, 1999.

2. 연구들

앤소니 A. 롱(이경직 역), 『헬레니즘 철학』, 서광사, 2000(영어 원서는 1986년 두 번째 판).

김창성, “로마공화정 말기 에피쿠로스 사상과 키케로”, 『역사와 역사교육』 제6호, 2002, 27-43.

이창대, “에피쿠로스 감각론”, 『철학연구』 제67집, 2004, 25-49.

_____, “에피쿠로스학파 인식론에서 사유의 에피볼레와 비감각적인 것들”, 『서양 고전학연구』 제24집, 2005, 331-362.

임성철, “에피쿠로스의 신관”, 『철학탐구』 제17집, 2005, 177-218.

_____, “에피쿠로스의 ‘쾌락’ 개념의 사상적 체계 및 토대-Kyriai doxai를 중심으로”, 『철학연구』 제34집, 2007, 65-78.

한석환, “에피쿠로스와 진리의 기준”, 『서양고전학연구』 제17집, 2001, 71-96.

A. Angeli, "Necessità e autodeterminazione nel *De ira* di Filodemo (PHerc 182 fr. 12 Indelli)", *Papyrologica Lupiensia* 9, 2000, 15-63.

J. Annas, "Epicurean emotions", *Greek, Roman and Byzantine Studies* 30, 1989, 145-164.

_______, *Hellenistic Philosophy of Mind*, Berkley, Calif, 1992.

_______, *The morality of happiness*, New York, Oxford, 1993.

D. Armstrong, "Horace's Epistles 1 and Philodemus", in Armstrong et al., 2004, 267-298.

__________, J, Fish, P.A. Johnston, and M. Skinner(eds.), *Vergil, Philodemus, and the Augustans*, Austin, Texas University Press, 2004.

E. Bignone, Epicuro. Opere e frammenti, Bari, 1920.

C. Diano, *Scritti Epicurei*, Firenze, 1973("La psicologia d'Epicuro e la delle passioni", 129-280).

M. Erler, "Der Zorn des Helden: Philodem 'De ira' und Vergils Konzept des Zorns in der 'Aeneis'", *Gräzer Beiträger* 18, 1992, 103-126.

_______, "Epikur", in H. Flashar(ed.), *Die Philosophie der Antike,* Band 4-1, Basel, 1994, 28-202.

J. Fallot, *Le plaisir et la mort dans la philosophie d'Epicure*, Paris, 1951.

J. Fillion-Lahille, *Le De ira de Sénèque et la philosophie stoïcienne des passions*, Paris, 1984.

J. Fish, "Anger, Philodemus' Good King, and the Helen Episode of Aeneid 2.567–589: A New Proof of Authenticity from Herculaneum", in Armstrong et al., 2004, 111–138.

D.P. Fowler, "Epicurean anger", in S.M. Braund & Ch. Gill(eds.), *The passions in Roman thought and literature*, Cambridge, 1997, 16-35.

M. Gigante, "Philosophia medicans in Filodemo", *Cronache Ercolanesi* 5, 1975, 53-61.

Ch. Gill, *The structured self in Hellenistic and Roman thought*, Oxford, 2006.

P. Hadot, *Exercices spirituels et philosophie antique*, Paris, 1981.

______, *Qu'est ce-que la philosophie antique?*, Paris, 1995.

W.V. Harris, *Restraining rage: the ideology of anger control in classical antiquity*, London, Cambridge Mass, 2001.

G. Indelli, "The Vocabulary of Anger in Philodemus' De *Ira* and Vergil's *Aeneid*", in Armstrong et al., 2004, 103–110.

S. Knuuttila, *Emotions in ancient and medieval philosphy*, Oxford, 2004.

M.C. Nussbaum, *The therapy of desire: theory and practice in Hellenistic ethics*, Princeton, 1994.

J. Procopé, "Epicureans on Anger", in Sihvola and Engberg-Pedersen, 1998, 171–196[originally published in G.W. Most, H. Petersmann, and A.M. Ritter(eds.), *Philanthropia kai Eusebeia: Festschrift für Albrecht Dihle zum 70 Geburtstag*, Göttingen, 1993, 363–386].

R. Philippson, "Philodems Buch über den Zorn. Ein Beitrag zu seiner Wiederherstellung und Auslegung", *Rheinisches Museum* 71, 1916, 425-460.

P. Rabbow, *Antike Schriften über Seelenheilung und Seelenleitung*, vol.1: *Die Therapie des Zornes*, Berlin, Leipzig, 1914.

H. Ringeltaube, *Quaestiones ad veterum philosophorum de affectibus doctrinam pertinentes*, Göttingen, 1913.

K.R. Sanders, *Natural passions: Desire and emotion in Epicurean ethics*, Texas, 2002(Dissertation for Doctor of Philosophy, University of Texas at Austin)

__________, "On a causal notion in Philodemus' *On anger*", *Classical Quarterly* 59(2), 2009, 642-647.

M. Schofield, "Epilogismos: An appraisal", in M. Frede & G. Striker(eds.), *Rationality in Greek thought*, Oxford, 1996, 221-237.

J. Sihvola and T. Engberg-Pedersen(eds.), *The emotions in Hellenistic philosophy*, Dordrecht, 1998.

R. Sorabji, *Emotion and peace of mind*, Oxford, 2000.

V. Tsouna, *The ethics of Philodemus,* Oxford, 2007, 195-238.

________, "Epicurean therapeutic strategics", in J. Warren(ed.), *The Cambridge companion to Epicureanism*, New York, Cambridge, 2009, p.249-265.

A.-J. Voelke, *La philosphie comme thérapie de l'âme : Etudes de philosophie hellénistique*, Fribourg, 1993, 35-58.

퓌론주의자들의 감정에 대한 이해

김 은 중

1. 회의주의 개관

그리스 회의주의자들의 감정에 대한 태도를 논하기에 앞서 회의주의는 무엇이며 그리스 회의주의자들은 누구인지 알아보는 것이 필요하다.

회의주의 또는 회의론은 일반적 분야나 특정한 분야에서 절대적인 지식과 진실이 존재한다는 개념에 대해 의문을 던지는 태도이다. 철학적 회의론은 '무엇이 어떠하다'라는 실증적 주장의 집합은 신뢰할 만하고 절대적으로 확실하며 진실이라는 주장을 견지하는 철학적 독단론에 반대한다.

따라서 이들은 우리가 지각하는 것 너머에 어떤 형이상학적 실체가 있다는 것에 대해 믿지 않는다. 이들은 우리들이 지각할 수 있는 것은 현상으로 표현된 사실일 뿐이므로, 이런 현상을 일으키는 배후의 것에 대해서는 아무 것도 알 수 없으며 그것이 있는지조차 확언할 수 없다고 말한다. 이렇게 말하는 까닭은 설령 현상의 배후가 있다고 가정하더라도 현상과 배후에는 어떤 논리적 인과관계가 성립한다고 자신할 수 없기 때문이다. 따라서 지각을 통해 얻은 경험은 항상 개인적이며, 순간적이고 쉽게 변할 수 있는 것이 된다. 현상에 근거한 추론으로는 실수를 피할 수 없으며, 우리는 추론과 판단이 바른지 그른지를 알 수 있는 절대적인 진실을 갖고 있지 못하다는 것이 회의론자들의 주장이다. 어떤 주장이 진리라는 것을 판단하는데 사용되는 평가 기준은 그 평가 기준을 평가하기 위해 새로운 평가 기준이 필요하고, 이런 과정이 영원히 계속되기 때문에 쉽게 도전을 받는다고 회의론자들은 주장한다.[1)]

회의론의 어원인 그리스어 스켑티코이(skeptikoi)는 사색하는 자 또는 탐구자라는 의미이다.[2)] 모든 회의론자들은 세계에 대한 인식을 얻는 우리의 능력에 대해 의심하지만, 'skeptic'이라는 개념은 우리의 모든 태도와 장소에 출현한다. 소크라테스는 "내가 알고 있는 것은 내가 아무 것도 알고 있지 않다는 것뿐이다"라고 말했는데, 그는 이렇게 말할 때마다 "우리는 이것을 탐구해야 한다"라는 뜻을 가진 '스켑티온'을 언급했다.

섹스투스 엠피리쿠스는 회의론적 태도를 두고 어떤 현상과 판단들에 대해서도 반대되는 주장을 제시할 수 있는 능력이라고 말한다. 이런 설명을 통해 고대 회의론자들은 사물이나 사태와 관련해 우리가 소유할 수 있는 인식적 믿음이나 판단이 확고한 근거를 갖고 있지 않다고 말한다. 이런 입장이 논증적으로 정당화되는지는 불분명하지만, 실천적인 문제와 연관해 그리고 특히 감정의 문제와 연관해 특정한 믿음을 견지하는 것이 바람직하지 못하다는 것은 퓌론과 섹스투스 엠피리쿠스의 주장을 통해 분명하게 나타난다.

회의주의는 자연히 철학과 거리가 먼 사람들의 주목을 끌었다. 그들은 철학에 여러 학파가 있다는 것을 알게 되었으며, 또 그들이

---

1) 하지만, 이런 주장도 플라톤이나 데카르트 같은 철학자들이 진실을 명확히 하기 위해 절대적으로 확실한 평가 기준을 발견했다고 주장하는 것을 막지는 못했다.

2) skeptisis는 실험, 탐구, 고려 등을 의미한다.

심한 논쟁을 하고 있는 것도 목격했다. 그들은 사람들이 저마다 실제로 얻을 수 없는 지식을 각자 자기가 갖고 있는 것처럼 가장한다고 생각했다. 이런 이유로 회의주의는 게으른 사람들의 자기 위안이 되기도 했다. 왜냐하면, 회의주의가 무지한 사람도 학식 있는 저 명한 사람들과 마찬가지로 현명하다고 간주했기 때문이다. 그러나 절대적인 복음이 필요한 사람들은 회의주의로부터 만족을 느끼지 못했다. 회의주의는, 헬레니즘 시기의 다른 모든 학설들이 그렇듯이, 괴로움에 대한 해독제로 유용했다.3)

철학으로서의 회의주의는 의혹에 그치는 것이 아니라, 독단적인 의혹(dogmatic doubt)이라고 할 수 있다. 과학자는 "나는 그것을 이렇게 생각하지만, 확실한 것은 아니다"라고 말한다. 지적인 호기심을 가진 사람은 "나는 그것이 어떻게 해서 그렇게 되는지 알 수 없다. 그러나 나는 그것을 알아내려고 한다"라고 말한다. 반면에 철학적인 회의주의자는 말하기를 "아무도 모르며, 아무도 모를 수밖에 없을 것이다"라고 한다. 사실 철학적 회의주의자의 이 말은 자신들이 공격하는 독단론에 자신들도 빠지고 있음을 잘 보여주는데, 이런 이유로 이 학설 체계가 비난을 받는다. 물론 회의주의자들은 자신들이 지식의 불가능함을 독단적으로 주장하지 않는다고 말한다. 그러나 그들은 지식이 가능하다고도 말하지 않는다.

회의주의의 시원4)인 퓌론주의자들은 대부분의 시간을 스토아 학파와 에피쿠로스학파 등 독단론적 입장을 취하던 철학자들을 향한 반론으로 보냈지만, 동시에 그들도 진리를 추구했다. 어떤 주장과

3) "그대는 현재를 즐기도록 하라 장래 일을 위해 걱정할 필요가 어디 있는가? 미래란 매우 불확실한 것이다." "그대는 현재를 즐기도록 하라. 장차 무슨 일이 닥칠지 알 수 없는 것이다." 이런 주장으로 인해 이성적 태도가 지배하는 고대 사회에서도 회의주의는 대중의 인기를 상당히 얻었다.

4) 회의주의의 역사적 시원은 고르기아스이다. 이른바 소피스트들 즉 프로타고라스와 고르기아스는 진리의 절대적 기준을 부정했기에 상대주의에 천착했는데, 이런 의미에서는 퓌론주의자들의 선구라고 하겠다.

그 반론이 비슷하게 확실한 경우, 이들은 판단을 보류했다. 아마도 이들은 이런 자세를 취하는 것이 마음의 평온(ataraxia)이라는 목적에 부합한다고 생각했을 것이다. 왜냐하면 그들이 가져야 한다고 생각하는 진리를 가지지 못했을 때 그리고 자신들이 알고 있는 진리를 남들이 받아들이기를 거부할 때, 평온이 깨지는 이들은, 퓌론주의자들에 따르면, 독단론자들이기 때문이다.

2. 고대의 회의주의자들

엘리스의 피론이 창시한 회의주의 학파는 아무도 어떤 것을 확실하게 알 수 없으며, 자기가 감각으로 지각한 것이 환상이 아니라고 확신할 수도 없다고 주장했다. 피론은 자기 생각의 실천적 결론을 철저히 수행했다. 심지어 그는 거리를 걸을 때 마차나 그 밖의 장애물을 주의하지 않았기 때문에 충실한 제자들이 항상 따라다니며 그가 다치지 않게 했다고 한다. 피론을 지지한 후기 인물인 섹스투스 엠피리코스(AD 2~3세기)는 『독단론에 맞서 Pros dogmatikous』라는 대작을 써 이전 철학자들의 글을 광범위하게 인용했는데, 그 덕분에 사라져버렸을지도 모를 많은 글이 보존되었다. 데이비드 흄과 이마누엘 칸트는 고대철학에 관한 대부분의 지식을 섹스토스 엠피리코스의 저서에서 얻었다.

헬레니즘 시대의 고대 회의론자들은 세 그룹으로 나뉜다.[5)]

---

5) 회의주의자들은 진리를 추구하는 사람들을 세 부류로 나누었다. 첫째, 독단론자라고 부르는 부류로 자신들이 진리를 발견했다고 생각하는 자들. 둘째, 자신들은 진리를 발견하지 못했을 뿐 아니라 진리를 발견할 수도 없다고 주장하는 자들(이들 또한 독단론적 입장이다), 셋째, 진리를 꾸준히 탐구하는 자들인데 회의주의자는 계속 탐구하는 자인 셋째 분류에 속한다. 즉 회의주의자는 진리의 발전 가능성을 부인하는 것이 아니라 인간 경험의 기본적인 사실들을 부인하는 것이다. 회의주의자들의 탐구 과정은 경험의 모든

첫째 그룹은 회의론의 시조로 간주되는 엘리스 출신의 퓌론(360~270 B.C.)과 그의 제자이자 전기 작가인 플리우스의 티몬(325~235 B.C.)이다. 퓌론은 저작을 남기지 않았기 때문에 그의 철학적 견해와 전기적 일화는 상당 부분 티몬의 보고에 의존한다.

둘째 그룹은 아카데미아의 회의론자인 아르케실리오스(315~240 B.C.)와 카르네아데스(214~129/8 B.C.)이다.

셋째 그룹은 후기 회의론의 전통을 잇는 아이네시데무스(1세기 B.C.)와 섹스투스 엠피리쿠스(2세기 경)이다.[6]

퓌론은 엘리스 출신으로 데모크리토스와 같은 연배인 아낙사르코스에게 사사했다. 그의 인생에서 주목되는 것은 30세 때 아낙사르코스와 알렉산드로스 대왕 군대의 일원으로 인도까지 출정한 사실이다. 그는 이 종군에서 아낙사르코스로부터 많은 것을 얻었을 것이다. 또한 이 종군 덕분에 여행의 취미를 얻었다고 하는데, 이런

설명이 반경험에 의해 검사되는 계속적인 탐구 과정이기 때문에 그들은 판단을 보류하며 어떤 것을 부정하지도 긍정하지도 않는다. 그들은 판단을 중지함으로써 혼란되지 않고 평온한 정신 상태에 도달하고자 한 것이다. 여기서 판단을 중지했다고 하는 것은 수동적인 개념이 아니라 오히려 능동적인 개념으로 이해되어야 할 것이다. '판단 중지'의 방법에는 '상반되는 사물들을 대응시키는' 활동이 포함된다. '현상에는 현상을 사유에는 사유를 또는 현상에 사유를 대립시키는 것'과 같은. 요컨대 회의주의자들이 인정한, 심리적으로 안정을 취할 수 있는 유일한 태도는 절대적 진리라고 하는 것에 대해 끊임없이 회의하는 것이었다.

6) 고대의 회의적 논증에 관한 섹스투스 엠피리쿠스의 저술에 따르면, 회의주의는 아카데미아학파와 피론주의로 구분된다. 아카데미아 학파는 아무 것도 알 수 없다는 한 가지 사실을 제외하고는 확실하게 인식될 수 있는 것은 아무 것도 없다고 주장했다. 그러나 아카데미아 학파의 회의론은 어떤 의견들이 다른 의견보다 더 커다란 개연성을 가질 수 있다는 사실을 인정했으며, 개연성을 삶의 지침으로 제시했다. 피론주의는 더 철저한 입장을 취한다. 아카데미아 학파의 회의주의가 확실한 인식의 불가능성을 단언하는 것조차도 독단적이라고 주장하며, 명제들이 개연성의 차이를 가졌다는 것을 부정한다. 개연성에 대한 판단은 오직 인식과 진리의 기준을 소유하고 있는 사람에 의해서만 내려질 수 있는데, 이런 표준의 존재 역시 의심의 대상이다. 따라서 피론주의자들은 다만 관습에 따를 것을 제안한다.

종군이 그의 회의론에 어떤 영향을 주었는지는 전해지는 것이 없다. 그는 고국인 엘리스에서 여생을 보내다가 B.C. 270년 경에 그곳에서 죽었다.

퓌론은 저술을 남기지 않아 그의 학설을 제대로 알 수는 없지만, 회의주의를 감각[7]에만 적용하지 않고, 도덕과 윤리에까지 적용한 것으로 알려지고 있다. 왜냐하면, 그는 어떤 행위를 다른 행위보다 더 좋게 볼 합리적인 이유가 없다고 생각하기 때문이다. 이것은 실제로 인간이 결국 자기가 살고 있는 나라의 습관에 따라 살고 있음을 의미하며, 그 나라의 습관이 다른 나라의 습관보다 더 훌륭하다고 말할 근거는 없다는 것이다.[8]

퓌론을 알기 위해서는 그의 제자인 티몬을 알아야 한다. 티몬은 그리스인들이 사용하는 논리적인 입장에서는 답변하기 힘든, 지적인 논의를 제기했다. 그리스인들이 인정한 논리는 단지 연역적인 논리였다. 그리고 모든 연역은 유크리드의 기하학과 같이 자명한 어떤 일반 원리에서 시작해야 했다. 그런데 티몬은 그런 원리를 발견하는 것은 불가능하다고 생각했다. 모든 것은 어떤 다른 것에 의해 증명되어야 한다. 그러므로 논의는 순환적이거나, 무로부터 연결된 끝없는 연쇄일 수밖에 없다. 어느 경우에나 증명되는 것은 없다. 이 논의는 아리스토텔레스의 철학을 뿌리 채 뒤흔든다. 그럼에도 불구하고 아리스토텔레스의 철학은 중세를 지배했다.

---

7) 감각에 관한 회의주의는 그리스 철학자들을 매우 일찍부터 괴롭혔다. 파르메니데스나 플라톤처럼 지각의 인식적인 가치를 부인하고 지적인 독단론에 길을 열어준 사람들은 단지 예외에 불과하다. 소피스트들, 특히 프로타고라스나 고르기아스는 감각적인 지각의 애매성이나 또는 외관상의 모순성 등으로 말미암아 주관주의에 빠졌는데, 이런 기조는 후일 흄이 계승했다.

8) 오늘날 신도들은 주일이면 교회에 나가 올바른 예배를 드릴지 모르지만, 그 행위의 근본이 되는 종교적인 신앙이 없이도 그렇게 할 수 있다. 옛날에 회의주의자들은 이교도의 종교 의식에 대해 검토했는데, 그들 중에는 사제들도 있었다. 이들은 회의주의로 말미암아 이교도들의 행위가 잘못임을 입증할 수 없다고 확신하게 되었으며, 또한 이교도들의 상식은 이교도들로 하여금 자기네의 종교 의식이 편리하다는 것을 확신케 했다.

티몬의 저작은 거의 다 분실되었으나, 남아 있는 두 개의 단편이 퓌론의 주장을 설명한다. 한 단편에서는 "현상은 언제나 타당하다"라고 했으며, 다른 단편에서는 "꿀은 달다고 하는데, 나는 이에 반대한다. 꿀이 단 것처럼 보인다고 말해야 할 것이다"라고 했다.

그러나 퓌론이나 티몬의 이런 주장도 완벽한 회의주의는 아닐 것이다. 현상이 타당하다는 퓌론의 주장에 대해, 아마도 현대의 회의주의자들은, 현상은 단지 생기할 뿐이며, 올바르다거나 타당하다거나 그렇지 못하다고 할 것이 못된다고 지적할 것이다. 타당하다거나 그렇지 못하다는 것은 진술에 대한 것이다. 진술은 현상을 정확하게 전달하지 못한다. 따라서 현대의 회의주의자는 "꿀은 단 것처럼 보인다"라는 진술은, 참될 가능성이 많은 진술 가운데 하나이지만 절대로 확실한 것은 아니라고 생각한다.[9)]

티몬은 아테네에서 만년을 보내다가 B.C. 235년 그곳에서 죽었으며, 그의 죽음과 함께 퓌론의 학파도 막을 내렸다. 그러나 그의 학설은 약간 변경되어 플라톤주의의 전통을 대표하는 "아카데미"에 의해 수용됐다. 이런 철학적 개혁을 감행한 사람은 티몬과 같은 시대에 살았던 아르케실라우스(~B.C.240)였다.

사람들이 대체로 플라톤에게서 배우는 것은, 초감각적인 예지계에 대한 믿음, 즉 소멸하지 않는 영혼의 가치가 지닌, 소멸하는 육신에 대한 우월성이다. 또한 그는 이론적으로는 인간이 이데아와 선의 이데아를 인식할 수 있다고 논증했다. 그러나 플라톤은 다면적인 사람으로, 어느 면에서는 회의주의를 가르치고 있다고도 볼 수 있다.

한 예로 플라톤의 소크라테스는 무지를 주장했다. 우리는 이것을 아이러니라고 간주하지만, 이는 진지한 문제로서 취급되어야 한다.

---

9) 티몬의 학설은 어느 면으로는 흄의 학설과 매우 유사하다. 흄은 주장하기를 우리가 직접 관찰하지 않은 현상은 올바로 추리할 수 없으나, 두 가지 현상이 자주 함께 관찰될 때에는, 하나가 다른 것에서 주리될 수 있다고 했다.

플라톤의 대화편 중에서 많은 것들이 아무런 적극적인 결론도 내리지 않고 있다. 그 대화편들은 독자로 하여금 의문의 상태로 내버려 둔다. 가령 <파르메니데스> 후반을 보면, 문제의 양측을 똑같이 정당하게 주장할 수 있음을 보여주려는 것 이외에는 아무 의도도 없는 것 같다. 그런 의미에서 플라톤의 변증법은 수단으로서가 아니라 목적으로 취급될 수도 있다.

그렇다면 이 변증법을 회의주의를 주장하는 데 빌려 쓸 수도 있겠다. 이것이 아르케실라우스가 플라톤을 따른다고 하면서, 플라톤을 해석한 내용인 것으로 이해된다. 그는 이를테면 플라톤의 목은 잘라버리고 동체만 남겨놓은 셈이다. 아르케실라우스의 독특한 방법으로 가르침을 받은 사람들이 그 방법으로 말미암아 마비되지 않을 수 있었다면, 이 아르케실라우스의 방법은 더욱 많은 칭찬을 받았을 것이다.

그는 어떤 주장을 하지 않고, 오직 제자들이 세운 명제를 반박하기만 했다. 때때로 두 개의 서로 모순되는 명제를 계속해서 내세워 양쪽을 다 확신하도록 이야기를 반박하기만 했다. 때때로 두 개의 서로 모순되는 명제를 계속해서 내세워, 그 양쪽을 다 확신하도록 이야기를 전개시킬 수 있음을 보여주기도 했다. 남을 반박하기를 정열적으로 좋아하는 제자들은, 그 기술을 배울 수 있었으며 오류를 피할 수 있었겠지만, 실제로는 말솜씨와 진리에 대한 무관심밖에는 배운 것이 없을 것이다.

아르케실라우스의 영향은 매우 컸으므로, "아카데미"는 이로 말미암아 약 200년 동안이나 회의적인 상태에서 벗어나지 못했다. 이 회의주의 시기의 중엽에 흥미 있는 사건이 발생했다. 아르케실라우스의 중요한 후계자이며 "아카데미"의 우두머리이던 카르네아데스는, B.C. 156년에 로마로 파견된 아테네 외교 사절인 세 명의 철학자들 가운데 한 사람이었다. 그는 사절로서의 자기의 위신이 강연회를 개최한다고 해서 지장이 될 것이 없다는 생각에서, 로마에서

1년 동안 강연회를 열기로 결정했다. 당시에 로마의 청년들은 그리스 풍습을 열심히 따르며, 그리스 문화를 동경했으므로, 많은 젊은이들이 그의 강연을 들으려고 모여들었다. 첫 강연은 정의에 대한 아리스토텔레스와 플라톤의 견해를 해명하는 것이었다. 그는 그것을 대체로 건설적인 입장에서 해명했다.

그런데 그의 둘째 강연은, 그가 첫째 강연에서 한 말을 반박하는 것으로 되어 있었다. 그렇다고 해서, 그 반대의 결론을 내리려는 것도 아니고, 단지 모든 결론이 다 확실성이 없다는 것을 보여줄 따름이었다. 플라톤의 소크라테스는, 불의를 가하는 자가 당하는 자보다 큰 해독을 입게 된다고 주장했다. 카르네아데스는 그의 두 번째 강연에서 이 주장을 비웃었다. 그는 지적해 말하기를, 큰 나라들은 약한 이웃 나라에 대한 불의의 침략으로 커졌으며, 로마의 경우도 이 사실을 부정하지는 못할 것이라고 했다. 당신들은 배가 바다에서 부수어졌을 때 목숨을 부지하려면, 좀 더 약한 다른 사람을 희생시켜야 할 것이다. 만일 이렇게 하지 않는다면, 그는 어리석은 자일 것이다.

그는 "여자나 어린이를 먼저"라는 말도, 개인적인 생존을 위한 격언은 되지 못하는 것으로 생각할 것이다. "만일 당신이 적에게 패배를 당해 도망칠 경우에 당신은 이미 말을 잃어버렸는데, 마침 부상당한 전우가 말을 타고 가는 것을 본다면 당신은 어떻게 하겠는가? 만일 당신이 지각 있는 사람이라면, 정의가 무엇을 명하든간에 그를 말에서 끌어내리고 그 말 위에 올라타지 않겠는가?"라고 말했다.

이 명목상의 플라톤 추종자의 입으로부터 이 모든 비건설적인 논의가 나온 것은 놀라운 일이었다. 그러나 그의 논의는 신기한 것을 좋아하는 로마 청년들의 마음을 끌었다. 이 강연이 비위에 맞지 않는 사람이 하나 있었다. 그는 바로 원로 마르쿠스 카토인데, 그는 대담하고 엄격하며 경직되고 잔인한 도덕규범을 주장했다. 로마는

이것으로 카르타고를 패배시킬 수 있었다.10)

카토와 카르네아데스(B.C. 180?~110?)는 대조적이었다. 한 사람은 너무나 엄격하고 지나친 전통적인 도덕성으로 말미암아 잔인무도했으며, 한 사람은 너무나 관대하고 헬레니즘 세계의 사회적인 분열에 지나친 영향을 받은 도덕성으로 하여 저열했다.

카토는, 로마에서 청년들이 그리스어를 배우고, 그것이 점점 높이 평가되는 것을 못마땅하게 여겼다. 로마 청년들이 학문과 웅변을 배우려다가 무력에 대한 명예와 영광을 완전히 잊어버리게 되는 것이 두려웠던 것이다. 그리하여 그는 어느 날 원로원에서 카르네아데스에게 공공연히 비난을 가했다. 즉 이 사적들은 이곳에 오래 머물러 있으면서도, 임무를 빨리 마치고 돌아가려고 하지 않으며, 그들은 본래 교활한 자들임을 고려할 때, 쉽사리 원하는 바를 설복시

---

10) 그는 젊었을 때부터 노년에 이르기까지 소박하게 생활했다. 자리에서 일찍 일어나고, 손수 몇 가지 가벼운 노동을 하였으며, 잘 먹지도 않았고, 100펜스 이상 가는 겉옷을 몸에 걸친 적이 없었다. 그는 국가에 충직했으며, 뇌물이나 약탈을 모르고 살았다. 그는 자기가 실천한 모든 덕행을 다른 모든 로마인들에게 강요했다. 그래서 그는 정직한 사람들이 할 수 있는 최상의 일은 사악한 자들을 책망하고 몰아세우는 일이라고 주장했다. 그는 엄격한 로마의 옛 풍습을 힘이 닿는 데까지 준수할 것을 남들에게 강요했던 것이다. 카토는 원로원 의원 마닐류스도 축출했다. 마닐류스는 이듬해에 통치자가 될 가망이 있는 사람이었다. 그가 축출된 이유는, 그가 낮에 자기 딸 앞에서 자기 아내와 너무 정답게 키스했다는 것이 전부였다. 카토는 그를 비난하여 말하기를 '나의 아내는 천둥소리가 들릴 때 이 외에는 나에게 키스한 적이 없다'는 것이었다. 그는 권력을 잡게 되자, 사치나 축제 등을 억제했다. 그는 자기 아내로 하여금 친자식은 물론, 노예의 자녀에게까지 젖을 먹여 기르게 했다. 같은 젖으로 자라게 되면, 그들이 자기 자식들을 더욱 사랑하게 될 것이라고 보았기 때문이었다. 그러나 그 노예들이 일할 만큼 나이를 먹게 되자, 그는 그들을 서슴지 않고 팔아버렸다. 그는 자기 노예는 언제나 일을 하거나 자거나, 두 가지 중에서 하나를 택해야 한다고 주장했다. 왜냐하면, 그는 노예들이 서로 친하게 지내는 것을 차마 볼 수가 없었던 것이다. 그는 어떤 노예가 큰 실수를 저지르면, 다른 노예들을 불러서, 그들로 하여금 그 과실을 저지른 자에게 사형을 언도하도록 하고, 그가 직접 그 가족들이 보는 앞에서 그 언도를 집행했다.

킬 수 있었을 것이다. 달리 탓할 점이 없다면 이에 대해서라도 그들에게 답변을 요구하여, 그들을 고국의 학원으로 돌려보내며, 그들의 그리스 아이들이나 가르치게 하고, 로마의 아이들은 종전대로 법률과 원로원에 복종하는 것을 배우게 해야 한다고 주장했다. 그가 이렇게 말한 것은 카르네아데스 개인에게 어떤 악의나 증오를 느껴서가 아니고 일반적으로 철학 자체를 싫어하기 때문이었다.

카토가 보기에, 아테네인들은 법률을 지키지 않는 고약한 인종이었다. 그들이 자기네의 천박한 궤변으로 타락되든 말든 문제가 되지 않지만, 로마의 청년들은 엄격하고 국제주의적이며, 담대하고 우직해야 한다고 생각했다. 그러나 결국 그는 성공하지 못했다. 후기 로마인들은 그의 포악성 중에서도 많은 것을 받아들여 지니고 있기는 했으나, 카르네아데스의 것도 많은 것을 받아들였던 것이다.

카르네아데스 다음으로 "아카데미"의 책임자가 된 사람은 하스드루발이라는 카르타고인이었다. 그러나 그는 그리스인들과 어울릴 때에는 자기 자신이 클리토마코스라고 불리는 것을 좋아했다. 카르네아데스는 주로 강의만 했으나, 클리토마코스는 400권이 넘는 책을 저술했으며, 이 책들 중 일부는 페니키아어로 쓰였다.

그가 준수한 원칙은 카르네아데스의 그것과 다를 바가 없었던 것 같다. 이들은 어느 면에서는 유능한 인물들이었다고 할 수도 있다. 이 두 회의주의자들은 점이나 마술, 점성술 따위의 미신을 배격했다. 당시에는 이런 미신들이 점점 더 널리 보급되고 있었던 것이다. 그들은 한편 개연성에 대한 건설적인 주장도 했다. 그것은 개연성의 정도에 관한 것으로, 우리도 결코 확실성을 믿어서는 안 되지만, 어느 것이 다른 것보다 더 진리일 수는 있다. 이 개연성은 우리의 행위에서 기준이 되어야 할 것이다. 왜냐하면, 가능한 가정들 중에서 제일 확실한 것에 따라 행동하는 것이 이치에 맞았기 때문이다.

이런 견해는 최근의 철학자들이 저마다 지지하고 있다. 유감스럽게도 그 학설을 전부 실은 책들이 분실되고, 남은 단편들이나마 모아 하나의 학설을 구성하는 것조차도 어려운 처지에 있다. 클리토마코스 이후의 "아카데미"는 회의주의적이 아니었으며, 안티오쿠스(~B.C. 69)시대부터 그 학설은 여러 세기 동안, 실제로 스토아 학파의 학설과 동일하게 되었다. 그러나 회의주의가 완전히 자취를 감춘 것은 아니었다. 그것은 크레타 사람인 에네시데무스에 위해 다시 대두되었다.

에네시데무스는 크노소스 출신이다. 그런데 크노소스는, 이미 그보다도 이천 년 전에 회의주의자들이 있었던 것 같다. 그 당시에 회의주의자들은 동물의 여신에 대해 회의함으로써 타락된 궁중 신하들의 환심을 사게 되었다는 것이다. 에네시데무스의 연대는 분명치 않다. 그는 카르네아데스가 주장한 개연성에 대한 학설을 버리는 회의주의의 초기 형태를 다시 취했다. 그는 상당히 큰 영향을 끼쳤다. A.D. 2세기의 시인 루시안이 추종자가 되고 그보다 좀 뒤늦게 섹스투스 엠피리쿠스도 그의 추종자였다. 그는 고대의 회의주의 철학자들 중에서 오늘날까지 저술을 남기고 있는 유일한 인물이다. 가령 "신의 존재를 믿는 것에 대한 반박"이라는 짤막한 논문이 있는데 다음과 같은 설명으로 시작된다.[11)]

> "회의주의자들도 그 행도에서는 전통적이다. 우리 회의주의자들은 실제에서는 세상의 보통 길을 따른다. 그러나 이에 대한 어떤 내용적인 견해를 갖고 있는 것은 아니다. 우리도 마치 신들이 있기나 한 듯이 말하며, 또 신을 경배하고 신이 섭리한다고 말하기도 한다. 그러나 그것은 신앙심을 표시하는 말은 아니다. 우리는 독단론자들의 무모한 주장은 피하려고 한다."

---

11) 이것은 에드윈 비얀(Edwin Beyan)의 Later Greek Religion 52쪽에서 56쪽에 번역되어 있다. 비얀에 따르면, 이 논문은 섹스투스 엠피리코스가 카르네아데스의 사상에서 취한 것이라고 한다. 그리고 그것은 물론 카르네아데스에게서 직접 물려받은 것은 아니고 클리토마코스가 전해준 글에서 취했을 것이라고 한다.

그는 이어서 이렇게 주장한다.

> "신의 성격에 대한 사람들의 견해는 구구하다. 예를 들면 어떤 사람은 무형이라고 한다. 우리는 신에 대하여 아무런 경험도 가진 것이 없으므로, 그의 속성을 알 수 없다. 신의 존재는 자명적인 것은 아니다. 그러므로 증명을 필요로 한다."

그는 그런 증명이 불가능하다는 것을 보여주기 위해 복잡한 이론을 전개하고 있다. 다음에 그는 악의 문제를 다루고, 결론적으로 이렇게 말한다.

> "신이 존재한다고 적극적으로 긍정하는 사람은, 일종의 불경에 빠질 수밖에 없나. 반일 신이 무든 것을 다스리고 있다고 주장한다면, 그들은 살을 악의 창조자로 만들어 버리고, 반대로 신은 단지 일부의 사람들만 다스린다고 하거나 아무것도 다스리지 않는다고 주장하면, 그들은 신을 인색한 자로 간주하거나 무능한 자로 여길 수밖에 없을 것이다. 그 어느 쪽이건 불경한 태도이다."

회의주의는 A.D. 3세기경까지 몇몇 교양 있는 사람들의 마음을 끌고 있었으나 그 시대의 기질과는 상반된 것이 되어 갔다. 시대는 점점 독단적인 종교와 구원의 교리에로 행하고 있었다. 회의주의는 교양 있는 사람들로 하여금 국가적 종교에 불만을 품게 할 수는 있었으나, 시대를 충실케 할 아무런 적극적인 힘도 갖고 있지 못했다. 그리고 순전히 지적인 영역에서도 적극적인 것은 전혀 갖고 있지 않았다. "르네상스" 이후에 신학적인 회의주의는 거의 과학에 대한 정열적인 신봉으로 대치되었다. 고대 세계는 회의주의자들의 논의에 대해 아무 답변도 하려고 하지 않고, 옆으로 비켜 버렸다. 올림푸스 신들이 신임을 잃게 되자, 동방 종교가 침투될 길이 크게 열렸다. 이 동방 종교는, 기독교가 승리를 얻기까지, 미신적인 사람들의 마음을 사려고 서로 경쟁했다.

3. 감정에 대한 개관

감정을 뜻하는 파토스(pathos)는 로고스(logos)[12]와 상대되는 말이다. 고대 그리스어 paschein(받다)에서 파생된 말로 근본적인 뜻은

12) 로고스의 어원인 lego는 모으다, 가려내다, 고르다, 셈하다, 말하다, 매개하다 등의 뜻을 가진다. 이런 뜻으로부터 파생된 로고스는 단어, 말, 논증, 설명, 이론, 평가, 수적 계산, 목록, 측정, 비례, 해명, 원리, 이성 등 다양한 의미로 사용된다. 로고스는 원래는 뮈토스와 대립하는 것으로서 자체성을 함축한다. 자체성은 타자로부터 오지 않음을 의미한다. 이 점에서 로고스와 파토스는 상대되는 개념이 된다. 그런데 여기서 주목할 것은 로고스가 내재적인가 아니면 초월적인가라는 문제이다. 이를 확인하기 위해서는 로고스를 사용한 철학자들의 주장을 살펴보는 것이 좋은데, 헤라클레이토스와 아낙사고라스가 좋은 보기가 될 것이다. 헤라클레이토스는 로고스를 이 세계를 통치하는 합리적인 원리의 의미로 사용한다. 로고스는 불과 유사하거나 같은 혈족으로서 물질적인 힘이다. 그는 합리적인 원리로서의 로고스를 세 가지 의미로 사용하는데, 그것들은 세계에 대한 인간의 사유, 세계 자체의 합리적인 구조, 그리고 합리적 구조의 근원이다. 여기서 중요한 것은 로고스가 내재적인 원리라는 것이다. 그는 이런 내재성을 불이라는 것으로써 상징화한다. 불은 세계 안에서 타오르는 원리이며, 여러 원소들 가운데 하나이다. 여럿 가운데 하나라는 의미는 초월적이지 않고 내재적임을 잘 보여준다. 이런 접근은 물활론자들에게서는 공통적으로 보인다. 탈레스나 아낙시메네스가 네 가지 원소 가운데 하나를 아르케로 정하는 것, 아낙시만드로스가 무한정한 것을 아르케로 정하는 것 등은 내재적인 의미로서의 로고스에 대한 탐구이다. 반면 아낙사고라스는 누스라는 개념을 사용하는데, 누스는 세계를 지배하는 지성적 원리로서 다른 사물들과는 혼합될 수 없는 것이다. 따라서 그것은 초월적인 개념이다. 아낙사고라스가 사용하는 누스는 로고스를 대신한다. 이렇게 볼 때 로고스는 처음부터 초월적이기보다는 시간이 흐르면서 내재적인 것으로부터 초월적인 것으로 해석이 바뀌었다고 볼 수 있다. 한편 플라톤이 사용하는 로고스는 아낙사고라스의 누스를 대신하는 개념으로 파악된다. 이렇게 파악할 수 있는 근거는 그가 세계의 지성적인 원리를 찾으려고 시도한다는 데 있다. 그는 누스와 로고스를 매우 가까운 것으로 생각한다.

'받은 상태'이다. 그러므로 광의로는 어떤 사물이 '받은 변화 상태'를 의미하고, 협의로는 특별히 '인간의 마음이 받은 상태'를 의미한다. 파토스에는 수동성과 가변성이 내포되며, 그때그때 내외의 상황에 따라 인간의 마음이 받는 기분정서를 총괄하여 표현한다.

이성과 감정에서 뚜렷하게 구분되는 점은 이성이 생득된 것임에 반해 감정은 습득된 것이라는 사실이다. '감정'이라는 낱말은 매우 다의적으로 사용되지만, 만일 도덕적으로 유의미한 종류의 감정들이 생득적인 것이 아니라 습득된 것이고, 주체의 사고, 믿음, 의지, 행위 등과 상호작용적으로 구성되고 표현되는 것이라면, 감정은 주체의 정체성, 특히 인격(에토스)과 불가분리적이라고 말할 수 있다. 고대 그리스 이론가들이 감정에 대해 공유했던 관념 중 한 가지는, "감정은 지향적 자의식의 한 양태로서, 어떤 대상에 관한 것이긴 하지만 대상을 있는 그대로 의식하는 것이 아니라 인지 주체에 의해 주관적으로 파악하는 의식을 가리킨다."는 것이다. 따라서 이렇게 말할 때 감정은 철저하게 로고스와 구분된다.

개인으로서 사고하고 행동할 때와는 달리, 특히 한 공동체의 구성원으로서 다른 주체들과 더불어 사고하고 행동해야 하는 상황에 처할 때 청중은 다른 사람들과 공유하는 전통과 관습에 내재된 기본적인 도덕적 · 정서적 성향의 영향을 지대하게 받는다. 이 성향은 주어진 사안에 따라 혁신적으로 변모될 수도 있지만, 그렇다고 해서 일시적인 변화가 성향의 기본구조를 근본적으로 바꾸어 놓는 것은 아니다.

본디 성향이란 주어진 상황의 특수성과 당면한 문제의 성격에 따라 특정한 판단이나 행동을 결정함으로써 특수한 모습으로 구체화되는 것이며, 성향이 구체화되는 방식은 어느 정도의 규칙성을 갖는다. 개인이나 집단의 에토스(도덕적 인격)는 성향과 습관이 구체화되는 실천 방식에 의해 표현되는 동시에 스스로를 구성 · 재구성해 나간다. 에토스의 구성 · 재구성에 반응하고 또 평가하는 선도적인 작용인이 수사적 파토스(감정)이다.

만일 청중이 결정에 이르는 과정과 설득의 결과로서 수행하는 행위 자체가 청중의 인격과 분리되지 않는다면, 전문가들이 공동체의 이익을 위한 목표와 행동 방침을 결정한 후 청중으로 하여금 그 결정을 받아들이게 하기 위해 '사후에' 수사가가 나서는 것이 아니라는 것이 분명하다. 물론 단순한 설득의 경우, 의도한 효과를 얻기 위한 임시 처방처럼 수사적 수단으로서 감정을 환기할 수도 있겠지만, 수사적 기술로서의 설득 과정 자체가 목표행동의 규범적 합리성을 구성하는 경우도 있다.

다른 사람의 감정을 환기시켜 자신이 의도하는 방향으로 움직이게 만들려는 시도는 저급한 설득이라고 불리기도 하고, 아예 설득이 아닌 유혹으로 구분되기도 한다. 아리스토텔레스도 판단이 감정에 잠식되어버릴 위험을 지적한다.[13] 키케로는 수사학의 본성에 관해 화해하기 어려운 대조적인 견해를 소개하는데, 이는 크라수스와 스캐볼라의 토론에서 찾아볼 수 있다.[14]

한편 근대에 들어서 귀스타프 르 봉은 군중의 구성원이 될 때 개인은 개인으로서 갖고 있던 책임 있는 사고력을 상실하고, 피암시성에 의한 최면술에 빠질 위험이 있다고 지적한다.[15] 예를 들어, 집단-A가 집단-B에 대해 인종차별이나 민족차별적 믿음을 갖고 있고, 그 믿음에 멸시의 감정이 동반한다면, 그 감정은 특정 대상에 대한 A의 정서적 반응인 동시에 A의 에토스적 특질을 반영한다. 즉 A의 도덕적 정체성은 A의 정서적 반응에 의해 반영되고 또 자기 성찰에 의해 의지적으로 재구성된다. 이것은 목적이나 대상 없는 감정이 있을 수 있다는 가능성을 전제로 한 설명으로, 기능주의적인 아리스토텔레스의 일반적 경향과 대조되는 것처럼 들린다.

---

13) Rhetoric, 1387b17-21.

14) De Oratore, I, 특히 viii. 30~xi.44.

15) G. Le Bon (2008)

실제로 아리스토텔레스는 성찰 없는 감정을 경계해야 한다고 말한다.16) 그러나 이러한 종류의 감정은 대자적 감정으로 이해할 경우, 대상 없는 모든 감정이 성찰이 결여된 것은 아닌 것으로 구별할 수 있다. 수사적 설득을 수행하는 과정 자체는 공동체의 도덕적 성격과 존재 이유를 재규정할 수 있는 것이고, 설득의 기술로서 수사학에서 감정이 갖는 철학적 유의미성은 바로 여기에 있는 것이다.

만일 아리스토텔레스가 수사학이 논리학과 변증론 사이의 간격을 유의미한 방식으로 메워줄 것을 기대했다면, 그가 수사학에 대해 가졌던 비전은 설득에 성공하는 단순한 효과 창출 기제로서의 수사학이 아니라, 정의로운 공동체와 풍요로운 사회생활에 대한 역동적이고 진지한 도덕적 상상력을 청중에게 고취시키는 일종의 시뮬레이션 기제로서의 수사학이라고 해석될 수 있을 것이다. 이를 아리스토텔레스 자신의 진술로 뒷받침해 보면, 그는 수사학을 윤리학의 지류로서 가히 정치학이라 불릴 수 있다고 말했는데17), 그것은 수사학이 곧 정치학이라는 것이 아니라, 지식으로서의 프로니모이(phronimoi)와 실천으로서의 폴리티코이(politikoi)를 매개하는 특별한 종류의 기술로서 그가 수사학을 이해했음을 보여준다. 그리고 수사학의 내용은 그런 매개의 성격과 면모들을 밝히는 것으로 채워진다. 아리스토텔레스의 이러한 비전을 좀 더 개진시킨다면, 사고와 행위, 또는 이론과 실천을 매개하는 결정적인 작용인은 '아레테적 감정', 또는 '에토스의 체현으로서의 감정'이다.

특정한 공동체에 속한 개인들을 합리적이고도 도덕적으로 유의미한 판단에 이르게 하는 안내자이자 행위구성자로서 수사학의 입지, 특히 감정의 매개적 기능을 개괄하는 것은 이 정도로 충분하다. 설득 수단을 발견하는 기술로서 수사학의 관심사는 설득하려는 명제

---

16) Rhetoric, 1149a24-31.
17) Rhctoric, 1356a26

내용의 진리성뿐만 아니라 설득 방식까지 포괄하는데, 여기서 말하는 설득 방식은 청중의 인격과 감정에 관해 수사가가 터득해야 할 심리학적 지식, 수사적 텍스트의 스타일적 면모, 그리고 수사적 텍스트의 일부로서 수사가 자신의 인격까지 반영한다.

따라서 첫째, 정치학을 비롯하여 심리학, 윤리학, 그리고 미학의 영역을 아우르는 수사가의 지식은 궁극적으로 수사가와 청중 사이에 우정 또는 화합이라는 감정 양태를 조성할 수 있는 지점에 이르기까지 청중의 상상력을 고취시킬 때 수사적 설득에 성공할 수 있다. 이 논제는 수사가의 에토스를 설득력의 기체로 보는 입장을 보완적으로 재서술한 것인데, 이것은 수사적 설득의 활성화 동인으로서 도덕적 상상력을 고취시키고 인도하는 것은 바로 감정이라는 것을 주장으로 이어진다. 이토록 감정의 중요성이 강조되는 이유는 에토스는 실제 상황에서 반드시 구체적으로 실현되어야 하는데, 그 실현의 결정적인 매개자는 실천이성이 아니라 실천이성을 돕는 상상력과 미적 판단이기 때문이다. 따라서 결정적인 판단의 순간에 수사가와 청중 사이에 '우정'의 이름으로 불릴 수 있는 동질감과 신뢰감이 확립되지 않는 한, 그리고 그것이 미적으로도 만족스럽지 않는 한, 결코 청중은 수사가의 제안을 정서적으로 승인하지 않을 것이다.

둘째, 수사적 설득 과정에서 공동체의 도덕적 정체성과 연관된 감정-예컨대, 호모노이아 같은 감정-은 도구적 감정이 아니라 내재적으로 가치 있는 감정이다. 『수사학』에서 설득 수단의 하나로서 제시된 파토스(감정)는 도구주의적 감정관에 지대하게 의존하고 있기 때문에, 설득 과정을 통해 가치의 체현으로서의 에토스-파토스, 즉 내재적으로 가치 있는 감정이 창출될 수 있는 가능성을 분명하게 보여주고 있기 못하다. 사고와 행위를 매개할 때 감정은 단순히 반복적으로 재연되는 것이 아니라 특수한 의식 양태로 개별화되며, 감정의 그러한 창발적 개별화는 수사적 텍스트의 스타일을 구성할 뿐만 아니라 그것에 반응하는 감정 자체의 스타일을 이룬다. 그리고 이렇게 개별화된 감정은 인격의 구성요소가 된다. 따라서 수사적 설득 과정에서 창출되는 어떤 감정들은, 실제로 청중을 설득하는데 성공하든지 못하든지 간에, 수사적 텍스트와 수사적 청중의 에토스를 구성하는 비도구적 감정, 즉 내재적으로 가치 있는 감정이다.

4. 회의주의와 감정

고대의 회의주의는 옹호자들에 의해서 인생의 지침이라고 간주되었나. 그들의 인생의 목석은 마음의 평온으로, 전혀 혼란함이 없는 상태이다. 겉으로 드러난 모습을 부정하는 것이 인생의 목적은 아니었다. 독단주의를 거부하는 것이 오히려 인생의 목적이었다. 독단주의와 싸우는 방법을 찾는 것은 아직까지도 철학적인 회의주의의 중심 요소이다. 회의주의자들에 의하면 과학에서나 일상생활에서 절대적인 확실성이 꼭 필요한 것은 아니다. 과학은 사물의 겉만 볼 수 있으며 확률적이긴 하지만 꽤 잘해나갈 수 있다. 우리는 절대적인 확실성 없이도, 도적적인 원리를 포함해서 일생활의 지침을 찾을 수 있다. 우리는 어떠한 원리들이 우리가 원하는 평화롭고 행복한 삶으로 인도할 수 있는지 생각해 낼 수 있다. 많은 회의주의자들은 자연과 관습은 스스로 가장 좋은 상태를 알고 있다고 생각하여, 극히 보수적인 생활 스타일을 옹호한다. 그들은 자신이 태어난 나라의 법과 종교적인 관습을 포함해서 여러 가지 관습을 따른다. 그리고 그들은 우리의 자연적인 욕구를 따르는 것은 좋은 삶에 대한 믿을 만한 지침이라고 믿고 있다. 그러나 사회적이고 정치적인 보수주의는 대부분의 회의주의자에게 아타락시아라는 목적에 잘 도달하게 하지만, 이것은 불합리한 추론이다. 즉, 이러한 입장을 취히는 것은 지각적 혹은 도덕적 회의주의에서 합리적으로 추론한 것이 아니다.

스토아주의나 에피쿠로스주의 등과 같은 여타의 헬레니즘 학파와 달리 퓌론주의는 철학을 포함하는 이론적 믿음이나 판단의 기준 등을 신뢰하지 않으며, 심지어 자신들이 동원하는 논변의 형식조차도 궁극적으로 정당화가 가능한 학적 입장의 한 부분으로 간주하지 않는다. 논변이나 철학적 사유는 퓌론주의에서 세계에 대한 인간의 개입을 좌절시키기 위해서 사용될 뿐이기 때문에 일종의 치유적 관점에서 동원되는 의료적 처방으로 비유될 수 있다. 회의주의적 논변은 영혼의 질병이 치유되면서 동시에 용도폐기 되어야 하는 것이며, 이점에서 퓌론주의는 반철학(Anti-Philosophy)의 한 유형으로 간주될 수 있다.

감정의 문제를 다룰 때, 회의론자는 사물의 본성에 대한 인식적 믿음이나 가치판단을 내리는 철학자들을 '독단론자'로 부르고, 그들을 비판의 표적으로 삼아 논증을 전개한다. 많은 경우 이 독단론자들에는 스토아주의자와 에피쿠로스주의자들이 포함된다. 감정에 대한 회의론자의 기본 입장은, 이론과 사물의 본성에 관한 회의적 태도를 취할 때, 즉 판단중지와 판단보류를 취할 때, 우리는 혼란스러운 감정 상태로부터 해방되는 반면에, 독단론자는 감정의 동요를 겪을 수밖에 없다는 것이다. 왜냐하면 경쟁하는 주장들 중, 어느 주장도 더 나을 것이 없기 때문이다.

이 점에서 회의론자는 독단론자보다 우월하다. 하지만 회의론도 헬레니즘 철학의 공통된 특징인 개인의 심적인 안정 및 영혼의 평정을 추구한다. 아르케실리오스와 카르네아데스는 회의론자도 행복한 삶이 얼마든지 가능하다는 것을 길게 설명한다. 철학을 진지하게 다룰 경우 철학은 반드시 구체적인 실천문제와 직결되어야 한다는 것은 고대 세계에서 일반적인 생각이었기 때문이다. 그러나 두 사람 모두, 정서적 동요로부터 자유롭기 때문이건 혹은 다른 이유에서건, 회의론자의 삶이 독단론자의 삶보다 더 낫다는 것을 암시하는 말을 한 적이 없다. 그들이 회의적인 태도를 견지하려는 동기는 그 결과로 얻는 삶이 바람직한 것과는 무관하다. 오히려 그들은 그러한 태도가 성실한 지성의 고찰에 의해 인도되는 것으로 여겼다. 만일 인식론적이거나 다른 철학적 쟁점들을 진지하게 그리고 편견 없는 눈으로 검토한다면, 경쟁적인 주장들의 장점들에 관한 판단을 유보할 수밖에 없는 것이다. 그 반면에, 퓌론과 후기 회의론자들은 아타락시아(ataraxia), 즉 원하지 않는 감정 상태들로부터의 해방을 얻기 위해 회의적 태도를 장려했다.

퓌론주의의 윤리적 관점은 행복이나 도덕적 선에 대한 직접적인 언급에 선행해서 실천과 이론, 인식과 도덕의 연관 자체를 부정한다. 지식과 철학이 곧바로 도덕적 삶의 가능성을 제고하는 데 기여하지 못하고 오히려 방해가 된다는 퓌론주의의 관점은 당대의 스토아주의 및 플라톤적 전통과 확연히 구별된다. 그에 따르면 독단적 믿음이나 이론, 철학 등이 오히려 자유로운 삶과 영혼의 질병을 치유하는 데 적합하지 않다.

아리스토클레스가 보고하는 바에 따르면[18], 퓌론은 감각과 의견을 신뢰하지 말 것을 권고한다. 오히려 우리는 "사물은 하나같이 구별할 수도 없고, 측정할 수도, 규정할 수도 없는 것이라고 퓌론은 분명하게 밝혔다. 이러한 이유 때문에 우리의 지각 행위나 판단은 참도 거짓도 아니다. 그래서 우리는 그러한 것에 의존하지 말아야 하며, 판단하지 않아야 하며, 이러저러한 방식에 끌리지 않아야 하며, 도리어 모든 개별 사물에 관해서 그것이 있거나 없거나 전혀 차이가 없다고 말하거나 그것이 있기도 하며 동시에 있지 않기도 하다고 말하거나, 있지도 않으며 있지 않지도 않다고 말하면서, 흔들림이 없어야 한다."고 했다. 이 '견해를 취하지 않는 태도'인 무견해가 정확히 어떤 것인가, 그리고 후대의 회의론자들이 채택했던

18) Eusebius, Praeparatio Evangelica, 14. 18. 1-5.

판단 보류는 어디까지인가에 대해서는 논의의 여지가 있다.

이런 태도는 아타락시아, 즉 '심적 동요로부터의 자유', '근심으로부터 벗어남'을 가능케 하는 것으로 생각되었다. 퓌론의 추종자들이 해방되고자 했던 심적 동요에 대해서는 티몬에 의해 부분적으로 설명되었다. 티몬의 보고에 의하면 퓌론이 사람들의 명성이나 압력에 흔들리지 않았고 patheon에 대하여 자유로웠다고 말한다. 파테온을 롱과 세들리는 '감정'(passions)으로 번역하는데, 그들이 옳다면, 티몬은 동요하는 감정 상태, 즉 사물들의 본성에 관해 일정한 견해를 갖고 '법칙을 세우려는' 무익한 시도를 하는 상태는 회의적 태도, 즉 주장을 하지 않는 태도를 통해 우리 자신을 해방시켜야 할 동요들에 속한다.

그러나 파테온은 감각 경험을 포함하여 일반적으로 심리적 '정감'을 가리킨다. 티몬의 단편적인 글이 강조하는 것은 대부분의 사람들이 이쪽저쪽으로 기울어지는 불안정성이다. 우리의 견해뿐만 아니라 감각 경험의 불안정성은 '압박감'의 원천으로 생각될 수 있다. 적어도 만일 감각 경험이나 견해를 사물들의 참된 상태에 대해 우리를 인도하는 안내자로 간주할 경우 그러하다. 이것을 퓌론은 비판했다. 그럼에도 불구하고, '파테온'이라는 단어가 감정을 가리키지 않는다 해도, 일정한 견해를 갖게 됨으로써 비롯되는 불안정성은 이 텍스트에서는 정서적으로 유해한 것으로 그려져 있다. 바로 이 유해한 감정 상태에 퓌론은 '무견해적' 태도로 인해 결코 종속되지 않았다고 전해진다.

퓌론주의의 논변은 기본적으로 모든 독단적 주장에 대해 비슷한 강도의 반대되는 주장을 설정할 수 있다는 전제에 의존한다. 부언하자면 모든 주장과 명제에 대해서 동등한 정도의 설득력을 지닌 반대주장과 반대명제가 설정될 수 있다는 것이다. 여기서 어디까지나 동등한 논변들의 대립(isosthenia / equipollence)은 퓌론적 회의의 첫 단계에 불과하다. 그러나 논변들의 설정은 논의되는 사태 자체의 변증법적 특성 때문에 필요한 것은 아니다. 그것은 궁극적으로 판단중지를 넘어서 마음의 평정의 상태에 도달하기 위해 설정된다. 따라서 퓌론적 회의의 세 단계들, 마음의 평정과 판단중지, 그리고 동등한 논변들의 대립은 상호 긴밀한 연관 속에 놓여있다. 동등한 설득력을 지닌 논변들이 양립하면서(isosthenes / equipollence) 달성되는 내면적인 자유의 특수한 형태는 오히려 방념의 의미와 가깝다.

퓌론주의의 논변형식들이 단순히 논쟁술적 변증법의 형식들로 간주될 수 없는 이유가 여기서 발견된다. 일반적인 논변형식들은 그럼에도 불구하고 퓌론주의의 원래 의도와 달리 체계적 형식을 지향하는 모든 철학의 사유의 형식적 기준들로 차용될 수 있다. 퓌론적 논변은 그러나 아타락시아를 겨냥한 삶의 형식에 대한 관심에서 비롯한다.

철학적 믿음을 삶의 지향점으로 삼기를 포기한 퓌론주의자는 이제 무엇에 의존할 수 있는가? 퓌론주의자는 이론적인 지성이나 철학 등에 성급하게 의존할 것이 아니라, 자신의 실제 삶에서 발견하는 자연과 경험, 그리고 전승된 인륜, 혹은 실정법을 지침으로 권고한다. 따라서 우리는 현상들을 삶의 지침으로 삼고, 비독단적인 태도로 일상적인 삶의 경험을 따른다. 왜냐하면 우리는 전적으로 아무런 활동도 하지 않고 살아갈 수 없기 때문이다.

이 같은 일상적인 삶의 경험은 네 부분으로 나뉜 것처럼 보인다. 그것은 자연의 지침과 경험의 강제, 법률과 인륜의 전승된 부분이며, 기술적 지침들(techne)과 같은 요인들이다. 퓌론주의자가 전통이나 습속, 기존의 법률 등과 같은 기성 질서를 삶의 '지침'으로 간주한다고 해서 이를 곧 참이라고 믿는 것은 아니다.

회의주의자는 어디까지나 현상들로 가득한 타인과 함께 살아가는 자신의 세계에 대해 오직 수동적인 관계를 유지할 뿐이다. 확실성을 지향하는 모든 노력은 필경 동등한 논변들의 대립(isosthenie)으로 인한 판단중지에 직면할 것이기 때문에 우리는 오직 자신이 스스로 자의적으로 추구하지 않은 상태에서 수용할 수밖에 없는 경험에 의존하는 데, 이를 일컬어서 퓌론주의자는 현상의 세계로 지칭한다.

따라서 "회의주의 학파의 기준"[19]으로까지 규정된 '현상' 개념은 여기서 근세 이후의 인식론적 맥락에서 이해된 것처럼 그 어떤 현상주의나 경험주의의 이론에서 사용하는 현상개념과 동일한 의도에서 사용된다고 보기 어렵다. 즉 현상의 의미는 우리가 현실 세계에서 필연적으로 경험할 수밖에 없는 것이거나, 사회적 규범이나 인륜과 같이 우리가 어쩔 수 없이 수용하게 되는 삶이 기본적 조건과 같은 것이다.

이 점에서 퓌론주의의 실천철학적 관점을 보수주의로 규정하는 것은 용이한 것처럼 보인다. 그러나 삶의 형식으로서의 퓌론주의는 초합리적 경향으로 인해서 일반적인 의미의 종족중심의 폐쇄적인 세계관이나 근대 이후 나타난 정치적 보수주의 등과 동일시될 수 없다. 물론 구체적 삶의 준거로 설정되는 관습이나 법, 규범들이 양심에 위배되는 경우에 요청되는 비판적 태도의 기준에 대한 문제는 계속 제기될 수 있지만, 이는 삶의 형식으로서의 퓌론주의가 지향하는 근본적인 쟁점과 거리가 멀다. 하지만, 그 근본적인 이유는 인간적 합리성에 대한 퓌론주의의 급진적 해석에 기인한다.

퓌로니즘의 본래적 동기는 합리적 이성에 의해서 세계에 대한 체계적 관점을 확보하는 것이나, 철학적 이론을 메타적이며 선험철학적 원리의 정당화를 통해서 정립하는 것이 아니라, 이성의 내재적 한계에 대한 통찰을 통해서 해방된 삶을 구현하는 것이다. 이 같은 정황은 퓌론주의적 회의주의를 합리성 대 비합리성의 대립적인 맥락 위에서 파악하는 작업을 문제시하게 만든다. 한 마디로 퓌론주의는 비합리성이 아닌, 초합리성(transrationality)의 의미를 함축한다.

---

19) PH, 1권 22.

transrationality란 조어는 기존의 transversality처럼 서로 다른 상징체계와 세계들을 가로지르는 횡적 사유 활동과 구별될 뿐만 아니라, 합리적 질서나 상징체계의 '외부'에 설정되어 이원론적인 틀을 전제하는 메타합리성(meta-rationality)과도 구별되는 사태를 가리키고 있다. 초합리성의 개념은 합리적 믿음이나 이론 자체의 내재적 한계에 의해서 요구되는, 세계에 대한 독특한 초월적 관점을 가리킨다는 점에서 철학적 지식과 지혜의 차원을 가로지른다.

퓌론적 회의주의가 지식의 세계를 넘어서는 '지혜의 문화'에 뿌리내리고 있다는 사실은 헬레니즘적 사유의 근본적 정향성을 감안할 때 그다지 새로운 사실이 아니다. 철학은 이미 소크라테스에게서도 어떤 합리적 이성이나 논리체계에 의해서 완결된 이론적 태도를 넘어서는 삶의 형식을 의미하는 것이었지만, 이와 같은 사상적 정향은 그리스 문화권 밖에서도 발견된다. 따라서 비교철학적 연구에 대해서 유보적인 삐에르 아도 역시 고대 그리스의 지혜문화나 신비주의를 불교에서 영감을 받은 삶의 태도와 견줄 수밖에 없는 자신을 발견한다.

이와는 대조적으로 한스 슈트름의 연구는 더욱 적극적으로 퓌론적 '판단중지'를 동서양의 신비주의 및 종교적 전통과 접목시키고 있다. 그러나 서구철학사에서 퓌론주의는 본래의 명상지향적인 맥락에서 벗어나 인식론적으로 재구성되거나, 몽테뉴와 같은 호교적인 보수주의 이데올로기와 접목된다. 즉 영혼의 해방을 지향하는 퓌론적 초합리성의 차원은 제거되거나, 최소한 로고스 중심의 체계지향적 철학에 의해서 지양된다. 철학적 회의주의는 퓌론주의의 경우처럼 서구 정신사의 한 단계일 뿐만 아니라, 인간의 의식이 성숙해 가는 과정에서 경험하는 필연적인 계기로 이해되는 것이다.[20)]

---

20) 그러나 퓌론주의와 달리 지식과 독단적 믿음에 대한 회의는, 헤겔의 경우, 모순적 사태의 지양을 통해서 순수하고 완결된 정신을 지향하는 목적론적인 사변철학의 구도 하에 수렴된다.

감정에 대해 총체적인 '면역 상태', 적어도 그러한 이상적인 면역 상태는 퓌론에 관한 여러 일화에서 암시된다. 폭풍 속의 배 위에서 퓌론은 한가롭게 먹이를 먹고 있는 돼지를 가리키며 그것을 인간이 따라야 할 모범이라고 말했다고 한다. 그는 '추론과 철학'을 통해 아파테이아(무감각) 상태를 유지해야 한다고 말하기도 했다. 또 그는 우리가 감정에 휩싸이는 것은 무감각 상태에 있지 않은 것일 뿐만 아니라 '인간성을 벗어나는' 것이라고 말하기도 했다. 공포나 분노, 그리고 다른 감정들은 분명 인간성의 일부이긴 하지만, 그것에 복종해야 하는 것은 아니다.

오히려 퓌론이 권장하는 것은, 철학으로 하여금 가능한 한 최대로 감정을 표출하려는 자연적인 경향으로부터 피하는 것이다. 어떻게 철학이 그러한 도피를 활성화시킬 수 있는지 설명하지는 않았다. 그러나 문맥으로부터 끌어낼 수 있는 것은 어떤 하나의 견해를 취하는 것은 나쁜 것이라는 것이다. 올바른 철학이라면 대체로 '무견해적인' 태도에 도달하게 된다. 따라서 특정한 한 견해를 갖는 것은 감정에 의한 것이며 정서적 선호에 따른 결과이다.

퓌론적 회의는 일시적인 관점이나 철학적 입장이 아니라 일생에 걸쳐 관철되는 일종의 삶의 형식이다. 이들이 어떤 형태로든 체계 지향적인 동기나 이론적인 관심에 의해서 좌우되지 않았다는 것은 이들의 논변 양식에서도 드러난다. 즉 퓌론주의는 다른 믿음이나 철학, 이론들에 '기생'하면서 논변의 상대에 따라 전략을 바꾸는 양상을 보여준다.

우리는 심지어 철학적 회의주의가 다른 철학에 기생함으로써만 기능한다고까지 말할 수 있는데, 그 이유는 바로 논변 상대방의 영혼이 처한 상황에 따라서 처방이 달라져야 한다는 치유적 관점에서 설명되는 것이다. 회의주의의 논변은 '환자', 즉 독단주의자들의 질병이 그 증세에 따라서 달리 처방되어야 한다는 것이다. 이점에서 섹스투스 엠피리쿠스의 『퓌론주의의 개요』는 "왜 회의주의자는 때에 따라서 의도적으로 설득력이 약한 논변들을 제시하는가”라는 물음으로 마무리되고 있는 데, 이는 우연적인 배치가 아닌 일종의 회의주의적 처방에 대한 서술에 해당한다.

5. 감정에 대한 섹스투스의 정리

감정에 대한 섹스투스의 태도에 관해 알 수 있는 가장 유익한 설명은 『윤리주의자에 반대하여(Adversus Mathematicos XI)』 4장과 5장이다. 그 견해는 다음과 같다. 독단론자들은 강렬하게 자신들에게 즐거움을 주는 것을 추구하고, 혐오감을 주는 것들을 회피한다. 이 집착적인 추구와 회피는 문제의 사물들이 본성적으로 좋거나 나쁜 것이라는 믿음과 연관되어 있다.[21] 추구와 회피, 성취와 좌절은 모두 유해한 감정적 효과를 추래한다. 본성적으로 좋은 것으로 판단하는 것을 추구하고 본성적으로 나쁜 것으로 간주하는 것을 회피하는 것은 필연적으로 동요와 광기 상태로 이끌게 되는데, 왜냐하면 그것은 문제의 대상을 얻느냐 못 얻느냐 하는 것이 관건이기 때문이다.[22]

그러나 본성적으로 좋은 것으로 간주하는 것을 성취할 때 그 소용돌이는 그친다. 한 편 그 상태를 유지하고자 할 때 그것을 잃게 되거나 다른 사람의 질시를 받게 될 것을 두려워하게 된다. 본성적으로 나쁜 것으로 간주하는 것을 겪고 있을 경우, 그 상태에 있는 것을 슬퍼하고 또 그 상태에서 벗어나고자 하기 때문에 역시 광포와 집착에 휩싸이게 된다. 어떤 믿음을 갖거나 갖지 않든지, 신체를 가진 존재가 겪게 되는 고통, 배고픔 등 여러 유형의 불쾌한 경험에 영향을 받지 않을 수 없다. 그러한 경우에도 회의론자는 독단론

21) Math. 11,112-113, 121.

22) Math. 11.116-117, 128-129, 146.

자보다 더 낫다. 왜냐하면 회의론자는 그저 고통이나 배고픔을 느낄 뿐이기 때문이다. 그 반면에 독단론자는 감정적 동요로 이끄는 믿음을 갖고 있기 때문이다.[23)]

이 설명에 관해 여러 가지 물음이 제기될 수 있다. 첫째, 평가적 판단을 유보하는 것이 반드시 동요로부터 해방을 이끌지 않는 것은 아니다. 그 결과 적어도 뿌리 없는 느낌과 불안정을 초래할 수 있고, 그것 자체가 마음의 동요로 이끌 수 있다. 섹스투스가 기술한 것 같은 결과가 초래되는가 여부는 개인의 기질에 따라 결정될 수 있다. 아무튼 그 결과가 필연적인지 뒷받침하는 타당한 논증은 없다. 둘째, 역으로, 집착과 동요가 사물들이 실제로 좋은 것이거나 나쁜 것이라고 믿는 믿음의 결과인지는 불분명하다. 어떤 사람은 집착하지 않은 채로 참으로 좋은 것으로 믿는 것을 추구할 수도 있다.

섹스투수는 그러한 생각이 틀렸다는 것을 입증하려 하지는 않았다. 특히 광적인 태도의 정도는 부분적으로 문제의 추구되는 대상의 성격에 달려 있다. 그가 대부분 초점을 두는 사례들은 부와 영화, 쾌락이며[24)] 그러한 것들을 집요하게 추구하는 것은 특기할만한 현상인 것 같다. 그러나 그러한 것들이 집착적으로 추구될 수밖에 없다고 해도, 스토아주의자들이 생각하듯이 덕의 추구, 혹은 에피쿠로스적인 정적(katastematic) 쾌락을 추구하는 것도 그러하다는 것이 함축되지는 않는다.

근래에 지적되었듯이, 부와 영화, 그리고 적어도 저급한 의미의 쾌락을 독단론자들은 선으로 간주하지 않았다. 섹스투스가 드는 사례들은 편협할 뿐만 아니라 그들이 의도한 목표에 완전히 들어맞지 않는다. 그는 어느 것을 선으로 간주하고 추구하건 아무 차이가 없다고 주장하면서, 부의 추구에서 덕의 추구로 초점을 바꾸기도 했

23) Math. 11.158-161.
24) Math. 11.119-130.

다.[25] 그러나 결국 아무런 차이가 없다는 주장은 논증되었다기보다는 주장된 것에 불과하다.

이러한 점들은 많은 논의를 필요로 한다. 그러나 이 시점에서 우리는 그 문제들을 차치해두고, 섹스투스의 관점이 독단론자들의 관점과 일치하는 여러 측면들에 집중하고자 한다. 양자 간의 공통점들의 범위는 섹스투스가 기술한 것처럼 마음 상태들 사이에 엄청난 간극을 고려할 때 놀라울 정도로 넓다. 그러나 헬레니즘 철학자들은 많은 가정들을 공유하고 있다는 것은 전혀 새로울 것이 없다.

첫째, 감정과 믿음 사이의 연관성이 문제, 특히 어떤 것이 좋은가 또는 나쁜가에 관한 믿음과의 연관성의 문제가 있다. 이 영역에 관해서는 스토아주의자들도 견해를 언급한 바 있고, 에피쿠로스주의자들 역시 양자 간에 긴밀한 관계가 있다고 보았던 것은 분명하다. 그러나 섹스투스는 그가 독단론자들에게 귀속시키는 감정 상태들에 대해 똑같은 연관성을 상정한다. 섹스투스는 감정이 선이나 악, 또는 그 무엇에 관해서건 근본적으로 믿음을 포함한다고 생각하지 않았고, 더구나 스토아주의들처럼 감정이 믿음으로 구성된다고 생각하지 않았다.

회의론자답게 섹스투스는 감정이 무엇인가에 대하여 특별한 기술적인 분석을 제시하지 않는다. 감정에 대한 분석 자체는 사물들의 본성을 명시하려는 시도가 될 것이다. 그러나 그는 독단론자들의 감정 상태의 필요충분조건은 믿음이라고 보았다. 왜냐하면 독단론자는 믿음을 가짐으로써 어떤 감정 상태에 처하게 되기 때문이다. 섹스투스 엠피리쿠스는 여러 심리 상태의 근본적인 특성에 관한 설명을 제공하지도 않고, 그 상태들이 발생하게 되는 메커니즘에 관한 이론을 제시하지도 않는다. 그가 인과적 개념들을 사용하는 것은 자신의 논증을 궁지로 몰아넣게 될 수도 있다. 그러나 어떤 의미에서, 흄적인 믿음들 간의 규칙적 연합, 혹은 지금까지 관찰한 규

25) Math. 11.131-140.

칙적인 연합과 같은 것을 그가 말하고자 했던 것일 수 있다. 따라서 그는 사물의 참된 본성에 관해 어떤 입장도 취하지 않아도 될 것이다.

섹스투스의 지향점과 스토아주의자들의 지향점 사이에는 공통된 점들이 있다. 첫째, 회의론자와 스토아 현자에 의해 경험되는 선호하는 상태의 어떤 유형들을 제외하고, 감정들은 갖지 않는 편이 훨씬 낫다는 가정이다. 스토아 현자들은 pathe를 갖지 않는다. 섹스투스는 사물들이 본성적으로 좋다거나 나쁘다는 믿음의 결과로서 그가 주장하는 감정 상태를 갖지 않는 편이 낫다고 가정할 뿐이다. 대부분의 경우 우리는 아마도 동의할 수 있을 것이다. 그러나 극단적인 기쁨조차 섹스투스는 반대할만한 것으로 본다. 스토아적 관점에서 볼 때, 감정을 피해야 하는 이유는 바로 그 '과도함'이다.

현자가 감정을 갖지 않는 또 다른 이유는 감정을 구성하는 믿음들은 거짓이기 때문이다. 감정에 사로잡혀 있을 때 우리가 좋거나 나쁜 것으로 믿는 사물들은 진실로 그런 것이 아닐 가능성이 높기 때문이다. 이 점에서도 섹스투스의 견해는 크게 다르지 않다. 섹스투스 역시 사물이 본성적으로 좋거나 나쁘다는 믿음을 거짓으로 본다. 그는 이 믿음은 회의론자가 판단을 보류해야 할 믿음으로 생각하지 않는 것 같다. 그러나 어떤 것도 본성적으로 선하거나 악한 것은 없다고 주장하고. 이 결론을 용인하는 것은 회의론자가 행복을 성취하기 위해 필수불가결한 것이라고 주장한다.

스토아주의와 다른 점은 섹스투스의 어느 저작에서도 믿음의 오도성이나 거짓이 심적 동요를 일으키는 감정 효과를 초래하는 것으로 제시되지 않았다는 점이다. 스토아적 견해에 의하면, pathe의 충동의 과잉성은 바로 '이성에 대한 불복종' 때문이다. 세계를 올바로 보고, 조화로운 이성의 제어에 충실한 현자의 경우, 충동들은 제어의 경계 안에 머물러 있다. 그러나 우매자의 충동은 이성의 제어와 질서를 부여하는 이성에 따르지 않는다. 그러나 감정적 효과에 대해 기술하고 있는 섹스투스의 단락의 초점은 사물들이 그 자체로 좋거나 나쁘다는 믿음을 가진 사람들에게 전적으로 의존하고 있다는 것일 뿐, 그 믿음이 정당화되지 않은 것이라는 사실에는 강조점이 있는 것을 아니다.

이 단락에서 명시된 것은 오직 어떤 것들이 본성적으로 좋거나 나쁘다고 보는 독단론자의 주장이 옳을 수도 있지만, 감정의 견지에서 볼 때 회의론자보다 취약한 입장에 있다고 하는 것뿐이다. 그가 회의론자가 독단론자보다 낫다고 보는 이유는 전자는 후자가 처하게 되는 온갖 감정의 동요로부터 자유롭기 때문이다. 그러나 이 두 논점은 스토아주의자들의 경우와는 달리 서로 연관되어 있지 않다.

그렇다면 회의론자 자신의 감정 상태는 어떠한가? 지금까지 살펴본 바로는 섹스투스는 회의론자가 완전히 감정이 배제된 상태에 있는 것으로 말하는 것 같다. 그러나 결코 이 점은 분명하지 않다. 어쨌거나 그의 설명에 의하면 회의론자는 단순히 신체적인 것 외에 여러 종류의 느낌들을 경험한다. 회의론자가 선택을 위한 그 어떤 근거를 갖지 않는다는 비판에 대하여, 섹스투스는 회의론자는 '전통적인 법률과 관습에 일치하는 고정관념에 의해' 행동한다고 말한다. 이것이 무엇을 말하는지 설명되고 있지는 않다.

그러나 요점은 이렇게 해석될 수 있다. 즉 특수한 문화 안에서 자라난 결과, 회의론자는 여러 유형의 행위들과 그 행위들이 산출하는 결과들에 대해 호불호의 태도를 갖게 된다. 문화적으로 배양된 태도는 감정적인 요소를 포함하고 그것은 개별적인 선택에 적용된다.[26] 만일 인간의 생명을 보존하는 것에 높은 가치를 두는 문화권에서 자라났다면, 전쟁에 나가 죽을 수도 있는 상황을 기꺼이 받아들이고자 할 것이다. 중요한 선택을 대면할 때 사람은 가능한 선택지들에 대해 호/불호의 특수한 느낌들을 갖는다. 그러한 느낌들의

26) 예를 들어 폭군의 명령에 따를 것인가 하는 것.

특성은 그 사람이 자라난 사회에 의해 형성된 것이다. 따라서 만일 그러한 태도들을 섹스투스가 말한 것이라면, 그 태도에 감정들이 포함되는 것은 분명하다. 그 감정들은 동기부여적 힘을 갖고 정서적 요소를 갖는 심리적 사건들이며, 감정으로 합당하게 간주될 수 있는 필수적인 인지적 복합성을 갖는다. 그것들은 단순한 '심적 느낌'이 아니라 지향적 대상이다. 즉 그것은 조국을 위해 죽는 것, 살상에 '관한' 느낌들이다.

회의론자의 태도가 똑같은 문화권에서 자란 다른 사람들의 태도와 다른 점은 그들은 사물들이 본성적으로 어떠하다는 것에 관한 어떤 믿음도 갖고 있지 않거나 그 믿음을 전제하지 않는다는 것이다. 다른 사람을 죽이는 행위를 매우 나쁜 행위로 간주하는 문화에서 자란 대부분의 사람들은 살인이 매우 나쁘다는 믿음을 가질 것이고, 그 믿음에 의거하여 살인의 전망에 대해 혐오감을 느낄 것이다. 그와 대조적으로 회의론자가 혐오감을 느끼는 까닭은 그러한 믿음을 갖고 있기 때문이 아니라 단지 그런 문화에서 자라났기 때문이다.27)

현대 철학자들 중에는 감정이 정의상 믿음을 전제하는 것처럼 주장하는 이들이 있다. 만일 그 정의에 따른다면, 회의론자의 '선개념'은 감정으로 간주될 수 없을 것이다. 그러나 '감정'이라는 명칭의 적용가능성은 문제되지 않는다. 중요한 것은 회의론자의 행위가 적어도 부분적으로 정서 상태로 보이는 문화적으로 조건화된 상태에 의해 형성되었다는 사실이다.

회의론자의 '선개념'은 사물이 참으로 어떠하다는 것에 대해 믿음에 의해 전혀 영향을 받지 않기 때문에 그들은 또한 비회의론자의 태도가 갖는 집착적이거나 '고정적인' 특성을 갖지 않는다. 여기

27) 회의론자가 되기 전에는 그도 그러한 믿음을 가졌을 수도 있다. 그러나 문화적 내면화가 깊게 이루어진 경우, 그 믿음을 버린 후에 혐오감을 느끼는 성향은 지속적일 수 있다.

서 스토아주의와 유사성을 보게 된다. 왜냐하면 이 측면에서 회의론자의 '선개념'은 스토아 현자들이 pathe, eupatheiai, 즉 '좋은 감정'에 해당하는 것과 유사하기 때문이다. 회의론자의 '선개념'과 마찬가지로, 그것들 역시 감정으로 분류할 수 있을지는 불분명하다. 그러나 이것은 특별히 중요한 것이 아니다. 핵심적인 점은 섹스투스가 보여주는 회의론자의 견해와 같이, 스토아 현자는 어떤 유해한 믿음들을 갖지 않으며[28], 따라서 다른 사람들이 경험하는 과도한 느낌들과는 확연히 구별되는 느낌들을 경험하지 않는다는 것이다. 물론 좋거나 나쁜 것에 관한 오도된 믿음과는 별도로, 적절한 철학적 태도에 대한 일반적인 견지에서 볼 때, 회의론자와 스토아주의자는 서로 크게 다르다.

섹스투스와 스토아주의자들, 그리고 어느 정도 에피쿠로스주의자들 사이에서 발견되는 여러 가지 유사성들은 감정에 대해 취하는 태도에 관한 섹스투스의 견해가 그 독단론적 학파들의 견해를 의도적으로 반대하기 위한 것으로 생각될 수도 있다. 만일 그렇다면, 섹스투스는 이런 문제들에 대해 스토아주의자나 에피쿠로스 학파의 견해들에 대해 명시적으로 언급하지는 않았지만, 그가 의식적으로 그들에 대해 맞선 것이 된다. 그러한 추정은 그다지 적절하지 않다. 우선 퓌론은 헬레니즘 독단론자보다 훨씬 앞선 시대에 살았고, 감정에 대한 태도들이 철학적으로 중요한 요소로 다루어진 것은 헬레니즘 시대였기 때문이다.

또 한 가지 차이는, 퓌론 회의론의 목적은 자신의 느낌들과 주변 세계에 대한 반응들을 가능한 무감정한 상태로 환원시키고자 하는 의도, 즉 가능한 한 인간적인 상태를 피하려는 데에 있었다. 그 반면에 섹스투스는 회의론자가 정상적인 인간적인 느낌과 반응들의 범주 안에 머무를 수 있다는 것을 해명하는 것에 관심을 가졌다. 때때로 그는 회의론자가 보통 사람과 비슷하다는 점을 가정하기도

28) 다른 사람들이 갖는 믿음들.

했다. '강렬한' 감정 상태는 갖지 않는 편이 낫다고 보았던 것은 분명하다. 그의 회의론의 근본적인 부분은 실천적으로나 이론적으로 물러남이었던 반면, 그가 느낌들이 완전히 배제된 상태를 바람직한 이상으로 보았는지는 분명하지 않다. 사실상 우리는 이러한 쟁점들에 대해 퓌론과 섹스투스가 어떤 태도를 취했는지에 대하여 그 어떤 전거도 갖고 있지 않다. 그러나 '인간성으로부터 벗어나는 것'이라는 급진적인 이상을 추구했던 것은 퓌론의 독특한 점이다. 이러한 차이점들에도 불구하고 퓌론과 섹스투스 엠피리쿠스는 근본적으로 같은 진영에 속한다.

회의론자들은 경쟁하는 여러 주장들을 앞에 놓고 '판단 보류'와 '판단 중지'를 유지하라고, 주장들에 개입하지 말고 같은 거리에서 바라보라고 제안한다. 왜냐하면 이론들은 사물에 대한 지식을 포함하고 있는데, 정작 사물은 구별할 수도 없고, 측정할 수도, 규정할 수 없는 것이기 때문이다. 우리의 인식은 사물에 대하여 확실한 앎을 얻지 못하기 때문에, 이로부터 유래하는 판단은 참도 거짓도 아니다. 이런 주장의 결과는 철학이 사물의 본성, 세계의 실재 모습을 탐구한다는 전제를 제거하게 한다. 회의론은 외부 세계에 대하여 '알 수 없는 것'으로 간주한다. 이로 인하여 어떤 이론도 더 우위에 있다고 말할 수 없게 되는 결과를 초래한다. 섹스투스 엠피리쿠스가 지적했듯이, 회의론이란 현상이나 판단에 대하여 서로 반대되는 주장을 언제든 제안할 수 있다는 능력이라는 것이다. 즉 어떤 주장도 판단도 확실한 우위를 점하지 못하기 때문에, 한 주장에 대하여 등가의 반대되는 주장을 늘 정립할 수 있다.

그렇기 때문에 우리는 판단보류, 판단중지의 태도를 필요로 한다. 이 개념들은 고대 회의론의 중심 개념이다. 이런 태도를 유지함으로써 상호 대립하는 주장들 사이에서 어느 하나를 선택하라는 압력으로 인한 심적 혼란으로부터 해방될 수 있다. 바로 이것이 고대 회의론의 실천적 동기였다. 따라서 극심한 심적 혼란을 야기할 수 있는 극단적인 여러 감정 상태를 회피하라고 회의론자들은 조언하지만, 스토아 학파와는 달리, 더 적극적으로 감정이 가지는 역할을 고려하고 있다.

6. 퓌론주의와 후기 아카데미학파

퓌론주의는 후기 아카데미학파에 수용됐다. 아카데미학파가 플라톤을 계승했음을 볼 때 플라톤과 정반대의 길을 가는듯한 퓌론주의를 아카데미학파가 수용했다는 사실은 일견 신선해 보인다. 그러나 퓌론주의와 아카데미학파는 여러 모로 다르다.[29]

먼저 감정에 대한 태도이다. 퓌론적 회의주의는 감정을 인식주관의 의지작용 없이 수동적으로 받아들여지는 주관적 현상이라고 파악한다. 감정은 그들의 회의의 결과인 판단중지상태에서의 행위기준으로 받아들여지는 만큼, 퓌론주의에서 가장 믿을 만한 지식이다. 반면에 후기 아카데미의 회의주의에서 감정은 언뜻 갖게 되는 표상으로서 가장 신뢰도가 떨어지는 지식이다. 퓌론주의와 후기 아카데미는 '회의주의'로 불린다는 공통점을 제외하면 감정에 대한 태도에서 뚜렷하게 다르다.

이 문제와 관련해 "우리가 어떤 것에 따른다"고 말하는 것에서의 양자의 차이를 주목할 필요가 있다.[30] 퓌론주의와 후기 아카데미학파는 '따른다'는 말을 상이한 의미로 사용한다. 퓌론주의자들은 '저항하지 않으면서 강렬한 이끌림이나 집착 없이 단순히 수동적으로 따름'을 의미한다. 반면에 후기 아카데미학파는 '스스로 선택함으로

---

29) 퓌론주의와 아카데미학파가 다르다는 설명은 섹스투스 엠피리쿠스의 PH 33 이하에서 상세히 기술된다. 여기에 적힌 것들은 그 기술에 대한 개괄적 소개이다.

30) PH, 1권 230.

써 어떤 것에 대해 동의함 또는 강렬한 소망에 따라서 일종의 공감을 가지고 어떤 것에 동의함'을 의미한다. 삶의 목표와 관련해서도 아카데미학파는 일상생활 속에서 개연성을 채택하지만, 퓌론주의자들은 법률과 관습, 그리고 자연적인 느낌에 따라 독단적인 믿음이 없이 삶을 영위한다.

양자는 회의의 방법에서도 다르다. 퓌론주의는 동일한 설득력을 갖는 대립명제들을 제시하는 방법으로 회의주의를 전개한다. 퓌론주의는 그것이 감정이건 이성 현상이건 모든 명제에 대해 같은 설득력을 갖는 대립명제를 제시하여, 진리탐구의 시도가 판단중지에 빠질 수밖에 없음을 보여준다. 예를 들어 "신이 존재한다"라는 생각에 대해 "신이 존재하지 않는다"라는 생각을 대립시킨다. "눈이 희다"는 감정에 대해 "눈은 물이 언 것이고, 물은 어두우므로 눈도 또한 어둡다"라는 생각을 대립시킨다.[31] 이처럼 모든 주장에 대해 그것과 같은 정도의 설득력을 갖는 대립적인 주장을 제시하는 것이 퓌론적 회의주의의 핵심이다.

아카데미학파의 회의주의도 대립명제들을 제시하는 회의의 방법을 사용한다. 그러나 아카데미학파는 대립명제들을 같은 가치를 갖는 것이 아니라 진리와 거짓으로 구분한다. 진리는 엄연히 존재하지만, 거짓이 마치 진리인 것처럼 보일 가능성이 항상 있으므로 진리는 절대로 인식될 수 없다는 것이 아카데미학파의 주장이다. 그래서 아카데미학파의 주장을 따라가다 보면 그것은 어느새 회의주의가 아니라 새로운 합리론 또는 독단론으로 넘어간다. 여기에서 퓌론주의와 아카데미학파는 구분된다. 섹스투스는 아카데미의 절대적 회의주의를 퓌론적 회의의 원리로부터 구분한다. 아카데미에서는 진리가 절대로 인식될 수 없다고 주장되지만, 퓌론적 회의주의는 진리가 인식될 가능성을 절대적으로 부정하지는 않는다는 것이다. 그리고 이렇게 본다면 퓌론주의보다 아카데미학파가 더욱 회의

---

31) PH, 1권 31, 32.

적이다.

회의주의자는 자신의 공식들을 '절대적으로 참'이라고 설정하지 않는다. 만일 그렇게 설정한다면 '모든 것은 거짓이다'라는 공식이나 '아무 것도 참이 아니다'와 같은 공식은 다른 것들과 함께 자신마저도 거짓이라고 말하게 되는 결과를 초래한다. 그래서 퓌론주의는 진리가 절대로 인식될 수 없다고 주장하는 대신에, 모든 명제에 대해 대립명제를 제시해 진리탐구의 시도가 판단중지에 빠질 수밖에 없음을 보여준다. 이와 같이 퓌론적 회의주의는 진리와 거짓의 구분을 아예 불가능한 것으로 보고 모든 주장에 대해 판단을 중지한다.

이에 반해 아카데미학파는 진리와 거짓을 구분 가능다고 전제한다. 그리고 오류가능성을 증명하는데, 이렇게 할 경우 진리와 거짓의 구분 가능성이 다시 부정된다. 그것은 결과적으로 자기모순에 빠뜨린다. 반면에 퓌론주의는 자기모순에 빠지지 않는다. 따라서 퓌론주의가 일관성 있고 정밀한 회의주의로 평가받는데 반해 아카데미는 결국 자신의 회의주의를 부정해야 하는 부정적 독단주의의 모순에 빠진다.

서로 다른 회의의 방법은 감정에 대한 서로 다른 입장을 내세우도록 한다. 아카데미학파는 감정을 가장 믿을 수 없는 지식으로 여긴다. 예를 들어 어두운 방에 밧줄이 어떤 방식으로 둘둘 말린 채 놓여있다고 할 때, 어떤 사람이 이 방에 갑자기 들어오면 그에게 그 밧줄은 뱀으로 보일 수 있을 것이다. 이때 뱀으로 보이도록 하는 것은 그 사람의 감정이다. 반대로 주위를 꼼꼼하게 살피고 주변 상황들을 철저히 검토한 사람에게 그것은 밧줄로 보인다. 왜냐하면 그의 감각표상은 개연적인 동시에 두루 검토된 것이기 때문이다. 감정은 이와 같은 착각을 가장 빈번히 일으키므로 가장 믿을 수 없는 지식이다. 그 사람이 좀 더 자세히 살펴본다면 그것이 밧줄임을 알게 되는데, 자세히 살핀 뒤에 갖는 지식이 더 믿을 만한 지식이다. 그러나 이것은 여전히 감정으로부터 나온 지식이다.

따라서 아카데미주의가 가장 믿을 만한 지식으로 받아들이는 것은 단순히 개연적인 감각표상이 아니라 개연적이면서 동시에 두루 검토된 감각표상이다. 그것은 지성에 의해 검토된 지식이다. 감정에 대한 지식이 이미 기억하고 있던 앎의 내용과 대립할 때 아카데미주의는 기억을 더 믿을 만한 지식으로 여긴다. 이와 같이 언뜻 가진 감각적 지식에 비해 자세히 살펴보고 가진 지식이, 이것에 비해 지성에 의해 인정된 지식이 더 믿을 만한 지식이란 것이 아카데미의 태도이다.

이에 반해 퓌론적 회의주의자들은 진리와 거짓을 구분하지 않는다. 같은 탑이 둥글게 나타나기도 하고 네모나게 보이기도 한다. 그것이 실제로 둥근지 네모난지에 대해 우리는 말할 수 없다. 우리는 보이는 대로 믿을 수밖에 없다. 보이는 대로 믿지 않으려면 같은 설득력을 갖는 현상들 중에서 어느 한쪽을 선택하지 않는 판단중지의 상태에 머물러야 한다.

하지만 이렇게 될 경우, 판단중지의 상태에서 행위할 수 있는 지침을 제시해야 하는 문제에 직면하므로, 이를 타개하기 위해 현상을 특별한 것으로 받아들여야 한다. 이를 해결하기 위해 섹스투스는 현상을 감각표상이란 의미에서 받아들인다고 밝히고 있다. 감각표상은 우리에게 강제적으로 다가오는 수동적 표상이므로 의심할 수 없는 표상이다.

우리로 하여금 체험과 일치하는 표상 안에서 비자의적으로 동의하도록 유도하는 것에 대해 우리는 의심하지 않는다. 그런데 이것은 현상이며, 현상은 사실상 감각표상이다. 왜냐하면 이 표상은, 느낌과 비자의적인 체험을 바탕으로 성립하므로, 의심할 여지가 없기 때문이다. 따라서 근거에 놓여 있는 대상이 이렇게 또는 저렇게 나타난다는 것에 대해 아무도 의심하지 않을 것이다. 왜냐하면 그것은 그냥 나타나는 것, 다시 말해서 나의 감각표상에 진입하는 현상이기 때문이다.

이렇게 볼 때 퓌론주의는 이중적 태도를 취하고 있다. 먼저 퓌론주의는 현상을 주관적 의식체험이란 의미에서 의심할 여지가 없는 것으로서 받아들인다. 그러나 한편으로는 현상의 이면에 있는 사물자체는 말할 수 없다는 태도를 취한다. 퓌론주의자는 "그 대상이 나타나는 대로 사실상 있는지에 대해서 의심할 수는 있다"고 생각한다. 한 예로 퓌론주의는 꿀이 단 맛을 낸다는 것을 인정한다. 그러나 그 단맛은 사람의 혀가 느끼는 감각일 수 있다. 곧 현상적 의미에서 달다는 것이지 꿀이라는 사물 자체가 달다고는 확언할 수 없다는 것이다.32) 따라서 퓌론의 회의주의는 주관적 현상을 더 이상 설명될 수 없는 수동적 경험으로 받아들이고 그 귀결로 판단중지의 상태에 머문다. 사물 자체에 대한 객관적 판단을 중지하더라도 주관적 현상에 따라 행위하는 것은 가능하다. 예를 들어 이런 것이다. 우리가 산에 가서 나물을 캐는데 아주 맛있게 보이는 나물들이 있다. 그것을 요리해서 먹을 때 미각을 돋운다. 그러나 실제 그 나물에는 독이 들어 있었다. 우리의 수동적 경험은 그 독을 알지 못한 것이다. 우리는 객관적 판단을 얻지 못한 채 주관적 현상만을 보고 그 나물을 먹은 것이다.

그런데 감각표상을 주관적 현상으로 채택하는 것이 퓌론적 회의의 원칙과 위배되지 않는지 궁금하다. 수동적 체험인 감각표상이 의심할 여지없는 표상이라면, 감각표상에 대해서는 대립적 표상이 성립할 수 없게 된다. 따라서 모든 주장에 대해 대립적 주장이 불가능하게 된다. 이것은 퓌론적 회의주의의 원칙을 허문다. 퓌론주의자가 회의주의의 원칙을 고수한다면, 감정에 대해서도 대립적 현상을 받아들여야 한다. 따라서 눈이 희다는 감정만을 현상으로 받아들이기보다 눈은 물이 언 것이므로 검다는 이성적 언명을 인정해야 한다. 이렇게 될 경우 행위하기 위해서는 판단해야 한다. 주관적 현

32) PH, 2권 72, M Ⅶ 354－357

상을 수동적으로 따르는 것은 판단중지의 상태에서는 불가능하기 때문이다. 같은 정도의 설득력을 갖고 나타나는 다양한 현상들 중에서 어떤 현상에 따를 것인지를 결정하기 위해서는 판단이 요구된다. 그러므로 회의주의자도 행위하기 위해서는 옳고 그름을 판단하고 결정하고 선택해야 한다. 여기에서 퓌론주의의 난점이 등장한다.

이런 난점을 해결하기 위해 퓌론주의는 행위하지 않으면서 판단중지의 상태에 머물 수 없다. 퓌론주의는 사물에 대한 참된 인식을 얻으려는 문제에서 출발해 회의주의에 도달한 것이 아니라, 윤리적인 목적을 실현하기 위해 회의의 방법을 사용했다. 퓌론주의는 개인이 행복에 도달하는 길을 제시하려는, 헬레니즘 철학의 공통적인 목적을 그대로 받아들인다. 그러나 헬레니즘 철학 전반이 결과에 대해 낙관주의적 입장을 취하는 반면에 퓌론주의는 이것을 회의적 방법으로 실현하려고 했다.

아카데미학파는 사물의 인식가능성을 절대적으로 부정했는데, 그것은 결과적으로 부정적 독단주의로 자신들을 빠뜨렸다. 이에 반해 퓌론주의는 사물이 인식될 가능성을 열어두어 회의의 원칙을 자신에게도 적용시켰고, 그래서 독단적 회의주의의 문제를 피할 수 있었다. 하지만 행위의 지침을 결정하는 문제에서 퓌론주의는 감정을 진리기준으로 받아들이는 독단을 피할 수 없게 되었다.

7. 이성 배제의 자기 모순

퓌론의 학설을 추종했던 퓌론주의는 감각에 의해 주어진 '현상'의 모순을 이성의 도움으로 벗어나 객관적 사실을 추구하는 독단(교조)주의에 대한 철학적 대응이었다.[33] 고대 그리스 철학자들 거

33) PH, 1권 12.

의 모두가 지각된 현상에 대하여 혼란스러워 하였기에 현상과 실체의 대비는 그들의 주된 철학적 논제였다. 현상의 모순에 직면하면서 그것이 야기하는 혼란으로부터 벗어나려는 독단(교조)주의 철학자가 그 현상의 배후에 있는 실체를 추구했듯이[34], 퓌론주의자에게도 탐구의 원인은 사물의 현상이 주는 혼란이고 그것이 일으키는 불안이다.[35] 섹스투스의 저작에서 나타난 퓌론주의자도 독단주의자의 구분을 따라서 사물의 사실(본성)로 파악된 것을 이성의 문제로 전제하지만, 그것에 대해서는 판단을 정지한다. 그는 감각 지각에 의한 증거가 신뢰할 수 없고, 그것에 의한 추론도 타당하지 않다고 생각하기에, 어떤 것도 알 수 없다고 주장한다.

한편 감정과 관련해 퓌론주의는 이렇게 말한다. "회의주의의 철학적 목표는 독단적인 견해와 관련해서는 마음의 평안이며, 우리에게 불가피하게 주어지는 것들과 관련해서는 감정의 순화이다."[36] 따라서 퓌론주의의 철학적 목적은 회의적 방법을 통해 일상에 감추어져 있는 모든 종류의 이데올로기를 드러냄으로써 개개인들이 독단으로부터 자유로운 삶을 영위할 수 있도록 하고, 이로써 행복에 도달하는 것이 가능하도록 하려는 것이다. 퓌론주의가 궁극적으로 추구하는 회의의 결과는 독단을 드러낸 후 어디로든 갈 수 있는 자유롭고 불안한 상태가 아니라, 바다와 같이 고요한 마음의 평정상태이다.[37]

이 경우 퓌론주의자 또는 회의주의자는 감정을 두 가지 의미로 사용하고 있다. 첫째는 대상을 인식하는 도구로서의 감정이다. 둘째는 회의의 목적으로서의 감정이다. 퓌론주의자는 나에게 드러난 대상을 언급하면서 그것의 본질을 파악하는 것이 아니라 그것이 나에

34) PH, 1권 210.
35) PH, 1권 12.
36) PH, 1권 25.
37) 그런데 행위지침이 없는 판단중지의 상태에서는 누구도 마음의 평정을 유지할 수 없다. 따라서 회의의 결과는 결국 회의의 목적과 양립할 수 없다.

게 드러난 것을 파악한다. 그럼으로써 퓌론주의자에게 이성에 의한 인식보다는 나에게 드러난 것을 파악하는 주체로서의 감정을 중시한다. 이때 이성의 활동으로 대상의 본질을 파악한다는 것은 독단에 빠지는 것이므로 그것은 우리에게 마음의 평안을 주지 못한다. 따라서 마음의 평안을 얻는 것이 중요하다. 따라서 퓌론주의자에게 감정은 방법이면서 동시에 목적이다.

그런데 이런 퓌론주의는 이중적일 수밖에 없다. 퓌론주의자에게도 일상적인 삶의 문제는 중요한데, 그가 그의 퓌론주의를 붕괴시키지 않고 일상적 삶을 살아갈 수 있는 방식은 그의 자아 속에서 이중적인 태도를 취하는 것일 수밖에 없기 때문이다. 그것은 퓌론주의자가 정지된 이성의 상태에서 감각만을 활동하게 하는 것이다. 이런 연유로 섹스투스는 퓌론주의자의 삶을 현상에 의지하는 삶이라고 규정하였고, 그의 이성 작용과 판단을 철저하게 제거하고자 했다. 그는 현상에 의거한 삶이 이성의 도움 없이도 충분히 가능하다고 생각했다.[38] 섹스투스는 인간의 행위가 그러한 사고 과정에 의한 선택 없이 본능과 습관적인 행위에 의하여 살아갈 수 있다고 생각한다.[39] 따라서 섹스투스는 인간의 행위가 스토아 학파가 요구하는 이성적 의도나 동의의 매개 없이 인상으로부터 직접적으로 비롯될 수 있다고 주장하는 것이다.[40] . 그러나 문제는 경험과 환경에 의거한 퓌론주의자의 삶도 사실과 이성의 판단작용 없이는 가능하지 않다는 논박에 지면했다는 것이다. 그렇기에 퓌론주의자의 의도는 바람직했으나 방법에서는 의도만큼의 성공을 거두지는 못했다.

---

38) 섹스투스는 현상을 따르는 퓌론주의자가 어린아이나 동물과 같이 자연적 본능이나 충동에 따라 행위를 할 수 있다고 제시한다(참고: PH, 1권 24).

39) PH, 1권 230.

40) PH 1권 19-20.

【참고문헌】

J. Annas and J. Barnes, *Sextus Empiricus: Outlines of Scepticism*, Cambridge, 1994.

____________________, *The Modes of Scepticism*, Cambridge, 1985.

J. Annas, *Hellenistic Philosophy of Mind*, Berkeley, University of Califonia Press, 1992.

J. Barnes, M. Burnyeat and M. Schofield(edd.), *Doubt and Dogmatism: Studies in Hellenistic Epistemology*, Oxford, 1980.

J. Brunschwig and M. Nussbaum(eds), *Passions and Perceptions: Studies in Hellenistic Philosophy of Mind*, Cambridge University Press, 1993.

M. Burnyeat and M. Frede, *The Original Sceptics: a controversy*, Hackett, 1997.

Eusebius, *Praeparatio Evangelica*, General Books LLC, 2010.

P.S. Greenspan, *Emotions and Reasons: An Inquiry into Emotional Justification*, Routledge, 1988.

Gustave Le Bon, *Psychologie des Foules*, 김성균 옮김, 『군중심리』, 이레미디어, 2008.

A.A. Long and D.N. Sedley, *The Hellenistic Philosophers*, Cambridge, 1987.

A.A. Long, *Hellenistic Philosophy*, University of California Press, 1986.

W. Lyons, *Emotions*, Cambridge University Press, 1971.

R.G. Bury, *Sextus Empiricus (4 Vols.)*, Harvard University Press, 1967.

Sextus Empiricus, *Against the Ethicists: (Adversus Mathematicos XI)*, Richard Bett(trans.), Clarendon Press, 2000.

Sextus Empiricus, *Outlines of Pyrrhonism*, R.G. Bury(trans.), Harvard University Press, 1933.

G. Striker, "Ataraxia: Happiness as Tranquillity", *Monist* 73, 1990.

김미영, "회의주의와 회의적 방법", 『철학』 제87집, 2006(여름).

이태수, "회의주의적 태도의 일관성 - 자기논박 논변에 대한 퓌론회의주의의 대응”, 『서양고전학연구』 31권, 2008.

장경춘, “헬레니즘 시대의 퓌론주의 논의 - 에포케를 중심으로”, 『서양고전학연구』 30권, 2007.

전광식, “아카데미 폐쇄 이후 6-7세기 알렉산드리아학파의 철학적 작업에 대한 연구”, 『철학연구』 91집, 2004.

조규홍, “참으로 회의한다는 것- Skepsis에 관한 개념연구”, 『동서철학연구』 17, 1999.

플로티누스에서 감정의 문제

최 양 석

1. 서론

플로티누스는 플라톤, 아리스토텔레스 그리고 스토아 철학을 종합하여 신플라톤철학을 창설하였다. 그의 철학은 플라톤의 이원론을 배격하며, 일원론적인 하나의 존재계열을 주장한다. 그리고 이러한 이론 위에서 존재론, 우주론, 윤리학 및 미학을 전개한다.

플로티누스의 사상에는 플라톤과 아리스토텔레스, 스토아 철학 외에도 동방과 인도의 사상까지 포함되어 있다. 그는 인도철학에 정통하기를 열망했다. 그는 그러한 목적을 가지고 242년 페르시아의 왕 사포르를 정벌하기 위한 고르디아누스 황제의 원정에 참여했다. 그러나 고르디아누스 황제가 메소포타미아에서 죽어버리는 바람에 중도에서 돌아와야만 했다.[1] 플로티누스의 신플라톤 사상 속에는 알렉산더 대왕의 동방원정과 로마제국의 지배에서 일어난 여러 사상이 종합되어 있다. 그리스의 여러 사상뿐만이 아니라 알렉산드리아의 유대사상 그리고 인도의 베단타 철학과의 유사성이 다

1) Porphyrios, p.7.

시 부활한다.

플로티누스의 사상에는 그리스 사상과 더불어 후기 고대의 모든 종교적 감흥이 다함께 합류하는 거대한 흐름이 형성되어 있다. 이에 플로티누스는 자신을 플라톤 철학의 순수한 신봉자로 자처하고 있었지만, 이에 그치지 않고 새로운 이론을 개척하게 된다. 그러므로 플로티누스 철학에서 감정의 문제는 그 이전의 철학자와는 다른 양상을 가지게 된다. 플로티누스 이전 철학자들은 그들의 저서에서 감정의 문제를 다루었다. 그들은 감정의 문제를 핵심적인 문제와 연관하여 다룬 것은 아니었다. 아리스토텔레스는 그의 『니코마코스 윤리학』에서 감정이나 행위의 과잉이 악이라고 하였다. 그리고 스토아철학에서는 감정을 비이성적이고 비자연적인 것이라 여겼다. 플로티누스는 그의 심리학에서 아리스토텔레스적인 구도를 가지고 플라톤의 영혼과 육체의 이원론을 옹호하면서 감정의 문제를 다루고 있다.

플로티누스는 인간의 심리에 관심을 가지고 있었으며, 이 문제를 영혼과 육체의 연관 문제와 관련하여 설명하고 있다. 이 논문에서는 지금까지 중요하게 다루어지지 않았던 플로티누스에서 감정의 문제를 연구하려고 한다. 플로티누스가 감정을 주로 다룬 저서는 그의 『에네아데스』 III 6(26) ‘비육체적인 것의 무감정성’, IV 4(28) ‘영혼의 문제 II’, I 1(53) ‘생물과 인간의 본질’ 그리고 III 5(50) “에로스에 관하여”이다. 이러한 저서에서 볼 때, 플로티누스의 감정론에서 제기되는 가장 중요한 문제는 감정이란 무엇이며, 육체와 영혼에서 감정의 역할이 무엇이며, 사랑의 감정인 에로스란 무엇이며 그리고 그의 철학의 정점인 신비적 합일에서 감정의 역할이 무엇이냐는 것이다.

2. 일자의 유출

플로티누스는 세계를 단계별로 나누었다. 그에게 있어 제1원리는 일자(to hen)이다. 일자는 자신의 무한한 힘을 만물에게 내보내 만물을 생성케 하는 자이다. 이러한 의미에서 일자는 모든 것의 근원이긴 하지만 유일한 것은 아니다. 만물의 근원은 전체가 아니며, 만물이 그것에서 나온다. 일자에서 나온 처음의 것은 정신(nous)이며 이는 제2원리가 된다. 정신에서 제 3원리인 영혼(psyche)이 나온다. 영혼이 자연(psysis)을, 자연이 물질(hyle)을 산출한다. 이리하여 일자, 정신, 영혼, 자연, 물질의 다섯 단계가 나타난다.

플로티누스에 의하면 일자는 초존재이고, 물질은 비존재이며, 존재자는 가운데 있는 세 단계인 정신, 영혼 자연을 포함한다. 일자는 근본적으로 정신계를 초월해 있지만 플로티누스는 일자를 정신, 영혼과 함께 정신계로 묶었다. 그리고 감각계는 영혼과 물질을 포함한다. 그리하여 정신계를 구성하는 세 가지 기본원리는 일자, 정신, 영혼이다. 여기서 일자는 본래적인 의미에서 하나이며, 정신은 하나 여럿이며, 영혼은 하나와 여럿이다.[2] 플로티누스는 이 세 기본 원리를 우라누스, 크로누스, 제우스에 각각 배당시켰다. 플로티누스의 존재 구조는 그 추상성에 있지 않고, 각각의 구체적인 고양의 힘에 있다. 그러므로 이 세 가지 기본 원리는 공간적인 의미에서가 아니고, 위계와 힘 그리고 구분에 의해 이해되어야 한다. 플로티누스는 플라톤과 같이 감각계와 정신계를 나누었다. 그러나 이러한 두 세계의 구분은 그노시스파의 엄격한 이원론과는 다르다. 플로티누스 철학의 목표는 두 세계의 대립을 극복해서 감각계에서 정신계로 나아가는 데 있다. 그는 언제나 이원론을 배격하고 일원론으로 환원시키려고 한다. 그의 철학적 사유는 두 세계가 완전히 떨어져 있지

2) 『에네아데스』, ⅤⅠ 8(앞으로는 플로티누스의 저서인 『에네아데스』는 생략하고 권, 상, 설반 표시함)

않고 강한 유대를 가지고 있다.

플로티누스의 철학은 이중운동을 보여주고 있다. 일자에서 물질로 내려오는 하강운동과 물질에서 일자로 올라가는 상향운동이 그것이다. 하강운동은 실재의 구조에 대한 형이상학적 분석이며, 이것은 나중에 유출설이라 불리게 되었다. 상향운동은 도덕적 종교적 철학적 관점에서 실재의 최정점에 있는 최고선에 도달하려는 철학적 시도이다. 일자에서 유출된 만물은 그것이 이성적인 것이든 비이성적인 것이든, 그 자신의 필요에 의하여 다시 일자에로 되돌아가려고 한다. 인간에게 있어서 이러한 목적은 정화의 오랜 과정을 거쳐 도달하게 된다. 여기서 존재의 하강운동은 상향운동의 존재론적 조건이며, 두 가지 운동은 동일한 사태에 대한 서로 다른 설명이다. 플로티누스에 있어서 일자에로 되돌아가는 것은 유출의 다른 측면에 지나지 않는다. 원래 문제시되고 있는 것은 두 가지 과정이 아니라, 두 가지 측면에서 보여진 존재의 선험적인 사태일 뿐이다.

플로티누스의 철학체계에서는 모든 것이 일자에서 흘러나오며, 또한 모든 것이 일자에로 되돌아간다.[3] 그에게서 일자는 모든 존재의 근거이며 모든 운동의 마지막 목표, 모든 빛의 근원 그리고 만물의 제1원인이다. 플로티누스는 일자의 개념을 중심으로 그의 세계관, 우주론, 윤리학 및 미학을 설명한다. 그러므로 일자에 대한 분명한 이해는 그의 사상을 이해하는데 중요하다.

플로티누스의 일자는 모든 것을 초월한다.[4] 그러므로 일자는 존재와 사고를 초월해 있다. 일자는 존재와 사고를 초월하므로 그 자

---

3) 유출의 원천은 일자인 신이다. 그러므로 "한낱 '유출'이란 '일자'로부터의 다양성의 산출인데 그리하여 '일자'는 세계-내재적인 원인이 되는 것이지만 이 세계는 유일신적 범신론의 의미에 있어 단지 근원의 자기 객관화이다. '일자'는 사실상 '원천'으로 사유되는 것이며 이것은 자유의지로 '모아 놓은 것'이거나 '털어 놓은 것'을 말한다. 그러나 그 모습은 이를 모사하는 사태의 예지적인 의미로 소급시켜야 한다." Beierwaltes(1981), p.18.

4) I 7 1

체를 알 수도 없고, 그 자체가 알려지지도 않는다.[5] 일자는 형상을 갖지 않는다. 형상을 갖는 것은 존재를 의미하고, 존재는 한계를 갖는데 일자는 한계를 갖지 않기 때문이다. 그것에 적합한 이름은 아무 것도 없다. 일자는 설명할 수 없는 진리 속에 있다. 우리는 일자에 대해 아무런 언급도 할 수 없지만, 그것이 존재한다는 것은 알고 있다. 그래서 일자가 무엇이라고 말할 수는 없어도 무엇이 아니라고 말할 수는 있다.[6] 그러면 플로티누스는 어떠한 의미로 그것을 일자라고 하는가? 그것은 단순하며 나눌 수 없기 때문이다.[7] 그리고 또 다른 이유는 그것이 무한하다 할 수 있기 때문이다. 그것은 우리의 지식을 초월하여 있지만 어떤 종류의 이름을 붙여야 한다. 그래서 어쩔 수 없이 일자라는 이름을 부여한 것이다. 일자에 대한 분명한 이해는 일자와의 합일에서나 가능한 일일 것이다

우리는 앞에서 일자에서 정신이, 정신에서 영혼이, 영혼에서 자연이, 자연에서 물질이 산출된다고 하였다. 그런데 일자는 아무 것도 구하지 아니하며, 아무 것도 소유하지 않으며, 어느 것 하나 부족함이 없으면서, 모든 것을 초월해 있는 단순하며 완전한 것이다. 이와 같이 완전한 일자가 어떻게 불완전한 존재를 산출할 수 있을까? 플로티누스에 의하면 일자가 무엇인가를 산출하는 것은 우연에 의한 것도 도태에 의한 것도 아니라고 한다.[8] 그는 이것을 유출이라는 개념으로 설명한다.[9] 플로티누스는 유출 설명하기 위해 태양과 빛, 불과 그 열, 눈과 냉의 비유를 사용한다. 유출설은 "보다 높은 존재는 낮은 존재에 의존하지 않는다는 원리"[10]와 "자신에게는 아무런

5) V 3 13
6) V 3 14
7) VI 9 6
8) V 3 15
9) 플로티누스의 유출설은 플라톤의 이데아와 현상계, 아리스토텔레스의 형상과 질료, 신피타고라스 학파의 정신과 물질의 양립관계라는 이원론을 일원화하려는 시도이다. 이러한 시도는 중세를 거쳐 16, 17세기에 독일에서 범지학(Pansophie)라는 이름으로 다시 소생되있다.

영향도 끼치지 않으면서 다른 것을 산출하는 원리"[11]에 의해 발전되었다. 플로티누스의 유출설은 논리적 성격을 지닐 뿐만 아니라 종교적인 성격까지 지니고 있다. 플로티누스는 유출을 설명하기 위해 일자를 모든 빛이 흘러나오는 중심인 태양에 비유한다.[12] 태양은 그 자신이 빛의 원인이며 또한 그 결과와 완전히 분리된 것으로 생각할 수 없다. 태양의 결과로서 나타난 빛은 태양이 존재한다는 증거가 된다. 이것은 근원에서 유출된 것이 근원과 내적으로 결합하여 있다는 말이다.

플로티누스의 사상에서는 악이나 불완전의 원인이 되는 물질까지도 결국에는 일자에서 유출된 것이므로, 우리의 현실 세계는 있을 수 있는 세계 중에서 가장 아름다운 현실이며, 물질은 세계의 조화와 질서의 원인이 될 수 있는 것이다. 이러한 사상은 플라톤의 사상이나 기독교 교리와는 다른 입장이다. 플로티누스는 신과 물질, 선과 악의 대립을 지양하고, 선과 악의 이원적 대립에서 정신과 물질을 결합하는 일원론을 주창한다. 일자가 왜 다른 것을 유출하는지 알기 위해서는 일자의 성질을 알아야 한다. 즉 일자 자신의 성질에 의해 유출이 설명된다. 일자는 자신을 나누어 주는 존재이다. 일자와 마찬가지로 생명이 없는 사물까지도 자신을 발산한다. 불은 열을, 눈은 냉을, 그리고 약품도 다른 사물에 영향을 끼친다.[13] 이들은 모두 그들 능력의 정도에 따라 일자를 닮아서 그렇게 된 것이다. 또 다른 일자의 특성은 일자가 만물의 배후에 있는 힘으로 기술된다.[14] 이러한 일자의 성질을 잘 설명해주는 한 쌍의 비유가 있다. 샘과 나무의 비유가 그것이다.[15] 플로티누스는 일자의 유출을

---

10) II 9 4
11) IV 8 6
12) I 7 1
13) V 4 1
14) V 3 15
15) III 8 10

설명하기 위해 비유를 사용했다. 그러나 일자가 모든 존재를 초월해 있음을 생각할 때, 이러한 비유로는 일자의 유출을 완전히 설명할 수 없다는 것도 알 수 있을 것이다.

3. 영혼으로서의 인간

플로티누스는 정신계와 감각계를 나누고, 정신계에는 세 가지 기본 원리인 일자, 정신, 영혼이 있다고 하는데, 정신계에서의 세 가지 기본 원리는 정신계뿐만 아니라 인간에게도 있다. 그리고 이 둘의 관계는 근원과 모상의 관계와 같다. 플로티누스는 『에네아데스』 IV 7(2) '영혼의 불멸에 관하여'에서 영혼의 본질에 관한 여러 가지 이론을 검토하고 있다. 그는 먼저 다른 철학자와 같이 인간은 영혼과 육체로 구성되어 있다고 주장한다. 그러나 그는 영혼이 어떤 종류의 육체라는 것을 반대하고 있다. 이것은 에피쿠로스학파, 스토아학파, 피타고라스학파 그리고 아리스토텔레스의 심리학과 논쟁하고 있는 출발점이다. 플로티누스의 이들에 대한 비판은 그들의 영혼 개념이 실제적인 영혼의 본질과 모순된다는 것을 증명하려고 한다. 플로티누스에 의하면 영혼은 필연적으로 비육체적인 성질을 갖는다.

원자론자들에 의하면 영혼은 원자의 결합에 의해 생성된 것이라 한다. 그러나 영혼이 원자의 결합에 의해 생성된 것이라면 영혼은 통일성이나 공감을 갖지 못할 것이다. 왜냐하면 원자와 같은 물질적인 것은 그 본성상 통일성과 공감을 거부하는 것이기 때문이다. 이러한 이유로 플로티누스는 영혼이 육체나 육체적인 상태와 다른 것임을 인식한다.

영혼은 스토아 학파가 주장하듯이 물질로 구성되어 있는 것이 아니다. 플로티누스는 그 이유를 두 가지 들고 있다. 첫째는 영혼은 삶의 원리인 데 비해, 물질은 성질을 갖지 않으므로 삶을 갖지 못하기 때문이다. 둘째로 영혼은 모든 종류의 사물과 관계하며 운동의 원인인 데 비해, 물질은 운동의 원인이 될 수 없기 때문이다. 스토아 학파가 주장하듯이 영혼이 물질적인 특성을 갖는다면 영혼은 사유를 할 수 없을 것이다. 왜냐하면 순수한 사유는 비물질적 대상에 관계하며, 사유되는 것은 비물질적이어야 하기 때문이다. 만약 육체에 의해 사유된다면 사유는 감각과 다르지 않을 것이다. 기억과 인식은 영혼에 의존하며, 영혼이 없다면 그것은 불가능할 것이다. 그러므로 영혼은 물질로 구성된 육체와 다르며 물질로 구성되어 있는 것이 아니다.

피타고라스학파는 영혼을 조화라고 생각한다. 즉 칠현금의 현의 조화에 의해 소리가 나듯이 육체의 여러 부분의 조화에 의해 영혼이 생긴 것이라 한다. 플로티누스에 의하면 이러한 비유는 옳지 않다. 그 이유는 첫째로 현의 조화는 칠현금이 있은 이후에 생긴 것인데 영혼은 육체보다 앞선 것이기 때문이다. 둘째로 조화는 그 반대인 부조화를 갖는데, 영혼은 조화의 반대인 부조화를 갖지 않는 실체이기 때문이다. 그러므로 영혼은 육체의 조화가 아니다.

아리스토텔레스가 주장하는 영혼의 엔텔레키 이론에 의하면 영혼의 육체에 대한 관계는 형상과 질료에 대한 관계와 같다. 그러나 영혼은 육체의 형상이 아니다. 플로티누스는 아리스토텔레스의 영혼관을 다음과 같이 비판한다. 첫째로 영혼이 육체의 형상이라면, 육체가 여러 부분으로 나누어질 때 영혼도 여러 부분으로 나누어지게 된다. 그리고 나누어진 부분은 영혼의 부분을 가질 것이다. 그러나 영혼은 나누어지지 않는다. 둘째로 영혼이 육체의 형상이라면, 지각은 가능하겠지만 사유는 불가능하다. 그러므로 엔텔레키 이론은 사유하는 이성적 영혼을 설명할 수 없다.

지금까지의 설명에서 보듯이, 플로티누스에 의하면 인간은 영혼과 육체로 구성되어 있으며, 영혼은 육체와 완전히 독립적으로 존재한다. 육체는 스토아 학파나 유물론자들이 믿듯이 독립적인 어떤 것이 아니고 영혼에 의존해 있는 존재이다. 그리고 영혼은 육체보다 우월한 존재이다. 영혼과 육체가 완전히 다른 것이라면 어떻게 인간 안에서 영혼이 육체와 결합할 수 있는가? 플로티누스는 헤라클레이토스와 엠페도클레스의 이론을 소개한 다음, 플라톤이 영혼과 육체의 결합에 대해 많이 이야기하고 있지만, 그에게서 일관된 입장을 찾기 어렵다고 말한다. 플로티누스에 의하면 영혼과 육체의 관계는 실재의 통일이 아니고 연합이다. 영혼은 육체 내에서 육체와 완전히 독립하여 존재하며, 단순히 인간의 육체뿐만 아니라 살아있는 모든 것에 작용하고 있다. 그리하여 영혼은 마치 장인이 그의 도구를 이용하듯이 육체를 도구와 같이 이용한다.

영혼은 육체와 완전히 통일되어 있지 않으므로, 육체에 의해 나누어지지 않는다. 즉 영혼은 가분적 성질을 갖지 않는다. 모든 개별자의 영혼은 언제나 하나의 통일성을 가지며, 여러 부분으로 나누어지지 않는다. 이러한 통일성은 동물의 영혼이나 식물의 영혼에 있어서도 마찬가지이다. 그러나 영혼은 실제로 몇 가지 부분과 힘으로 나누어져 있는 것으로 보이는데, 이들의 통일성은 어떻게 가능한가? 플로티누스가 영혼의 분할을 어떻게 인식하였는지는 불분명하다. 그의 이론에는 플라톤적인 것과 아리스토텔레스적인 것이 뒤섞여 있다. 그래서 어떤 경우는 플라톤적인 욕구, 기개, 이성적인 부분으로 나누고, 어떤 때는 아리스토텔레스와 같이 합리적인 부분, 비합리적인 부분 그리고 식물적인 부분으로 나눈다. 후자의 경우가 플로티누스의 영혼에 대한 전체 견해에서 볼 때 더 타당하다.

영혼의 합리적인 부분과 비합리적인 부분의 관계를 살펴보자. 플로티누스는 원칙적으로 동일한 영혼의 서로 다른 기능을 하나의 존재론적 구조로 이해하려고 했다. 영혼의 기능의 차이는 그들의 통일성의 정도에 따라 다르다. 영혼의 불가분적인 부분은 이성적 영혼이다. 즉 정신과 연결되는 사유능력은 정신의 이데아와 같이 완전히 자기 자신으로 있음으로 완전히 불가분적이다. 영혼의 낮은 부분은 그렇지 못하므로 비합리적인 부분이 된다. 여기서 우리는 개별영혼의 이중적인 본질을 이해해야 한다. 영혼은 먼저 분리된 육체에서 자신의 분리될 수 없는 통일성을 갖는다. 그러나 다른 측면에서 보면 개개 육체의 개별적인 부분과 장소에서 통일성을 갖는다. 개별 인간의 차이성은 육체의 공간적 분리에서 온다. 그러나 영혼의 통일성은 육체의 공간적 분리에 의해 손상되지 않는다. 그것은 육체에서 가분적인 것으로 나타날 뿐이다.

4. 영혼의 고양에서 에로스의 역할

플로티누스는 플라톤과 같이 개별영혼인 인간의 영혼 이외에도 세계영혼과 별들의 영혼도 이야기 한다. 세계영혼과 개별영혼의 특징은 아리스토텔레스가 이야기 하듯이 운동능력과 사유능력이다. 우리의 영혼은 세계영혼과 같은 특징을 지니고 있으며, 실체인 영혼은 어디서나 동일하다. 사실상 우리의 영혼은 세계영혼과 그리고 다른 영혼들과 본질적으로 동일하다. 그러므로 우리의 개별영혼 속에는 정의와 분별심이 있고 우리 마음속에 깃들어 있는 영혼 속에도 진정한 지식이 있다. "왜냐하면 저 상위에 있는 것들은 어떤 일정한 장소에 국한되어 있는 것이 아니므로 육체에서 항상 어느 하나의 영혼이 고양되어지는 곳에 그 상위의 것들이 자리 잡고 있기 때문인데, 감각계는 어느 한 곳이지만 영적인 세계는 어느 곳에나 있기 때문이다. 이로써 영혼이 이곳 아래쪽에서 지탱하고 있는 일체는 저 상위의 세계에도 현존하는 것이다."[16] 여기서 플로티누스는 이데아가 구현하고 있는 일체의 정신성은 만유에 편재하고 있음

16) V 9

을 보여주고 있다.

영혼은 자신의 존재론적 중간적 위치에 의해 두 영역과 관계를 맺는다. 첫째로 영혼은 정신계의 최하위에 위치하므로 정신을 받아들일 수 있으며, 그것이 정신계에 속하므로 정신으로 되돌아가 그것을 직관할 수 있다. 우리의 영혼은 완전히 타락한 것이 아니라 일부는 정신계에 머물고 있다. 둘째로 영혼은 육체로 타락할 수 있다. 개별영혼이 전체영혼과 분리되면, 서로 나누어진 육체로 들어가 전체를 볼 수 없게 된다. 그래서 사유는 방해받는다. 왜냐하면 육체의 질료적인 성격이 정신을 의식하지 못하게 하기 때문이다. 거기다가 영혼은 육체에 몰두하게 되고 욕망과 정열과 감각에 경도되어 그 본질에서 멀어지고 자신의 본질을 실현하는 데 방해받기 때문이다.

개별영혼의 과제는 모든 비합리적인 힘과 투쟁하여, 그것들이 그 자신을 지배하지 못하도록 하여야 한다. 그래서 먼저 세계영혼은 모든 영혼의 통일성과 전체성을 획득하여야 하며, 둘째로 개별영혼은 세계영혼을 자신의 근원으로부터 이해해야 한다. 개별영혼이 세계영혼과 분리되어 감각에 빠지게 되면, 정신과 멀어지게 되고 악하게 된다. 개별영혼은 포괄적이고 통일적인 세계영혼과 멀어지게 되면 자기소외에 빠지기 때문이다.

앞에서 우리는 플로티누스 철학 체계에서 이중의 운동, 즉 상향운동과 하강운동에 관해 논했다. 그에게서 이 이중의 운동이 명백히 드러나는 것은 인간의 영혼이다. 왜냐하면 영혼은 이중운동의 본래적인 도구이기 때문이다. 영혼은 두 세계의 요소를 가지고 있으며, 고양하여 정신을 매개로 일자에로 올라가며 추락하여 자연을 매개로 물질로 내려간다. "개별 영혼은 그 근원으로 돌아가려는 정신적 충동을 가지고 있다. 그것은 또한 낮은 세계로 나아가려는 힘을 가지고 있다."[17] 인간의 영혼은 플로티누스에게 있어서 중요한

17) IV 8 4

관심사이며 그의 철학의 중심에 서있다.

그러므로 영혼이 본래적 근원으로 돌아가는 것이 플로티누스에게 있어 철학의 과제가 된다. 대부분의 사람들은 자신의 영혼이 신적이며, 불사적이라는 것을 알지 못하고 있다. 왜냐하면 영혼은 호기심과 타자성 때문에 근원으로부터 소외되어 있기 때문이다. 대부분의 영혼은 자신의 본래적 아버지를 잃어버리고 감각적인 것을 과대평가하며 살아간다. 어떻게 인간이 윤회의 사슬에서 벗어나 자유롭게 될 수 있으며, 일자와의 합일의 경지에 이를 수 있을까? 플로티누스에 의하면 영혼이 자신의 근원의 의식으로 되돌아가는 길은 두 가지가 있다. 그 하나의 가능성은 감각계의 가치 없음을 밝히는 길이며, 다른 하나는 그 본래의 고향에 대한 상기를 통해 그것의 가치에 도달하는 일이다. 영혼은 자신의 근원을 상기할 수 있다. 왜냐하면 영혼은 그 근원과 관계를 맺고 있기 때문이다. "높은 세계에 대한 기억을 하면, 영혼은 진실로 하강하지 않는다. 만약 이러한 기억이 다만 희미하다면, 영혼은 본래 높은 곳에 머문다 하더라도 희미한 관조만 가능하다."[18] 상기는 영혼에게 다시 참된 존재의 관조에로 되돌아가려고 하는 충격을 준다.

영혼의 고양은 인간의 자유의지와 밀접한 관계를 가지고 있다. 영혼이 악한 상태에서는 자유는 위축되지만 결코 자신을 잃어버리는 것은 아니다. 그러므로 자유의 정신은 현자에게만 있는 것이 아니라 모든 인간에게 가능적으로 있다. 자유는 운명, 강요, 혹은 심한 정욕에 따라 행동하는 것이 아니고, 우리의 본래적 의지에 따라 행동한다. "우리가 억압에 의해 행동하지 않고 우리가 활용하고 있는 지식을 가지고 결정하는 모든 것을 자유라 한다."[19] 플로티누스에서 의지의 자유는 행동에서 나타나는 것이 아니라, 자유로운 이성의 모든 실천에서 나타난다. 그리고 그것들은 정신의 의미에서

18) II 9 4
19) VI 8 1

완성된다. 그러므로 우리가 정신의 능력을 가지고 선을 추구할 때 우리의 영혼은 자유롭다.

일자는 어떤 다른 것에나 무에 있지 않고 플라톤이 '내적인간'이라고 한 의미에서, 인간 자체 속에 있다. 그렇다면 우리는 어떻게 우리 속에 있는 일자를 경험할 수 있는가? 우리는 앞에서 인간의 영혼이 육체로 추락하였다는 것을 살펴보았다. 영혼이 육체와 관계 맺을 때 악이 인간의 영혼 속에 들어오게 된다. 그러므로 영혼은 그의 악한 상태에서 빠져 나와서 본래적 존재로 고양하여 그 본래적 존재를 경험해야 한다. 영혼의 고양을 실현하기위해서는 자신의 정신적 힘을 발전시켜야 한다. 인간의 영혼이 높은 단계로 고양하기 위해서는 영혼을 상승시키기 위한 도구가 필요하다. 플로티누스에 의하면 영혼이 자신의 본래적 근원에 도달하기 위한 도구는 세 가지가 있다. 첫 번째 도구는 관조(Theoria)이다.[20] 두 번째 도구는 이성(Logos)이다.[21] 그리고 세 번째 도구는 사랑(Eros)이다. 이 중에서 사랑의 감정과 연관되어 있는 에로스에 관해 살펴보자.

플로티누스는 『에네아데스』 III 5(50) "에로스에 관하여"에서 본격적으로 에로스를 논하고 있다.[22] 그에 의하면 에로스는 신적인 근원을 가지고 있지만, 그 자신이 신적인 것은 아니다. 그러므로 에로스는 신을 열망하며 신과 합일하려는 고귀한 욕구를 가지고 있다. 다시 말하면 에로스는 일자와 미에 대한 무한한 동경이다. "왜냐하면 그것은 영혼의 결과이며, 영혼으로부터 영혼에 의해 산출되었으며, 신의 관조에 의해 만족을 얻기 때문이다."[23] 일자로서의 근

---

20) Theoria에 관해서는 『에네아데스』 II 8(30) "자연, 관조 그리고 일자" 참조.

21) 플로티누스에게서 로고스는 존재의 모든 영역에서 작용하고 있으므로 여러 단계의 로고스가 있다. 그러므로 로고스를 이해하기 위해서는 존재의 전 영역을 설명할 필요가 있다.

22) 플로티누스는 이 장에서 주로 플라톤이 『심포지움』에서 논의한 에로스 신화에 대해 논의하고 있다.

23) III 5 3

원은 "그 자체가 사랑을 각성시키는 자이며, 사랑을 요구하는 자이며, 그것은 자기 자신에 대한 사랑이며, 그 자체로부터 그 자체에 있어 아름다운 존재일 수 있다."[24] 일자는 그 자체에 그리고 그 자체로부터 머물 수 있다. 그것은 다른 것과 혼합되지 않는다. 이에 비해 다른 것들은 일자에 의존되어 있고 일자를 열망한다. 플로티누스는 에로스를 일자에로 향하는 영혼의 현실태라고 규정하였다. 만약 에로스가 일자에 참여하면, 여기 지상에서 사랑하는 자 역시 미를 얻게 된다. 영혼이 작동하는 힘인 에로스는 "문 앞에서 깨어 일어나, 외부에서 언제나 선에 참여하여 선을 얻으려고 노력하며, 그가 선에 참여할 때 그는 만족한다."[25]

플라톤은 에로스를 아프로디테의 아들이라고 하였다.[26] 그리고 『심포지움』 213 c에서는 에로스를 아프로디테의 아들이 아니라 아프로디테의 생일날 풍요의 신과 빈곤의 신 사이에서 태어난 존재라 하였다. 플로티누스는 에로스의 탄생에 대한 플라톤의 신화를 비유적인 의미로 해석한다. 그에 의하면 아프로디테는 그 자신의 존재 계열 중 영혼에 해당한다. 그리고 풍요의 신은 정신세계의 존재자인 로고스를 의미한다. 왜냐하면 그것은 외적으로 작용하기 때문이며, 영혼과 관계하며 영혼에도 있는 것이기 때문이다. 빈곤의 신은 물질을 의미한다. 왜냐하면 물질은 만물을 필요로 하기 때문이다.[27]

플로티누스는 플라톤과 같이 두 종류의 아프로디테를 생각하였다. 첫 번째 아프로디테는 천상의 아프로디테이다. 그것은 정신에게서 직접적으로 오는 신적인 영혼이다. 그러므로 그것은 조금도 더럽혀져 있지 않고 천상에 머무르며 감각계로 내려오지 않는다. 두 번째 아프로디테는 지상의 아프로디테인데, 그것은 에로스를 산출하였다. 플로티누스는 이를 정신의 모상인 영혼이라 보았다. 그러므

24) VI 8 15
25) VI 5 10
26) 플라톤 『파이드로스』 242d
27) III 5 9 참조

로 영혼은 에로스의 어머니이다. 두 종류의 아프로디테와 연관하여 두 종류의 에로스가 있다. 첫 째로 본질적인 에로스인 전체 에로스는 전체영혼이 소유하고 있는 것이다. 두 번째로 개별 에로스는 개별영혼이 소유하고 있는 것이다. 여기서 개별 에로스와 전체 에로스의 관계는 개별 영혼과 전체 영혼의 관계와 같다. “개별 에로스는 개별 영혼과 함께 존재한다. 그리고 전체 에로스는 전체 영혼과 함께 존재한다. 전체 에로스는 전체 영혼과 같이, 모든 장소에 존재한다.”28)

첫 번째 에로스인 전체 에로스는 순수한 영혼이 사는 천상에서 완전하게 존재한다. 그것은 다이모니온이 아니고 신이다. 그것은 순수하게 그 자체로 존재하기 때문에 영원히 일자와 연결되어 있다. 두 번째 에로스인 개별 에로스는 영혼과 함께 지상에 내려와 이 세계와 사랑의 관계를 맺는다. “왜냐하면 이 아프로디테는 이 세계에 속하며, 순수한 영혼 자체가 아니기 때문이다. 그러므로 이 세계의 에로스는 이 세계와 사랑의 관계를 맺는다.”29) 개별 에로스는 한편으로 세상과 관계하면서 다른 한편으로 미와 선에 대한 열망을 가지고 있다. 그러므로 “그것은 혼합된 것이며, 결여되어 있는 것을 추구하고 있는 한 결핍되어 있는 존재이다.”30)

플로티누스가 보통 에로스라고 말할 때는 두 번째 에로스를 의미한다. 이런 의미에서 에로스는 영혼이 선과 미를 얻으려고 노력하는 데서 생긴 다이모니온이다. 그리고 영혼은 이 세계에 현존하고 있는 에로스라는 다이모니온을 산출한다. 플로티누스에서 에로스는 그 자체가 무형체이며, 비이성적이며, 무한한 갈망을 가지고 있다. 그리고 이 세계에서의 에로스는 순수한 로고스가 아니고 하나의 혼합물이다. 그것은 영원히 불안정한 상태에 있으며, 불완전하며, 불

---

28) III 5 4
29) III 5 3
30) III 5 3

만족스러운 것이다. 이러한 결여에서 에로스는 일자와 합일하려는 무한한 욕망을 가지고 있다.

5. 결론 : 일자와의 합일

플로티누스에서 모든 철학적 노력은 절대적 초월자이며 만물의 근원인 일자에로 향하고 있다.[31] 그리고 이러한 노력을 끝까지 밀고나가 일자와의 신비적 합일에 도달함으로써 완성된다. 일자는 이성도 정신도 자기도 없는 신비적 합일에서만 도달 할 수 있지만, 철학자는 언제나 일자와의 합일을 추구한다. 그러나 우리가 확실히 도달할 수 있는 최고의 상태는 정신이며 일자가 아니다. 우리는 결코 일자와의 합일을 보증할 수 없다. 그러나 우리는 일자에 도달하기 위해 준비하면서 기다려야 한다. 그래서 조용히 그것이 나타나게 될 때까지, 관조를 준비하기까지, 눈이 일출을 바라듯이 기다린다.

정신이 일자를 주시해도, 일자가 어디서 오는지는 알 수 없다. 일자는 어디서 오는 것도 아니며, 어디로 가는 것도 아니다. 그것은 언제나 거기 있으며 동시에 거기에 없다. 그것은 나타나기도 하며, 동시에 나타나지 않기도 한다. "그래서 그는 일자가 어디에서 오는 것인지, 외부에서 혹은 내부에서, 알지 못한다. 합일의 상태가 지나

31) 플로티누스는 하나의 우주 전체를 위해서 함께 협력하는 방대한 일체의 힘, 이러한 우주의 영력을 통해서 마력이 생기고 또 마술이 가능하다고 본다. 그는『에네아데스』'영혼의 여러 문제'(IV 4 41) 에서 칠현금을 예로 들어 이를 설명하고 있다. 마술사의 정신감응은 우주 일체의 조화를 통해 설명될 수 있다. 그것은 아래서 잡아당겼다가 위에서 움직이는 팽팽해진 비파의 현과 같다. 더구나 종종 칠현금상에서의 현은 비록 다른 현이 움직이더라도 똑같은 조화로 조율이 되기 때문에 흡사 화음으로 인해 움직이는 다른 현을 의식하는 것이다.

간 다음 '그것은 내부에 있으며 동시에 내부에 있지 않았다'라고 말 할 수 있다."[32] 플로티누스는 『에네아데스』 VI 9 2에서 영혼이 일자와 합일하는 오랜 여행의 길을 제시한다. 여행의 마지막에 돌연히 정신을 뛰어넘어 일자와의 합일에 이르게 된다. 일자는 돌연히 우리에게 나타난다. 그리하여 우리가 일자를 관조하려면 돌연히 일자를 보아야 한다. 그렇지 않으면 사유는 정신의 단계에 이를 뿐이다.

일자를 경험했다 해도 우리들은 그것에 대해 말하거나 알맞은 방법으로 기술할 수 없다. 그러므로 그것은 개념적으로 파악하기는 불가능하며 관조의 과제가 된다. 관조에 의한 일자와의 합일에서 관조하는 자는 관조되는 자를 알지 못하고 다만 나중에 그것에 대해 반추할 수 있다. 그것은 둘이 아니며 관조하는 자와 관조되는 자가 하나이기 때문이다.

일자와 하나되는 망아(ekstasis)적 경험은 봄이 아니고, 봄의 다른 방식이다. 망아적 경험의 순간에 관조하는 자의 눈은 빛으로 가득 차게 된다. 이 때 영혼은 신체의 속박에서 벗어나 절대자와의 합일을 얻게 할 수 있다. 플로티누스는 비선을 얻기 전까지 외적인 모든 것을 벗어버리라고 요구한다. 우리는 자아의 진정한 본질에 속하지 않는 육체를 제거하고, 육체를 만드는 영혼과 감각, 지각, 욕구, 감정과 심지어 이원성을 가진 지성조차 제거해야만 한다. 그러면 영혼은 절대자의 빛과 접촉하고 그것을 응시한다. 그리고 이 빛으로 다른 것을 보는 것이 아니라, 우리가 이 빛 자체가 된다. 우리 자신이 일자가 된다는 사상은 이해하기가 어려운데, Zintzen은 이를 다음과 같이 설명하고 있다. "플로티누스의 사유에 따르면 일자와 합일하는 길은 영혼이 완전히 자기 자신으로 귀환함으로써 이루어진다는 사실을 우리는 보았다. 영혼이 자신의 실체를 순수하게 관찰하는 동안에 영혼은 어느 하나의 원 속에 현존해 있다. 이의 중

32) V 5 2

심체가 동시에 모든 원의 중심체인 일자인 것이다."[33]

플로티누스의 일자는 만물의 근원이며 동시에 만물의 '근원-중심체'(Ur-Zentrum)이라는 사실은 일자는 동적인 존재이며 빛이라는 광명의 근원체이다. 그렇다면 우리와 일자는 어떠한 관계를 맺고 있는가? 이를 바이어발터스는 다음과 같이 설명하고 있다. "근원이라는 합일 속에서 근원을 본다고 하는, 혹은 우리가 그러한 합일을 통해서 '중심체를 중심체끼리 연결한다'라고 하는 플로티누스의 진술은 사유를 아주 떨어버림으로써 얻어진 직접성, 그러나 또 그에 상응되는 것, 독자적으로 의식된 근원 혹은 '근원-중심체'로부터 전개된, 존재물의 다양성 속에서 헌신하는 중심체가 다시금 자기의 근원으로 소급하고 있다는 사실을 보여 주는 것이다."[34]

우주의 중심체인 일자와 연결된 존재자 일체의 다양성은 그것이 존재자로부터 다양하게 현존재로 전개되었다가 다시금 만유의 근원체라는 빛의 원천인 일자로 소급한다. 영혼이 육체와 관계 맺을 때에 악이 인간의 영혼 속으로 들어와 타락하게 되었다. 물질은 영혼의 허약함의 근원이며, 그것은 또한 영혼의 악함의 근원이 된다. 그러므로 영혼은 악한 상태에서 빠져 나와서 본래적 존재로 고양하여 그 참다운 존재를 경험해야 한다. 이러한 일자에로의 상승은 우리의 영혼이 갖는 열망이다. 그러므로 신적인 일자와 합일하는 것은 영혼의 가장 중요한 과제이다. 영혼의 고양은 공간적인 운동이 아니며, 자신의 내면을 파고드는 일이다. 그러므로 일자를 직관하려면 자기 자신 내에서 자기의 본래적 존재의 내면에서 직관해야 한다. 이에 플로티누스는 "너 자신으로 돌아가 너 자신을 보라"[35]고 권고한다.

신의 본질이 빛의 원천임을 자각하는 인간의 능력은 어디서 나오

---

33) Zintzen(1977), p.405.
34) Beierwaltes(1981), p.86.
35) I 6 9

는 것일까? 그것은 감정(Empfindung)에 의해 촉발된 정신을 통해서 가능하다. 이때 감정이란 자기 자신이라는 대상과 관계하는 감정으로 되어진 상태이다. 감정은 그 대상의 동적인 활력이며, 그 대상에 대한 감정의 몰입인 것이다. 이러한 감정의 몰입을 가리켜 망아(ekstasis)라 한다. 즉 몰입한다는 것은 합일하는 대상과 상태의 내면적 효력에 적응하는 표현이다. 심층 세계의 감흥에 의한 빛의 원천에 대한 자의식은 이성의 판단력으로서는 도저히 이해할 수 없는 인간의 직관력으로 가능하다. 이런 관점에서 일자와의 합일에서는 합리적 사유가 좌초당한다. 이러한 근거에서 플로티누스에서는 비합리적인 것이 합리적인 것에 우선한다고 말할 수 있다.

【참고문헌】

W. Beierwaltes, *Plotin - Ueber Ewigkeit und Zeit*, Frankfurt am Mein, 1981.

H.J. Blumenthal, "Plotinus Psychology: Aristotle in the Service of Platonism", *International Philosophical Quarterly* 12, 1972, 340-364.

W. Deuse, *Untersuchungen zur mittelplatonischen und neuplatonischem Seelenlehre*, Mainz, 1984

E.K. Emilsson, *Plotinus on sence Perception: A Philosophical Study*, Cambridge, 1988

B. Fleet, *Plotinus. Ennead III.6. On the Impassivity of the Bodiless*. Translation and commentary, Oxford, 1995.

R.B. Harris, *The Significance of Neoplatonism. Albany*. N.Y.: International Society for Neoploatoic Studies, 1976.

W. Himmwerich, *Eudaimonia*, Wuerzburg, 1959.

P.O. Kristeller, *Der Begriff der Seele in der Philosophie Plotins*, Tuebingen, 1929.

G.J.P. O'Daly, *Plotinus' Philosophy of the Self*, Shannon, Irish University Press, 1973.

Plotinus, *Plotins Schriften*, ueber. Richard Harder, Felix Meiner Verlag, 1960.

A.N.M. Rich, "Body and Soul in the Philosophy of Plotinus", *Journal of the history of Philosophy* 1, 1963, 1-5.

C.J. De Vogel, *Greek Philosophie*, Leiden, 1973.

C. Zintzen, *Die Wertung von Mystik u. Magie, in, Die Philosophie des Neuplatonismus*, Darmstadt, 1977.

필자소개

박규철
연세대학교 철학과 및 동대학원 졸업. 철학박사. 현재 아세아연합신학대학교 교양학부 교수

김요한
전북대학교 철학과 및 아테네 국립대학교 대학원 졸업. 철학박사. 현재 전북대학교 철학과 교수

강성훈
서울대학교 철학과 및 프린스턴 대학교 대학원 졸업. 철학박사. 현재 인제대학교 학술연구교수

서영식
충남대학교 철학과 및 루체른대학교 대학원 졸업. 철학박사. 현재 충남대학교 자유전공학부 대우교수

송대현
성균관대학교 철학과 및 파리1대학 대학원 졸업. 철학박사. 현재 성균관대학교 외래교수

김은중
연세대학교 철학과 및 동대학원 졸업. 철학박사. 현재 연세대학교 미디어아트연구소 HK연구교수

최양석
연세대학교 철학과 및 뷔르쯔부르크 대학교 동대학원 졸업. 철학박사. 현재 연세대학교 철학연구소 전문연구원